卓球にまつわる言葉をイラストと豆知識でピンポンと読み解く

卓球語辞典

著　伊藤条太
絵　掛丸翔

誠文堂新光社

はじめに

「卓球の辞典を書いてみませんか」と挨拶もそこそこにお誘いを受けたのは、2020年1月6日、新宿ネイキッドロフトでの人生初のトークライブ会場でだった。「お声がけありがとうございます」とは言ったものの、「無理だろうな」というのがそのときの正直な感想だった。卓球に関する多少の知識はあるものの、辞典にできるほど項目が浮かぶとは思えなかったし、第一、辞典などという真面目なものは性に合わない。誘ってくださった方も酔った勢いで言ってきたのだろうぐらいに思っていた。

その後連絡がなく忘れかけていたのだが、2月の中旬になってその方、神田さんからメールをいただいた。本気だったのだ。話を聞くと、辞典といっても堅苦しいものではなく、これまでに出したのは『テツ語辞典』『シャーロック・ホームズ語辞典』だという。そういうことか……。わかった。もう何も言うな。

というわけで完成したのが本書である。当然ながら、正しい情報を提供することを中心とする通常の辞典とは主旨が異なる。ルール、歴史、用具、打法などの正しい情報を押さえつつも、卓球をしている人が「あるある」と共感し、卓球をしてい

ない人が「へえ、卓球ってこうなんだ」と膝を打つような卓球ならではの風習をも盛り込む、そういう本を目指した。中にはマニアックすぎる情報や、知っても役に立たない死語、単なる昔話も入っている（そっちの方が多いかもしれない……）が、最終的には面白ければいいという考えで書き進めた。

そうした雑多な要素を詰め込んだ文章に、卓球マンガ『少年ラケット』で有名な掛丸翔さんが素敵なイラストで統一感を持たせてくれた。

卓球の辞典といえば藤井基男さんの『卓球まるごと用語辞典』（2007年、卓球王国）がある。卓球がメディアに取り上げられる機会が多くなった昨今、メディアの方々必携のバイブルになっていると聞く。実は藤井さんは、私が卓球ライターになるきっかけを作ってくれた恩人である。今回その藤井さんの後を継ぐ形になり、感慨もひとしおである。とはいえ、上記のような主旨の辞典であるから、藤井さんの本とは違ってメディアの方々にはときどきしか役に立たないと思うが、歴史を含めた卓球文化の総体をおぼろげながらも感じ取っていただければ幸いである。

伊藤条太

この本の楽しみ方

ping pong !

古今東西の卓球に関する情報とイラストが満載。
自分でプレーを楽しみたい人も観戦専門のマニア＆初心者も
面白いこと請け合いです。まずは好きなページにアクセス！

❶ 見出し語
卓球にまつわる語が50音順に並んでいます。

❷ 読み方
見出し語の読みをひらがなで表記してあります。

❸ 解説
各語の意味や豆知識、それらに関するエピソードが綴られています。

❶**糸を引くようなカット**
❷【いとをひくようなかっと】
❸よく回転のかかったカットのボールの軌道を表現したもの。回転による空気抵抗の影響で、比較的ゆっくりと直線的に飛ぶ様子が、糸を張ったかのようであることから。

落ちない!! まだ落ちない!!
シューーッ

「今すぐにイエスと言わなければ選ばない」
【いますぐにいえすといわなければえらばない】
河野満（P.45参照）が1967年世界選手権ストックホルム大会の日本代表候補として注目されていたとき、全日本選手権の準決勝で敗れた直後に強化対策本部ヘッドコーチの荻村伊智朗（P.33参照）からかけられた言葉。「負けたら日本に帰って来ない、そういう覚悟があるなら代表に選ぶ。今すぐにイエスと言わないなら選ばない」といういたずらに高圧的なもので、河野はこれを承諾して世間の3倍を優に超しており、誰がどう考えても後戻りできない状況。

インターハイ
【いんたーはい】
全国高校総体。軟式卓球（P.108参照）時代の1928（昭和3）年から続いているため、現在まで続いている日本でもっとも古い全国大会となっている。

インナーフォース
【いんなーふぉーす】

綴込み付録は「卓球観戦ガイド」。基本ルールや専門知識など、いますぐ役立つ情報がいっぱいです。

※本書の内容はすべて2021年7月現在のものです。
※本書では特に断らない限り「チャンピオン」はシングルスの優勝者を表します。

卓球語辞典　もくじ

卓球の基礎知識

卓球語

コラム

※本書に記載されている人物は原則として敬称を略しています。

100年以上の流れを一気にたどる！

卓球の歴史

**卓球は100年以上前にテニスから派生したスポーツといわれている。
はじめはヨーロッパ、続いて世界中へと波及するなか、さまざまな用具の開発と
技術革新を重ねながら、こんにちの卓球ブームへと至った。**

19世紀〜1940年代 [世界]

1874(明治7)年
英国でテニスセットが発売され、自宅でのテニスパーティーが大ブームになる

1880(明治13)年頃
テニス愛好家たちが居間のテーブルでボールを打ち合う

1890(明治23)年
『パーラー・テーブル・ゲームズ』が発売される ……… 世界初の卓球セット

1900(明治33)年
セルロイド球を使った卓球セット『ピンポン』が発売され、世界中で大ブームになる ……… 「ピンポン」は商品名

1901(明治34)年
フランク・ブライアンがラバー貼りラケットを発明

1902(明治35)年
ラバー貼りラケットが流行 ……… フレデリック・グッドなどが活躍

1926(昭和元)年
ロンドンで国際卓球連盟が設立され、第1回世界選手権が行われる ……… ハンガリーの黄金時代が始まる

1936(昭和11)年
1ラリー2時間12分など長時間の試合が続出したため制限時間ルールが制定

1937(昭和12)年
フィンガースピンサービスが猛威をふるい禁止に

1939(昭和14)年
ビクター・バルナ(ハンガリー→イングランド)が世界選手権で22個目の金メダルを獲得 ……… 男女通して史上最多

1902年〜1940年代 [日本]

1902(明治35)年
東京教育大(現・筑波大)教授の坪井玄道がロンドン留学からピンポンセットを持ち帰り、美満津商店に作らせる ……… 卓球の日本への伝来

1918(大正7)年
宗教大(現・大正大)の千々和宝典がピンポンを「卓球」と命名 ……… 卓を使うことと「卓越」に通じることから

1921(大正10)年
「大日本卓球協会」が結成され日本初の統一ルールが制定

1929(昭和4)年
「大日本卓球協会」が分裂し「大日本卓球連盟」「全国卓球連盟」「帝国卓球協会」など延べ9団体が乱立

1931（昭和6）年
文部省の斡旋で既存団体が解体され「日本卓球会」が設立

現在の「日本卓球協会」

1936（昭和11）年
全日本選手権で硬式を採用（それまでの軟式と並行開催）

現在まで続く全日本選手権の第1回

1938（昭和13）年
ハンガリーから世界選手権金メダルのサバドスとケレンが来日し、今孝、渡辺重五らと対抗戦を行い、日本が3勝1敗と勝ち越す

シェークハンドとラバー貼りラケットが伝来

1948（昭和23）年
京都の永井達四郎が裏ラバーを発明

1950年代

1951（昭和26）年
原田商会製作所（現・アームストロング）がスポンジラバーを発明

1952（昭和27）年
世界選手権ボンベイ大会に日本が初参加して4種目に優勝し、世界に衝撃を与える

日本の黄金時代の始まり

1953（昭和28）年
ヤサカ商会（現・ヤサカ）が裏ソフトラバーを発明

1955（昭和30）年
アンジェリカ・ロゼアヌ（ルーマニア）が世界選手権女子シングルス6連覇

男女通して史上最多

1956（昭和31）年
世界選手権が東京で行われ、日本が4種目に優勝して空前の卓球ブームとなる

1959（昭和34）年
世界選手権で日本が6種目制覇

卓球ニッポンの頂点

裏ラバーとスポンジラバーを禁止する用具制限が決定
中西義治が裏ソフトでの強烈なループドライブを開発

1960年代

1961（昭和36）年
世界選手権で前陣速攻の中国が3種目に優勝

中国の台頭

1963（昭和38）年
張燮林（中国）が粒高ラバーによる“魔球”で活躍
制限時間に変わって促進ルールが制定

1965（昭和40）年
荘則棟（中国）が世界選手権男子シングルス3連覇

1966（昭和41）年
中国が投げ上げサービスを開発、日本がぶっつけサービスを開発

1967（昭和42）年
ぶっつけサービス禁止
バタフライが高弾性高摩擦裏ソフト「スレイバー」を発売

1970年代

1971（昭和46）年
卓球選手の交流がきっかけで米国と中国が国交正常化

いわゆる「ピンポン外交」

1973（昭和48）年
中国の異質反転プレーが猛威をふるう

1974（昭和49）年
バタフライが「アンチスピン」を発売

1976（昭和51）年
バタフライが粘着ラバー「タキネス」を発売

斬新な黒色で大ヒット

バタフライが粒高ラバー「フェイント」を発売

1977（昭和52）年
ニッタクがカーボンラケット「ニッタクカーボン」を発売

1979（昭和54）年
小野誠治が男子シングルスで世界チャンピオンとなる

現在までで最後の日本人の世界チャンピオン

1980年代

1983（昭和58）年
両面同色ラバー、ボディハイドサービスが禁止

1984（昭和59）年
バタフライが「スピードチャック」を発売

1985（昭和60）年
卓球根暗ブームによって卓球人口が激減

1986（昭和61）年
元世界3位の楊玉華（中国）が25歳で東北福祉大に入学

全日本学生を4連覇し中国人留学生流行の先駆けとなる

1987（昭和62）年
荻村伊智朗が第3代国際卓球連盟会長に就任

1988（昭和63）年
ソウル五輪で卓球が正式種目に採用
ラージボール卓球（当時「新卓球」）が制定

1989（平成元）年
世界選手権でスウェーデンが男子団体で優勝

ここから3連覇し黄金時代を迎える

1990年代

1990（平成2）年
スピードグルー大流行

各社が缶入りで売り出した

1991（平成3）年
世界選手権で統一コリアチームが女子団体決勝で中国の9連覇を阻んで優勝
卓球台の色がブルー、ユニフォームの色が自由に

1992（平成3）年
劉国梁（中国）がペン裏面打法で大活躍
元世界チャンピオン何智麗（中国）が小山ちれとして帰化し全日本チャンピオンとなる

ここから6連覇を含む8回の優勝

- 1993（平成5）年
福原愛がテレビに登場し“泣き虫愛ちゃん”として大人気に
- 1995（平成7）年
世界選手権で中国男子が王座を奪還
- 1997（平成9）年
『卓球王国』創刊 …… 世界で初めて成功した書店売り卓球専門誌
バタフライが「ブライス」を発売 …… 世界初のテンション系ラバー

2000年代

- 2000（平成12）年
ボールの直径が38ミリから40ミリに変更
- 2001（平成13）年
1ゲーム21点から11点に変更
最後の軟式の全日本選手権
- 2002（平成14）年 …… 岸川聖也ら男子ジュニア選手がドイツ留学開始
アームハイドサービス禁止
- 2004（平成16）年
アテネ五輪で福原愛の「サー」が話題に
- 2005（平成17）年
テレビ東京が世界選手権の放映を開始 …… 史上初の民放局による放送
- 2007（平成19）年
スピードグルー禁止、代わりにブースターが流行
- 2008（平成20）年
後加工禁止ルール制定によりブースターが禁止に

2010年代

- 2011（平成23）年
張継科（中国）がチキータで大活躍 …… 卓球史最大の技術革新
- 2012（平成24）年
ロンドン五輪で日本女子団体銀メダル獲得
- 2015（平成27）年
プラスチックボール導入
- 2016（平成28）年
リオ五輪で日本が男子団体銀メダル、女子団体銅メダル、水谷隼が銅メダルを獲得 …… 卓球がブームに
- 2017（平成29）年
アジア選手権で平野美宇が日本選手として21年ぶりの優勝
国際卓球連盟の加盟協会数が226に
- 2018（平成30）年
張本智和が全日本選手権で史上最年少の14歳208日で優勝
日本初のプロ卓球リーグ「Tリーグ」開幕 …… 開幕戦は両国の国技館で開催され成功を収める
- 2019（平成31）年
水谷隼が全日本選手権で前人未到の10回目の優勝

観てもやっても面白い

卓球ってどんなスポーツ？

娯楽として誕生したテーブルテニス。その後、競技として急速な進化を遂げ、パラスポーツとしても発展したが、一方で娯楽性も高く、老若男女を問わず誰でも楽しめるのが魅力だ。卓球の多様な世界をカテゴリーごとに概観しよう。

娯楽としての卓球

卓球はもともとテニスをテーブルの上で行うというアイデアから19世紀後半に誕生した。その動機からして娯楽性を重視したものであることは容易に想像できるだろう。一定サイズ以上のテーブルがあり、コートを仕切るネット、ラケット、ボールがあれば、いつでも簡単に楽しめる。ホテルや旅館の遊技場で卓球に興じたという人も少なくないはずだ。いわゆる「温泉卓球」が日本各地に普及した理由には諸説あるが、それほど大きなスペースを必要とせず、軽装でできて適度に運動性のある娯楽だったことが、保養のために温泉を訪れた宿泊客の心を捉えたことは間違いない。

1901年に描かれた風刺漫画の一コマ。『テーブルテニス・アーリー・イヤーズ』(国際卓球連盟刊)の著者ジェラルド・ガーニー所蔵コレクションより

日本で独自に生まれたスリッパ卓球

温泉卓球は浴衣姿にスリッパ着用が正装(?)。そこから、こんなアイデアも生まれた。スリッパをラケットに見立ててプレイする文字通りの「スリッパ卓球」である。温泉卓球＝スリッパ卓球という捉え方で大会を開催している温泉宿や地域があるほか、いまでは都心部の商店街などにおける町興しの一環としても盛んにイベントが開催されている。

「全はまスリッパ卓球選手権大会」(横浜市)の模様(詳細はP.72)。大会実行委員会が作成した「公式スリッパ」を競技に用い、多くの参加者を集めるなどの盛り上がりをみせている

卓球バー／居酒屋も盛況

かつて卓球は「根暗」と揶揄された時代もあったが、海外にそのようなイメージはない。むしろメジャースポーツという国や地域が多く、それが裾野の広さにつながって日常的にも卓球を楽しむ風景がそこかしこに見られる。卓球バー／居酒屋はそんな文化の一つだ。日本でも近年の卓球ブームやオリンピックが東京で開催されることが決定したのを機に、続々と人気店が生まれている。カップルで訪れてよし、見知らぬ人と卓球を通じてコミュニケーションを図るもよし！

2009年にニューヨークで営業を開始し、その後ボストン、シカゴ、サンフランシスコ、トロントなどに数々の支店を置くほどの有名店となった卓球バー「スピンニューヨーク」のお洒落な内観

競技としての卓球

卓球というスポーツは間口が広く、誰でもすぐにできる一方で、極めればこれほど難しい競技はないともいわれる。一流選手が繰り出すスマッシュは初速が時速100キロ近くに及ぶこともあり、対戦相手との距離が近いため、他のスポーツと比べて体感速度が速い。そうしたスピードに加え、ラケットに貼られたラバーが生み出す強烈な回転にも対応しなければならない。逆に言えば、その回転を操ることができれば非力な選手でも力の強い選手に勝つことが可能だ。おまけに回転が異なる非常に多くの種類のラバーがあるためそれらを絶妙にチョイスすることでもチャンスがある。複雑多様な競技なのだ。

生涯スポーツから生まれた新競技ラージボール

「ラージボール」は読んで字のごとく、通常の直径40ミリのボールに対し、44ミリと大きいボールを使った卓球。球の重量はラージボールの方が軽く、使用するラバーが回転のかかりにくい表ソフトであるなど、一般的な卓球よりもプレイヤーへの負担が少ない高齢者向けの生涯スポーツとして考案された。ネットは普通の卓球より2センチ高い。そうやって中高年の愛好家を増やしたラージボール卓球だが、ラリーが続きやすいためハイレベルな戦いになるとかえって体力を消耗するなど、別種の競技として発展しつつある。

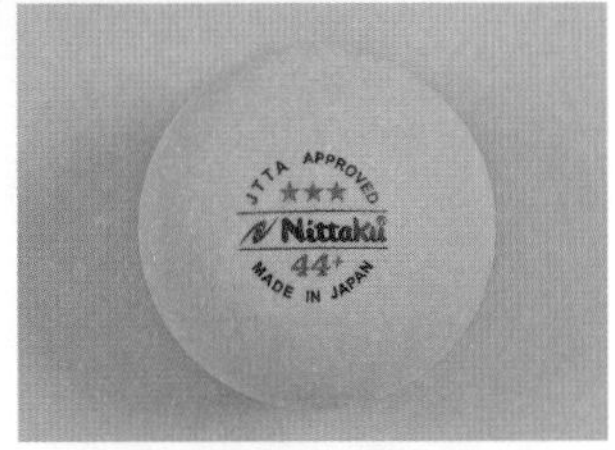

ラージボールで使用される44ミリボール

パラ卓球

障害者卓球(パラ卓球)は、肢体不自由者、知的障害者、聴覚障害者という3つのカテゴリーに区分され、障害の程度によってさらにクラス分けされた競技として発展。パラリンピックの正式競技になったのは1960年のローマ大会から。1988年ソウル大会で正式競技化された卓球よりもっと歴史が長く、日本がメダルを獲得したのもパラ卓球の方が早かった。

コレクションとしての卓球

卓球はそのレベルが上がれば上がるほど、用具の重要性が高くなる。どのようなラバー、どのようなラケットを選ぶかが勝負の行方を左右するといっても過言ではない。そんな用具に対する思いが募りすぎて、用具をコレクションの対象にするマニアは卓球界において決して珍しくない(詳細は90ページコラム「卓球用具は美しい」参照)。ラケットの木目の美しさに心奪われ、現代科学の粋を集めたラバーから漂う化学物質の匂いや手触りにうっとりするようになったら、あなたも立派な用具マニアだ。

美しい柾目(真っ直ぐで平行な木目)の檜を材に用いた卓球ラケット

用具の基本を覚えよう！

自分でゲームを楽しむために

卓球は最低2人のプレイヤーがいれば成立するスポーツ。
ここでは初心者向けに、最低限覚えておきたい必要な用具について解説しよう。

これだけあればプレイ可能！

ラケット

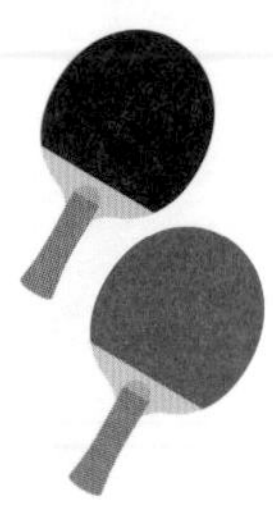

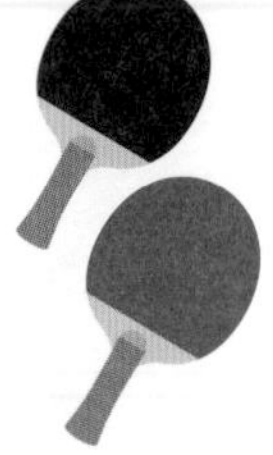

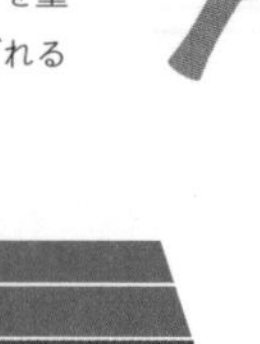

木製のラケット(合板のなかにカーボンなどの特殊素材を挟み込んで反発力を高めたものもある)にゴム製シートとスポンジで構成されたラバーを貼ったものが一般的(スポンジを重ねない「一枚ラバー」と呼ばれるタイプもある)。

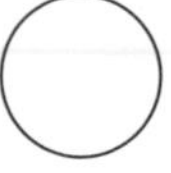

ボール

かつてはセルロイド製だったが、現在はプラスチック製。一般競技用は直径40ミリ、「ラージボール」は直径44ミリのボールを使用する。

卓球台

競技用の卓球台は、長さ2.74メートル、幅1.525メートル、高さ76センチの水平の台で、台の長辺を2等分するネットが卓球台に垂直に張られている。ネットの高さは15.25センチ。これを2つの支柱(サポート)が台中央の両端で支えている。

ウェア

動きやすくて汗の吸収が良いものならOK。ただし、日本卓球協会が主催する大会では同協会公認ウェアの着用が必須となる。温泉卓球なら浴衣が正式(?)。

シューズ

とくに規定はないが、体育館や卓球場のフロアを素早く動き回るには靴底が滑りにくい専用シューズがベスト。公共および民間のスポーツ施設でもシューズ着用を義務付けているところがほとんどだ。

スコアボード

得点板。ゲーム内のそれぞれの得点と、取ったゲーム数を表示することができる。レクリエーションでゲームをするときもあれば便利だが、なければプレイヤーが互いに声に出して数えるか、プレイしていない他の人に数えてもらう。数える場合、次にサービスをする方の得点から英語で言うのが正式だが、慣れていないと難しいのでわかれば何でもOK！

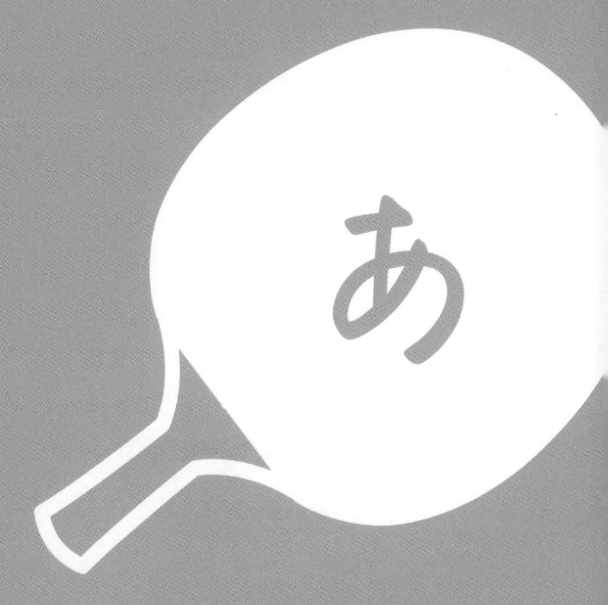
あ

アームストロング

【あーむすとろんぐ】

日本の卓球用具メーカー。福原愛が愛用した「アタック8」(P.16参照)で有名。「粘着性アンチスピン」(P.18"アンチラバー"およびP.112「粘着ラバー」参照)など、まるで下痢止めと下剤を混ぜましたというような独特の製品でも異彩を放つ。1952年創業のため、社名は宇宙飛行士のアームストロングとは無関係で、材料の仕入れ先のアメリカのゴム会社の名から。弾みのよい独立気泡のスポンジ(P.69参照)を使った卓球用ラバーを発明して世界の卓球を変えた。旧日本軍が戦闘機の防弾具として使っていたスポンジが捨てられて野積みになっていたのを拾って売ったというまことしやかな噂があったが、真偽のほどは定かではない。

Armstrong

アームハイドサービス

【あーむはいどさーびす】

フリーハンド(P.132参照)でボールとラケットを相手から隠しながら打球し脇の下からボールを送り出すことで、相手に回転がわからないように出すサービス。ボディハイドサービス(P.135参照)が禁止された1983年以降に登場した。上手に隠す方法が専門誌で連続写真で紹介されるなど、正々堂々とはほど遠い技術の習得に全国の少年少女が血道を上げた。2002年に三角柱ルール(P.55参照)が制定されることにより禁止された。

「ああん」

【ああん】

水谷隼(P.141参照)やドイツのオフチャロフなどがドライブを打つときに出す声。吉田安夫(P.149参照)が青森山田高校時代に「打球のときに声を出すと力が抜けるからイイ」という理由で声を出す指導をしていたが、その効果の真偽および発祥は不明。現在では多くの男子選手に見られるが、女子選手では皆無。理由は言うまでもなかろう。

愛工大名電

【あいこうだいめいでん】

愛知工業大学名電中学校・高等学校。旧名は名古屋電気高等学校。愛知県名古屋市の男子卓球界の名門私立学校で、旧名時代と合わせてインターハイ男子団体18回優勝、全中男子団体12回優勝を誇る。通称メイデン。1967年世界チャンピオン長谷川信彦(P.115参照)を始め、数々の名選手を輩出した。2代目理事長を務めた後藤鉀二(P.47参照)が卓球部の強化に特に力を入れたため。野球のイチローの母校でもある。

挨拶

【あいさつ】

「お願いします」「ありがとうございました」などの掛け声。中高校生の場合、大声でするほどよいとされ、しばしば指導者や先輩から「聞こえない！」などと言われて、やり直しを命じられる。礼儀と精神鍛錬を混同しているため、一般社会の常識からはかけはなれた、むしろ失礼なほどの大声の挨拶となっているのが実態。

ITTF

【あいてぃーてぃーえふ】

International Table Tennis Federation。国際卓球連盟(P.46参照)。

相手を尊敬して試合をする

【あいてをそんけいしてしあいをする】

長谷川信彦(P.115参照)が度々語っていた試合における心構え。敗戦の恐怖、勝ちたいと思い過ぎることによる緊張を緩和し、最良の精神状態で試合をするための工夫だったと思われる。20歳で世界チャンピオンとなり、全日本で6回も優勝し、常に追われる立場だった長谷川ならではのメンタルコントロールであろう。

アイボア・モンタギュー

【あいぼあもんたぎゅー】(1904～1984)

初代ITTF会長。イギリスで5指に入る大富豪の孫として生まれた。ケンブリッジ大在学中の17歳でイギリスピンポン協会、22歳でITTFの会長となり、ルールの整備、世界的な普及に努めた。10代から共産主義に傾倒し、生涯ソ連のスパイだったとされる。大富豪の孫に生まれながらよりによってその富を解体するような思想を持ってしまったモンタギューは、一家にとって完全に出来損ないの孫であった。卓球に目をつけたのは、低所得者層にぴったりで、金儲けにつながらないため共産主義に最適であり、共産主義を広めるためだったという。中国が卓球に力を入れたのは、モンタギューの計らいが大きかったことが知られている。1995年に世界卓球殿堂入り。

青森山田高校

【あおもりやまだこうこう】

青森県青森市の私立高校。卓球の名門として名高く、インターハイ男子団体優勝17回を誇る。福原愛(P.129参照)、水谷隼(P.141参照)、丹羽孝希(P.110参照)といったトップ選手を次々と輩出した。通称ヤマダ。2011年から2020年の10年間の世界選手権の男子日本代表選手の延べ64人のうち、38人(59%)が同校出身者で占められる。特に2011年は、6人中5人が同校出身者だった。これほど強いチームが他の高校に混じってインターハイに出場していたのが不思議なほどだ。2015年を最後に強化を休止した。

「諦めるな!」

【あきらめるな】

試合で大きく点を離された選手に対して応援としてかけられる言葉。多くの場合、応援している人自身が「ダメだこりゃ」と諦めているためにかける。諦めた覚えのない選手にとっては迷惑千万な掛け声。卓球はマラソンや断食と違い、続けることに苦痛をともなわないため、まともな人間が試合中に諦めることはほとんどない。全日本選手権などでは特に人気選手がこの掛け声の被害に遭うため、それでなくても劣勢の試合がさらに苦しいものとなる。選手が逆転勝ちすると、応援した人は自分のおかげで勝ったと考え、次からさらに応援に力が入る悪循環となる。

浅葉克己

【あさばかつみ】（1940〜）

神奈川県出身のアートディレクター。卓球狂として名高い。1975年にクラブチーム「東京キングコング」を結成。日本卓球協会による卓球のイメージアップ戦略「卓球発展計画プロジェクト」(P.87参照)にも関わり「卓球ディナーショー」(P.86参照)の総合プロデューサーを務めた。世界中の旅先で卓球をした様子を書いた「ひとりピンポン外交」を月刊『卓球王国』(P.84参照)で2001年から連載中。

アスペクト比

【あすぺくとひ】

ラバーの粒の形の指標の一つで、高さ÷直径で求められる。主に粒が表に出ているラバーに対して使われ、0.9未満が表ソフトラバー(P.34参照)および一枚ラバー(P.22参照)、0.9以上が粒高ラバー(P.97参照)と分類される。ただし最大は1.1。

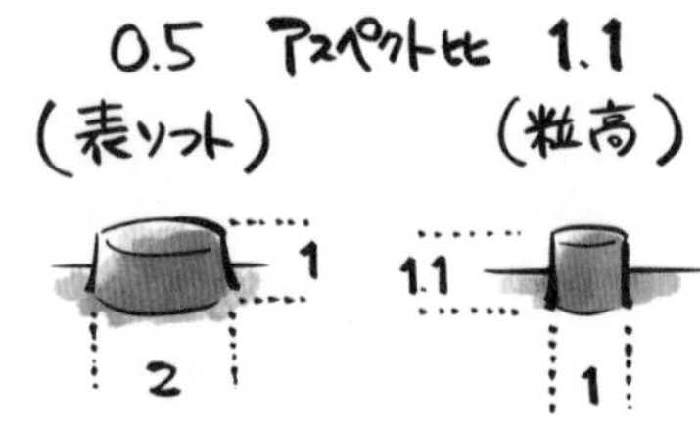

アタック8

【あたっくえいと】

アームストロング(P.14参照)が発売している表ソフトラバー。表ソフトの中でも粒高に近く、半粒とも言われる。先代の商品「アタック3」がルール改正で発売できなくなったため、その金型を流用するために3の一部を削って8にしたのが商品名の由来。福原愛(P.129参照)が使用していたことで知られる。

熱海の樋口先生

【あたみのひぐちせんせい】

樋口竣一(P.120参照)のこと。指導を受けた高島規郎(P.82参照)、小野誠治(P.33参照)が1980年代の卓球雑誌のインタビューなどで頻繁に言及したフレーズ。詳しい説明がないため、当時の読者にとって謎の人物として強烈な印象を残した。

アダム・シャララ

【あだむしゃらら】(1953〜)

第6第ITTF会長。カイロ生まれのカナダ人。カナダ代表選手時代の1971年、世界選手権名古屋大会と大学の試験が重なったため、後で試験を受けるよう教授と交渉したが受け入れられず出場を辞退した。その結果、歴史的なピンポン外交(P.123参照)に立ち会う機会を逃したため、それを報じた新聞を教授につきつけ「私はミスを犯した。次は必ず卓球を選ぶ」と無意味な宣言をした。カナダのコーチを経てITTFの役員となり、1999年から会長。40ミリボール(P.149参照)、11点制、スピードグルー(P.68参照)禁止、年齢制

卓球競技のすごさと奥深さをより強く実感できるよう、
観戦の見どころをまとめました。
生観戦、TV観戦のおともにどうぞ。
自分でプレーしてみたいと思ったときにも役立ちます。

※掲載データは2021年6月現在のものです。

卓球の基本ルール

観戦初心者はまずルールを覚えることからはじめよう

1 最初にサービスを打つ人とコートを決める

国内の試合ではじゃんけん、国際試合ではコイントスで選択権を決める。選択権を得た人は、最初にサービスまたはレシーブをするか、エンド（コート）のいずれかを選び、もう一方の人は、残ったものから選ぶ。

2 ゲーム開始

サービス…投げ上げたボールをラケットで打ち、自分のコートで1回だけバウンドさせ、相手のコートに入れる。ネットに当たって相手コートにボールが入ったときはやり直す。これを「レット」という。相手が構える前にサービスを出した場合も「レット」。トスをするときは手のひらの上にボールを乗せ、16センチ以上投げ上げる。

レシーブ…自分のコートで1回バウンドした球を打ち返す。サービスを打ち返すことをレシーブという。

ラリー…あとは互いに自分のコートで1回バウンドしたボールを相手コートに打ち返すことを繰り返す。

3 得点する

相手がボールをこちらのコートに入れることができなかったら、こちらに得点が入る。ネットや支柱に当たってコートに入ったり（ネットイン）、台の角に当たったりしたボール（エッジボール）は有効。ただし台の側面はアウト。ネットイン、エッジボールをしたラリーで最終的に得点した場合はラリーが終わってから「すみません」と一声かけるのがマナー。国際大会では人差し指を立てる。

④ サービスを交替する

サービスは2本ずつで交替。10対10以降は1本ずつで交替する。

⑤ ゲームを取る

1ゲームは11点制。10対10になったら、2点リードした方がそのゲームを取れる。各ゲームの最初のサーバーとエンドは1ゲームごとに交替する。5ゲームズマッチなら3ゲーム、7ゲームズマッチなら4ゲームを先取した方が勝者。最終ゲームは、どちらかが先に5点を取ったときにエンドを交替する。

⑥ その他の主な失点ルール

- ラリー中にラケットを持たない方の手（フリーハンド）が台に触れたら失点。
- ネットや支柱にラケットや体の一部が触れたら失点。
- 台上のボールが台の上でバウンドする前にラケットや体の一部に触れたら失点。
- トスしたボールを空振りすると失点。
- プレイ中に台を動かしたら失点

⑦ ダブルスのルール

ペアを組んだ二人が交互に打球する。サービスは、自分のコートの右半面から相手のコートの右半面に対角線状に入れ、シングルスと同様に２本交替。直前にレシーブをしていた人が次にサービスをする。

卓球基本用語集

TVやインターネットの動画などで試合の実況を聞いていると、いろんな専門用語を耳にする。一流卓球プレイヤーの高度な技術や戦術をより理解するための知識として押さえておこう。

フォアハンド	利き手側でボールを打つこと
バックハンド	利き手と逆の側でボールを打つこと
ドライブ	前進回転
ループドライブ	強い前進回転をかけた山なりのボール
カット	前進回転に対して打つ下回転
ツッツキ	下回転に対して打つ下回転
ナックル	無回転
スマッシュ	強打
カウンター	相手の強打に対し、その威力を利用して打ち返す技術
ブロック	相手の強打を止める守備的な打ち方
カットブロック	台の近くで下回転をかけながら行うブロック
フリック	台上で弱い前進回転をかけて打つこと
チキータ	主に台上のボールに対してバックハンドで横上または上回転をかける打法
ストップ	相手のコートで2バウンドするように短く返球すること
引き合い	台から離れたドライブ対ドライブの打ち合い

ショートサービス	台の上で2バウンド以上する短いサーブ
ロングサービス	台のエンドラインギリギリに入るサービス。速い前進回転に対して言う場合が多い
ハーフロングサービス	台上で2バウンドするかしないかギリギリのサービス。レシーバーがツッツキやフリックで返すか、ドライブで返すか迷わせる狙いがある
YGサービス	ヤング・ジェネレーション・サービスの略称
フィッシュ	台から離れた場所で相手のコートに低く返す守備的技術
ロビング	台から離れた場所で相手のコートに高い球を打ち返す守備的技術
逆モーション	コースを読まれないように実際の打ち方とは別の動きを加えて相手を惑わせること
3球目攻撃	サービスを打った選手が、相手のレシーブ球（これが2球目に相当する）に対して仕掛ける攻撃
4球目攻撃	レシーブした選手が、レシーブの次のボールに対して行う攻撃
クロス	台の対角線上のコース
ストレート	台の長辺と平行のコース
ミドル	ラケットを持った手の肩付近のコース。フォアハンドでもバックハンドでも強いボールを打ちにくい
フォアクロス	フォアハンド側のクロスのコース
フォアストレート	フォアハンド側のストレートのコース
前陣	卓球台に近いプレイ領域
中陣	前陣と後陣の間のプレイ領域
後陣	台から遠く離れたプレイ領域
フォールト	サービスミス。失点になる
タオリング	タオル休憩。両者の得点の合計が6の倍数のときや、最終ゲームでチェンジエンドとなったときに行える
タイムアウト	それぞれの選手が試合中に1回だけ使える1分間の休憩
ラブゲーム	11対0で終わったゲーム

性質が大きく異なる

ラバーの知識

ボールの回転とスピードはラバーの種類に大きく影響される。
一流選手はそれぞれの一長一短を
天秤にかけながら慎重にラバー選びをしているのだ。

裏ソフトラバー

粒形状の面を裏側にしたゴムのシートとスポンジを貼り合わせたラバー。シートの表面で発生する摩擦力が強烈な回転につながる。威力が出やすいため、世界でもっともポピュラーなラバーとなっている。相手のボールの回転から影響を受けやすいので、回転を見誤るととんでもない方向にボールが弾んでしまうのもこのラバーの悩ましき特徴である。

表ソフトラバー

シートの粒形状を表側にしたラバー。裏ソフトラバーよりも摩擦が小さく回転がかからない反面、相手の回転に影響されにくい特性があるためスマッシュやブロックを多用する前陣速攻型の選手に好まれる。

粒高ラバー

一般的な表ソフトよりも粒が高い（高さ÷直径の数値が大きい）ラバー。打球したときにその粒の倒れ具合で大きな変化を生み出す。前進回転のボールをブロックすれば下回転に、下回転のボールをブロックすれば前進回転になることから、慣れていない対戦相手は戸惑う。

一枚ラバー

表ソフトラバーからスポンジを除いたかたちのラバー。回転もスピードも出にくいが、そのぶんボールは安定する。スポンジつきのラバーが発明される前はこれが主流だった。いまでも異質型（後述）の選手が使用しているのを見かけることはあるが、非常にレアだ。

アンチラバー

見た目は裏ソフトラバーと同じだが、特殊な製法できわめて摩擦が小さいラバー。両面同色ラバーが許されていた時代には絶大な威力を発揮したが、現在は黒と赤に色分けしなくてはならないため、メリットが小さくなり使う人が減った。

通なら知っている

卓球の戦型

卓球選手はそれぞれいくつかのプレー・スタイルに分かれており、これを「戦型」という。主なタイプを挙げてみよう。

シェークドライブ型

両面に回転量とスピードを高めやすい裏ソフトラバーを貼ったシェークハンド型ラケットで、フォア、バックのどちらも自然に振ることができるのがメリット。ヨーロッパで生まれたスタイルだが、現在は世界中に浸透し、日本でもとくに男子はこの戦型が圧倒的に多い。

ペンドライブ型

ペンホルダーラケットに裏ソフトラバーを貼ってドライブを武器とするスタイル。かつては片面にだけラバーを貼るのが主流だったが、近年はシェークハンドと同じ様に両面にラバーを貼るのが一般的。サービスや台上技術がシェークよりやりやすい利点がある一方、ラケットが重く感じる、裏面の指にボールが当たりやすいなどの欠点もある。

ペン表前陣速攻型（おもてぜんじんそっこうがた）

ペンホルダーラケットに表ソフトラバーを貼り、その特性を活かして台に近いところでプレーするタイプ。早い打点でのブロックやスマッシュを打ち込むことを重視する。こちらもかつては片面にだけラバーを貼っていたが近年は両面にラバーを貼るのが一般的。

シェーク異質型

シェークハンドラケットのフォア面とバック面にそれぞれ異なる種類のラバーを貼ったタイプ。現役時代の福原愛がフォアに裏ソフト、バックに表ソフトのラバーを貼っていたのが有名。現役では伊藤美誠選手がその特性を活かし、打点の早いバックハンドを鋭く打ち込むプレーを得意にしている。ただし、シェーク異質型といえば片面に粒高やアンチラバーといった極端なラバーを貼るタイプを指すことが多く、福原や伊藤は単にシェーク攻撃型と言われる場合もある。

カットマン

主にシェークハンド型ラケットを上から振り下ろして下回転のボールを打つカット主体の戦型。カットされたボールは普通に打つと下に落ちてしまうため、その分だけ上を狙って打つ必要があるが、カットの回転量を見誤ると上げ過ぎてオーバーミスしたり、ネットにかかったりする。強く回転をかけたふりをして実はあまりかけないようにするなどして相手にカットの回転量を見誤らせてミスを誘うのがカットマンの基本的戦術。

ペン異質型

ペンホルダーの両面に性質の異なるラバーを貼って、ラリー中にラケットを反転して相手を攪乱するタイプ。フォアハンドもバックハンドも同じ面で打つことができるペンホルダーの特徴を活かして自分の意志で使うラバーを選択しながら戦うことができる。粒高をメインに使う場合は「ペン粒」と言われる。

観戦するときのマナー

卓球は選手間の距離が近く、駆け引きが重要なスポーツ。
そのぶんメンタルに左右されることが多いだけに、観戦者にも一定のマナーが
求められることを覚えておこう。

サービスの構えに入ったら音を立てない

応援の声や鳴り物が飛び交っている大会会場が急にシンと静まり返るのは、選手がサービスの構えに入るときだ。サービスを出す側もレシーブする側も、集中力を高めている。そういうとき周囲が騒がしいと、本来のプレーができないことがあるので気をつけよう。

声援は得点が決まってから

スーパープレーが飛び出せば、つい感嘆の声を上げたくなってしまいそうになる。すこしくらいはやむを得ないが、はっきりとした声援や拍手はどちらかに得点が入ってからにしよう。

良いプレーに対しては敵味方関係なく拍手を

良いプレーが見られたときは、敵味方なく関係なく惜しみない拍手を。良い試合を作るのは選手だけではない。フェアプレーの精神は観客にとっても大切なものだ。

ミスしたときの「あぁ…」はNG

応援している選手がミスすれば、つい溜息をつきたくなる気持ちもわかる。しかし、つかれた方は気持ちが沈み、かえって形勢を悪くするおそれがあるので注意。

選手に技術や戦術のアドバイスをしない

プレーする選手に対して「もっと積極的に攻撃しろ！」「下がりすぎるな!!」などと客席からアドバイス（?）する一般ファンがたまにいるが、選手にとっても周囲の観客にとっても不快な気持ちを起こさせるだけなので絶対にやめるべきである。

声をかけるときはポジティヴワード

失点した場合でも、ネガティヴな言葉よりポジティヴな言葉をかける方が選手は気持ちを立て直しやすい。例：×「ビビったら負けだぞ！」○「どんどんいけ！」

カメラのフラッシュは厳禁

選手が審判に歩み寄り、客席を指さしていることがある。これは、観客の誰かがスマートフォンなどで撮影したときにフラッシュが光ったのを気にしての申告だ。フラッシュの光をまともに見た選手は目がくらんでプレーどころではなくなる。会場スタッフの注意を無視すれば退場させられること必至だ。

その他のマナーや禁止事項は、
大会主催者の通達にしたがうこと！

ちょっと気になる？

選手の仕草

卓球観戦していると、選手が何度も同じ仕草をしたり、他のスポーツでは見かけない動きをしたりしているのを目にすることがある。あれって何？ の疑問に答えます。

両方の選手が同時にタオルで汗を拭く

両者の得点の合計が6の倍数になったときにタオルを取ることができるというルールに基づいている。タオルを取るのには一呼吸置くという目的もあるので、大抵の人がこの権利を行使するが、勢いに乗ってプレーを続けたい人が、あえてタオルを取らないこともある。

ラリーの後に手を挙げる

ラリー中にネットインやエッジボールとなって相手のミスを誘ったときは「すいません」と一声かけるか、手を挙げてその気持ちを示す。国際大会では人差し指を立てるのが標準。

ラケットのラバー面に触れる

ラバーはデリケートな用具で、埃などが付くとそれだけで回転力が落ちてしまう。そのため、ラバーから余計なものを取り除くときにこうする。ラバーに息を吹きかけるのも同様だ。

靴底に触れる

専用シューズの靴底はやわらかめのゴムでできていて、床をしっかりとグリップする能力にすぐれている。ここにほこりなどがついて滑らないよう、手のひらで払うわけだ。ついでに手の汗を拭う目的もある。

ラケットを手の中でクルクル回す

異質ラバーを反転させる以外でラケットを回すのは、手のひらとラケットのグリップとの間の湿気を飛ばすため。心を落ち着けようとして癖になっている人もいる。グリップに息を吹きかけるのも同じ目的だ。

ネット際のテーブル表面に触れる

手のひらの汗を拭く行為。タオリングが限られているためだ。ボールが弾む可能性が低い位置を選んで拭いている。

ラバー面を卓球台に圧しつける

ラバーが剝がれないようにするための行動と思われるが、通常の接着剤で丁寧に貼ればラバーはそんなに簡単に剥がれない。よほど慌てて貼ったかあるいは……。

ラケットで顔を扇ぐ

文字通りラケットを団扇代わりにしている。大きさも形状もそっくりだからできることだ。テニスやバドミントンではこうはいかない。

わざとサービスミスをする

誤審によって自分に点が入り、審判に申告しても訂正されなかった場合に、相手に点を返すために行われることがある。めったにないが行うとフェアプレーとして賞賛される。一方で「それは本当にフェアプレーなのか」「返すなら２本ではないか」という異論もある。

年間スケジュール

年が明けると全日本選手権、春には世界選手権……、
卓球はその月、その季節ごとにさまざまな大会が目白押しだ。
好試合を見逃さないようスケジュールを押さえておこう。

※データは、2020年度の実績および2021年4月5日付で日本卓球協会が発表した「全国大会開催地・日程（含 国際大会）」より作成しています。詳細は日本卓球協会のHPを参照してください。

1月

天皇杯・皇后杯 全日本選手権
[一般・ジュニアの部]（1/24～30）

その年度の日本一を決める日本卓球協会主催の大会。1月に開催されるのは一般とジュニアの部。

2月

ジャパントップ12
（2/27～28）

全日本卓球選手権大会の男女シングルスベスト8と日本卓球協会が選考した男女4人の合計各12人が参加。

全日本ラージボール選手権大会
（2/11～13）

4月

日本リーグビッグトーナメント
（4/19～22）

日本卓球リーグ実業団連盟が主催する大会の一つ。男女各20名で社会人の個人戦ナンバー・ワンを決める。

世界卓球選手権大会

個人戦と団体戦を隔年交替で開催する世界最大規模の卓球選手権。例年は４月頃の開催だが、2020年の韓国釜山大会（3/22～29）は新型コロナウイルスの影響により中止。2021年は11/23～29に開催されることになった（アメリカ・ヒューストン）。

6月

ジャパンオープン

1989年より始まった別名「荻村杯国際卓球選手権大会」。ITTFワールドツアー大会の一つ。2020・2021年は開催中止となった。

7月

- 全日本大学総合卓球選手権大会 団体の部 (7/1～4)
  - 大学日本一を決める団体戦で日本学生卓球連盟が主催。
- 全日本選手権 [ホープス・カブ・バンビ] (7/22～25)
  - 「ホープス」は小学6年生以下、「カブ」は小学4年生以下、「バンビ」は小学2年生以下。
- オリンピック (7/26～8/6)
  - オリンピック・イヤーの場合。2020年東京オリンピックは新型コロナウイルスの影響により翌2021年の開催となる。

8月

- 全国高校選手権 [インターハイ] (8/12～17)
- 全国中学校大会 [全中] (8/23～26)

9月

- 全国レディース大会 (9/17～19)
  - 30歳以上の女性選手による全国大会。団体戦とダブルスがある。

10月

- 全日本選手権 [マスターズ] (10/8～10)
  - 年代別の全日本選手権。30歳代から年齢別にカテゴリー分けされている。
- 全日本社会人卓球選手権 (10/29～31)
  - 実業団などの社会人による国内最高峰の大会。男女シングルスとダブルスの4種目が行われる。
- 全日本大学総合卓球選手権 [個人の部] (10/28～31)
  - 通称「全日学」。男女のシングルスとダブルスの４種目が行われる。

11月

- ワールドカップ女子 (11/8～10)
- ワールドカップ男子 (11/13～15)
  - 世界卓球、オリンピックに次いで権威のある国際大会。個人戦は毎年、団体戦は隔年の頻度で開催。
- Tリーグ開幕 (11/17)

12月

- プレーオフJTTLファイナル4 (12/4～5)
  - 日本卓球リーグで平成19年度より開設されたプレーオフ大会。優勝チームには内閣総理大臣杯が授与される。

チームランキングで実感

世界の卓球の趨勢

国際卓球連盟が毎月1回発表する世界チームランキングは、
国際大会における団体戦の結果やシングルスのランキングをもとに
ポイントを集計して順位を決定している。
これを見ると、いまの日本は2番手グループのなかで、
絶対王者・中国への挑戦権争いをしている状態だとわかる。
ほかにも強豪国は多いので、国際試合を観戦する際の参考にしよう。

男子
[シニア]

順位	国・地域名	ポイント
1	中国	7500
2	日本	5254
3	ドイツ	5042
4	韓国	4880
5	スウェーデン	4092
6	ブラジル	3552
7	チャイニーズタイペイ	3344
8	イングランド	3340
9	オーストリア	3148
10	香港	2686
11	ポルトガル	2628

女子
[シニア]

順位	国・地域名	ポイント
1	中国	7500
2	日本	5580
3	ドイツ	4554
4	韓国	4196
5	香港	3924
6	チャイニーズタイペイ	3702
7	ルーマニア	3458
8	シンガポール	3388
9	オーストリア	3222
10	北朝鮮	3202
11	ウクライナ	2858

順位	国・地域名	ポイント
12	フランス	2446
13	インド	2154
14	クロアチア	2084
15	ナイジェリア	1734
16	アメリカ合衆国	1580
17	エジプト	1494
18	スロベニア	1482
19	ルーマニア	1348
20	ポーランド	1268
21	チェコ共和国	1198
22	ロシア	1168
23	オーストラリア	1112
24	デンマーク	1088
25	ベラルーシ	1076
26	ベルギー	1046
27	北朝鮮	920
28	イラン	814
29	アルゼンチン	810
30	スロバキア	772

順位	国・地域名	ポイント
12	アメリカ合衆国	2692
13	オランダ	2254
14	ポーランド	2008
15	ロシア	1908
16	ハンガリー	1776
17	エジプト	1748
18	プエルトリコ	1644
19	ブラジル	1524
20	タイ	1356
21	スウェーデン	1314
22	インド	1168
23	オーストラリア	1004
23	チェコ共和国	1004
25	ルクセンブルク	974
26	ベラルーシ	916
27	フランス	834
28	スペイン	832
29	カナダ	736
30	イタリア	692

※ランキングは2021年6月度現在

卓球観戦の方法

卓球観戦には会場に直接足を運ぶ方法と、テレビやインターネットの中継を視聴する方法とがある。どちらかを選ぶというよりは、そのときどきの都合や気分に合わせて好きな方法を選んでほしい。

迫力重視ならやっぱり生観戦

トップ選手のダイナミックな動きや伸びのあるスピードボールを実感するには生観戦が一番。Tリーグや日本リーグ、全日本選手権といった大きな試合ともなると、美しくライトアップされた会場や観客の熱気がいっそう雰囲気を盛り上げる。

会場へ足を運ぶには

プロや実業団の公式試合を観戦するにはチケットの購入が必要だ。購入方法は他の様々なスポーツと大体同じで、インターネット予約か電話予約をしたあとコンビニで受け取るか、コンビニの端末で直接購入するといった方法が挙げられる。「チケットぴあ」や「ローソンチケット」他、各種プレイガイドの検索機能を利用すると便利だ。※新型コロナウイルスの影響により無観客で開催される試合もあります。

中継映像には生観戦にない魅力も

生観戦では選手の動きのダイナミックさや会場全体の雰囲気が伝わりやすいのに対し、テレビやインターネットの中継動画には多彩なカメラアングルと実況解説によるわかりやすさというメリットがある。遠く離れた場所で行われている試合をのんびり自宅で楽しめるのも魅力だ。

\ お勧め動画サイト /

テレビ東京 卓球チャンネル

世界卓球をはじめとする主要国際大会を地上波でも放送しているテレビ東京が、YouTubeに開設したのが「テレビ東京 卓球チャンネル」。試合のライヴ動画のほか、選手のインタヴューや練習風景など多彩なコンテンツが用意されている。

WTT

国際卓球連盟（ITTF）がそれまで運営していたitTVに代わり、2021年からはWTTのサイト（https://worldtabletennis.com/home）でITTF関連のライヴ動画やアーカイヴ・コンテンツが視聴できるようになった。英語のサイトで会員登録も必要だが、YouTubeチャンネル（https://www.youtube.com/c/WorldTableTennis/featured）なら会員登録不要。

限(P.112参照)など、数々の改革を実行し卓球の普及に貢献した。2014年に退任したが、退任後、在任中の資金の不適切な使用や機材購入に関する入札への干渉などを理由に同連盟から4年間の活動禁止をくらった。しかし2020年、謎の和解をし名誉会長として復帰した。

アダム・ボブロウ

【あだむぼぶろう】(1981～)

ITTF(P.15参照)の動画配信サービスの実況アナウンサー。アメリカ生まれ。コメディアンだったが卓球好きが高じて専属アナウンサーとなる。卓球技術に精通しているだけでなく、ストロベリー(P.68参照)、バナナスプリット(P.117参照)など独創的な用語を駆使する。平野美宇(P.122参照)、丹羽孝希(P.110参照)、伊藤美誠(P.23参照)がファインプレーをすると「ハリケーンヒラノー」「コキニワー」「ミマチャーン」などと絶叫する。気味が悪いほど日本の卓球に詳しく、ベンチのコーチの経歴など、日本の卓球通さえ知らないことを世界に向けて発信する唯一無二のアナウンサー。普段着があまりにも派手で、一見して素人には見えず、かつあまりにも陽気に英語で話しかけるため、戸惑う日本選手も多い。台湾在住。YouTuberとしても50万人のチャンネル登録数を誇る。

あっち向いてホイ

【あっちむいてほい】

打つ方向と反対の方向に大げさに顔を向けて打つフェイント。卓球選手はボールだけではなく相手の打球姿勢からコースを予測するため、効果があると思われているが、実証はされていない。「誰も相手の顔まで見ていない」「ひとりよがりだ」と効果を疑問視する声がある一方、相手を愚弄して苛立たせる効果があると考える向きもある。顔を背けて打つので、打ち返されると間に合わなくなり恥ずかしい。

アップダウンサービス

【あっぷだうんさーびす】

ラケットを上下にV字形に動かしながら打球することで、上回転(P.25参照)と下回転(P.59参照)を近いフォームで出し分けるサービス。相手に見破られなければ絶大な効果を発揮する。1960年代に高橋浩(P.82参照)が発明し命名した。河野満(P.45参照)も得意とした。

後加工禁止ルール

【あとかこうきんしるーる】

市販されているラバーに対して、いかなる物理的または化学的な加工をも加えることを禁じたルール。2008年に制定された。前年に、スピードと回転が著しく増すブースター(P.124参照)が世界的に流行したため、これを防ぐ目的で制定されたと考えられる。ただし、禁止されているのはあくまで後加工なので、メーカーが製造工程でブースターを使用するのは問題ない。しかし、時間とともに効果が薄れるため、日本選手以外の多くの外国選手が試合直前に使用していると噂される。

アバロックス

【あばろっくす】

卓球用品メーカー。スウェーデン製の高性能ラケットに定評があり、1990年代には中国のナショナルチームの選手が多数使用していた。日本でも当時20〜30代だった多くの選手に支持されたが、ニッタクが販売を中止した後しばらくの間販売されていなかった。2017年にアバロックスジャパンが設立されて発売を再開し、往年のファンのみならず新たなファンを獲得している。

アラン・デューク

【あらんでゅーく】(1945〜)

イギリスの卓球史研究家。本業は化学エンジニアだったが、趣味が高じて卓球史の研究に勤しむ。新聞記事、雑誌、特許などの文献による実証的な調査において他の追従を許さない。卓球史における重要人物の調査は執拗を極め、人物のお爺さんの代まで遡った一家の歴史を調査したり、渡航の日付はおろか船の名前まで調査するという、もはやどこが卓球史研究なのかわからない様相を呈している。ITTFのウエブサイトで年に3回発行される「テーブルテニス・ヒストリー・ジャーナル」で執筆を続けている。類似人物「ジェラルド・ガーニー」(P.58参照)、「スティーブ・グラント」(P.67参照)、「チャック・ホイ」(P.93参照)。

アリレート

【ありれーと】

ラケットのブレード(P.132参照)の一部に使われる合成樹脂の一種。バタフライ(P.116参照)が1991年発売のラケット「キーショット」に採用したのが最初。より硬い材料であるカーボン(P.36「カーボンラケット」参照)と組み合わせることで、アリレートとカーボンの中間的性能を持たせたものはアリレートカーボンと呼ばれ、同社の1993年発売のラケット「ビスカリア」に初めて採用された。アリレートは水色に着色されているため、卓球人はラケットの側面に水色が見えると「あ、アリレート」と思うようになっている。

写真はアリレートカーボンを搭載したバタフライのインナーフォーススレイヤーALC

アンジェリカ・ロゼアヌ

【あんじぇりかろぜあぬ】(1921〜2006)

1950年代に活躍したルーマニアの卓球選手。世界選手権の女子シングルス6連覇を含む金メダル17個を獲得した史上もっとも成功した女子卓球選手。バレリーナを思わせるアクロバティックな姿勢でカットをする姿から“女王”と称された。20代前半が第二次世界大戦だったため、最初に世界チャンピオンになったのは28歳で、そこから6連覇した。1995年に世界卓球殿堂入り。

アンチラバー

【あんちらばー】

裏ソフト(P.26参照)の一種で、ボールとの摩擦が極端に低い。相手のボールの回転の影響を受け難いこと、回転が極端に少ない希少価値によって相手がやり難い利点がある。1974年にバタフライ(P.116参照)が「アンチスピン」を発売したのが最初。現在も各社から「アンチパワー」「ベストアンチ」など、多くが“アンチ”を含んだ製品名で売られている。

アンチ粒高

【あんちつぶだか】

粒高ラバー(P.97参照)の表面をアンチ加工したラバー。ドクトル・ノイバウア(P.101参照)が2005年に「スーパーブロック」として発売し、他社も追従した。あまりにもボールとの摩擦が低く意外な回転が出るため、威力がありすぎるとして2008年に禁止された。しかし本製品を使って世界的に活躍した選手がいたわけでもなく、そもそも現在主流となっている回転がかかるラバーの方が物理的には異常と言えるため、この禁止には疑問の声が少なくない。

安定性

【あんていせい】

相手のコートにボールを入れる確実性のこと。選手の技量やラバーの性能について使う。選手の技量を表す場合「安定性を高めるためには千本ラリー(P.78参照)が必要」などと使われて意味は明確だが、ラバーの性能を表す場合は定義が明確ではないので注意を要する。ラバーの性能は古くから①スピード②回転③安定性(またはコントロール)の3つで表現されることが多く、安価なラバーは①②が劣る代わりに③が優れ、高価なラバーは①か②に優れて③は劣ると表現されるが、最高価格のラバーは①②③すべてに優れる傾向がある。「安定性」に定義がないだけに、好きなように書けるオールマイティな魔法の単語。

アンドロ

【あんどろ】

ドイツの卓球メーカー。卓球用品問屋「ショーラ&ミッケ」を母体として1987年に創業。「ラザンター」を始めとして、業界で唯一、緑色のスポンジを持つラバーで強烈な存在感を示している。日本法人はアンドロジャパンで2011年に創業。

「あんな体力のない奴はもうよこすな」

【あんなたいりょくのないやつはもうよこすな】

高島規郎(P.82参照)が、恩師の樋口竣一(P.120参照)を初めて訪ねたとき、午前零時から練習が開始され、そのまま2泊3日、一睡もせずに練習が続けられた。樋口は後日、高島を紹介した星野展弥に「あんな体力のない奴はもうよこすな」と言ったとされる。これを聞いた高島は奮起して常軌を逸したトレーニングを開始し、トップ選手へと上り詰めた。

ESN

【いーえすえぬ】

ドイツのラバー製造会社。ドニック(P.102参照)創業者でもあるゲオルグ・ニクラスが1991年に創業した。ラバーの反発力を高めるTENSORテクノロジーを有し、世界中のラバーメーカーに製品を供給している。「ドイツ製」と言われるラバーはすべて同社が製造しており、世界最大のラバー製造会社であるが、自社ブランド商品は持たず、大っぴらに宣伝しているわけでもないため一般には知られていない。

E.C.グッド

【いーしーぐっど】

アイボア・モンタギュー(P.15参照)の著書で、世界で初めて卓球のラケットにラバーを貼った人物として紹介されているイギリス人。1902年のロンドンで、頭痛のため立ち寄った薬局で見たつり銭皿の凹凸のついたマットを譲り受けてラケットに貼り、大会で優勝したとされる。近年の研究では、1901年12月にフランク・ブライアンがラバー貼りラケットの特許を出願し翌年2月に商品化している上、E.C.グッドなる人物の優勝記録がないため、モンタギューの創作だと考えられている。2019年にアラン・デューク(P.18参照)がE.C.グッドのモデルとなったであろう人物、フレデリック・グッド(P.132参照)を特定した。

イエローカードとレッドカード

【いえろーかーどとれっどかーど】

試合中の競技者およびコーチの違反行為に対して主審が提示するカード。1回目の違反には警告としてイエローカードを提示する。2回目の違反にはイエローカードとレッドカードを同時に提示し、相手選手に1ポイントを与える。さらなる違反には相手選手に2ポイントを与える。なおも違反があった場合には審判長に報告し判断を仰ぐ。公正かつスムーズな試合進行が主審の腕の見せ所であるため、怪しい動きをする競技者やコーチには、胸ポケットのカードに手をかけながら視線を送るなどの技術を要する。

『行け！稲中卓球部』

【いけいなちゅうたっきゅうぶ】

「週刊ヤングマガジン」(講談社)で1993年から1996年まで連載されて大ヒットしたギャグマンガ。卓球部員に対するイメージを落としたと卓球ファンから恨まれることがあるが、とんだお門違いと言える。卓球のイケていないイメージは同作よりはるか前からあり、昭和20年代にはすでに「卓球は女こどものやるものであり大の男がやるものではない」「卓球をスポーツにするならかるたもスポーツに入れないといけない」などと蔑まれている。フェミニズムや競技かるたの観点から現在では恐ろしくて引用することも憚られるフレーズだが、ともかく稲中は面白いので問題ない。

古谷実『行け！稲中卓球部』(講談社)

井坂信太郎

【いさかのぶたろう】(1902〜2001)

卓球ジャーナリストの草分け。奇しくも卓球が日本に伝来した年に生まれた。『卓球競技』『卓球界』『テーブルテニス』『卓球マンスリー』といった月刊誌を次々と作っては採算が取れず休刊し、自宅に「東京卓球研究場」を作るなど「卓球で身上を潰した」と言われた偉大な人物。月刊『卓球王国』(P.84参照)が創刊されたときには、創刊メンバーのひとりである高橋和幸に「身上潰さないようにしなさいよ」と語ったとされる。凄まじい説得力だ。選手としても1952(昭和27)年度全日本選手権のベテランの部で優勝する腕を持っていた。

石川佳純

【いしかわかすみ】(1993〜)

山口県出身の卓球選手。福原愛(P.129参照)と並び、2000年代後半以降の日本の女子卓球人気を支える中心選手。7歳から卓球を始めるとすぐに頭角を現し「愛ちゃん二世」

と言われた。2010年度全日本選手権でその福原を準決勝で破り17歳で初優勝。2012年ロンドン五輪、2016年リオ五輪の女子団体でそれぞれ銀、銅メダルを獲得。優れた運動能力と均整の取れた身体を活かしたオーソドックスなシェーク両ハンドドライブ型で打倒中国を目指す。可憐なルックスも相まって卓球の枠を超え日本でもっとも人気のある女子スポーツ選手である。愛称カスミン。左利き。

異質反転型

【いしつはんてんがた】

ラケットの両面に性質の異なるラバーを貼り、プレー中に反転して相手を攪乱するプレースタイル。両面同色が許されていた1970年代半ばに登場した。光沢から判別のつき難い黒色のラバーを貼るのが主流で、ラバーによる打球音の違いを足音でかき消す工夫も同時になされた。その威力は絶大で、世界選手権の決勝戦で相手がサービスも返せない事態となった。1983年にラケット両面に貼るラバーを「異なる色」とするルールが制定されたが、茶色や紺など紛らわしい色にする奴が出てくるに決まっているため、1985年に「赤と黒」に改正され、効力がなくなり激減した。

異質ラバー

【いしつらばー】

本来はラケットの両面に異なる性質のラバーを貼ることを意味したが、その場合に片側に使われることが多い粒高ラバーまたはアンチラバーについて、主流の裏ソフトと異なる性質を持つという意味を込めて、それらのラバーそのものを異質ラバーとする誤用が広まった。言葉にうるさい年配の方の前で言うと「異質ラバーというラバーはない！」と怒るので注意が必要。

意地を見せた

【いじをみせた】

中堅の選手が将来有望の若手に勝ったときにメディアが使う常套句。特に意味はない。

「一番大切なのは命」

【いちばんたいせつなのはいのち】

癌に侵され死期を悟った荻村伊智朗(P.33参照)が、ある全日本候補合宿のミーティングで参加者に「選手にとって一番大切なものは何か」と問いかけた。選手たちが「サービスです」「フットワークです」などと答えるのを尻目に荻村は「一番大切なのは命です。次に大切なのが時間です」と答えたという。荻村の命がけのメッセージだったが、こんなことを問題形式で伝えられた選手たちはさぞかし面食らったことだろう。

一枚ラバー

【いちまいらばー】

世界で最初に登場したラバーで、ゴムの一層構造のラバー。表面に多数の突起がついている。やがてスポンジを貼り合わせた二層構造の「表ソフト(P.34参照)」「裏ソフト(P.26参照)」が登場したため、以後、一層構造であることを差して「一枚ラバー」の呼び名がついた。オーソドックスラバーとも言われるため、商品名にしばしば「OX」が添えられる。回転、スピードともにもっとも劣るラバーだが、その分だけ安定性に優れるとされる。使用者はきわめて少なく、トップ選手ともなると皆無だが、アメリカでは一枚ラバーを貼ったラケット「ハードバット」だけの大会が開かれたりしている。通称「一枚」。

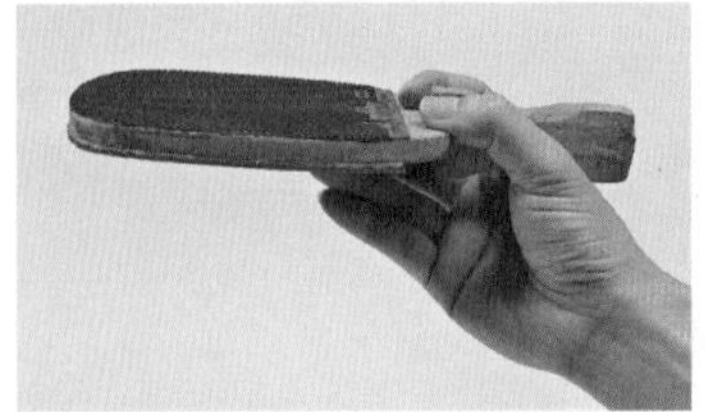

フォア面に一枚ラバー、バック面に裏ソフト・ラバーを貼ったラケット

イップス

【いっぷす】

スポーツなどの熟練者が突然、特定の動作ができなくなる原因不明の病気。あるプロゴルフ選手が簡単なパットが入らなくなったことから知られるようになった。病名は英語圏の驚きの声「イェップ」から。卓球選手の場合、打球の際にラケットの角度が激しく変わるために、まったく相手のコートに入らなくなる症状などが知られる。有名な例としては元日本代表選手の坂本竜介が現役時代の後半、試合のときに限ってサービスの回転をかけられなくなり引退を余儀なくされた。

1歩動

【いっぽどう】

フットワークの一種。右に移動したい場合は右足を右に一歩出す、左に移動したい場合は左足を左に一歩出すというように、動きたい方向の足を一歩だけペタリと出す動き方。短い距離を素早く動くときに適する。古くから前陣速攻型(P.76参照)の中国選手が多用していたことで知られる。1961年世界選手権北京大会で、体育館の床に油がひいてあり、他国の選手が軒並み滑って転んだのに対して、中国選手が平気だったのはこのフットワークを多用していたためと言われる。現在では世界中の卓球選手が取り入れている。関連語「3歩動」(P.57参照)。

一本掛け

【いっぽんがけ】

ペンホルダーで、柄に人差し指をかける現在主流の握り方。大正時代に活躍した鈴木貞雄(P.67参照)によって日本に定着した。

一本差し

【いっぽんざし】

日本に古くからあったラケットの握り方の一種。人差し指をラケットの中央に真っ直ぐに添えるのが特徴。大正時代に一本掛けの普及に伴って廃れたが、1960年代になって突如、長谷川信彦(P.115参照)がこのグリップで活躍して世界チャンピオンとなった。以後、国内で追従者が現れたが1980年代にほ

ぼ絶滅した。台上技術やバックハンドドライブに難がある。初心者がときおりこの持ち方をするため、人間にとっては自然な持ち方であると考えられる。

移動式サービス

【いどうしきさーびす】

横方向に移動しながら出すサービス。相手の構えの位置を乱す効果がある。1980年代に活躍した韓国の金浣(キム・ワン)が得意とした。1987年からサービス時のトスは「ほぼ垂直」に投げ上げるルールが制定されたため、不可能となった。

伊藤繁雄

【いとうしげお】(1945〜)

山口県出身の卓球選手。高校時代はインターハイ1回戦負けと無名だった。家庭が貧しかったため高校卒業後に就職したが、卓球への思い止みがたく母親に「一生のお願い」をして2年間の会社勤めの後に専修大学(P.75参照)に進んだ。天性に加えて1日12時間以上のトレーニングと猛練習で1969年世界選手権ミュンヘン大会で世界チャンピオンとなった。2キロのうさぎ跳びなどで鍛えた足腰は、その浮き出た筋肉を見ただけで相手が戦意を喪失すると言われた。日本式ペンホルダーによるオールフォアドライブ型。得意技は曲がって沈むバックストレートのフォアドライブ。元来左利きだが、卓球を始めたときに近所の大人たちから「右でやらないと入れてやらない」と言われ右で行うようになった。卓球での左利き(P.120参照)の有利さを考えると、もし伊藤が左でやっていたら世界卓球史上、最高の選手になっていた可能性がある。

伊藤美誠

【いとうみま】(2000〜)

静岡県出身の卓球選手。母の指導で2歳から卓球を始め、幼稚園時代に1日7時間の猛練習により小学生大会で頭角を現す。10歳2ヶ月で全日本選手権の史上最年少勝利記録を持つ。2016年リオ五輪女子団体で銅メダルを獲得。2018、2019年と全日本で女子シングルス、女子ダブルス、混合ダブルスで優勝し、女子選手として史上初の2年連続3冠を達成した。右シェーク裏表速攻型。独創的なサービス、表ソフトによる変幻自在なバックハンド、回転をかけずに直線的に叩くフォアハンドが武器。「心臓に毛が生えている」と言われるほど図太い神経をしていると見られているが、試合中、緊張を解すために意図的に口角を上げる行為が見られ、緊張しないわけではないことが伺われる。

糸を引くようなカット
【いとをひくようなかっと】

よく回転のかかったカットのボールの軌道を表現したもの。回転による空気抵抗の影響で、比較的ゆっくりと直線的に飛ぶ様子が、糸を張ったかのようであることから。

「今すぐにイエスと言わなければ選ばない」
【いますぐにいえすといわなければえらばない】

河野満(P.45参照)が1967年世界選手権ストックホルム大会の日本代表候補として注目されていたとき、全日本選手権の準決勝で敗れた直後に強化対策本部ヘッドコーチの荻村伊智朗(P.33参照)からかけられた言葉。「負けたら日本に帰って来ない、そういう覚悟があるなら代表に選ぶ。今すぐにイエスと言わないなら選ばない」といういたずらに高圧的なもので、河野はこれを承諾して世界選手権に出場し、男子団体金メダル、男子シングルス銀メダルを獲得した。

岩城禎
【いわきただし】(1985～)

大阪府出身の卓球選手、投資家。2020年度全日本選手権に35歳で男子シングルスに初出場し、13歳の天才選手・松島輝空に玉砕してメディアの注目を集めた。神戸大学時代には一日14時間も練習場に居座るというべらぼうな練習量を誇ったにもかかわらず実力は部内で3番目だった。弁護士事務所を継がせたい父の期待に背き、練習時間を確保するために公務員となったが、それでも足りずに投資家となり現在は週に18回練習する日々を送っている。これまでの総練習量は少なく見積もって3万500時間。一流選手になるために必要と言われる1万時間の3倍を優に超しており、誰がどう考えても後戻りできない状況。

インターハイ
【いんたーはい】

全国高校総体。軟式卓球(P.108参照)時代の1928(昭和3)年から続いているため、現在まで続いている日本でもっとも古い全国大会となっている。

インナーフォース
【いんなーふぉーす】

バタフライ(P.116参照)が2009年から発売しているラケットの仕様のひとつ。軽くて反発力が高いとされるカーボンなどの特殊素材(P.101参照)を合板の比較的内側に配置することで、木材特有の「ボールをつかむような打球感」を活かしつつ特殊素材の反発力を発揮するとされる。歴史的に合板内の特殊素材の位置は、各社からあらゆる位置のものが発売されつくしており、内側に配置することは珍しいことではない。そこに「インナーフォース」といういかにも特別な感じのする名前をつけたところがバタフライの天才的なところだ。

インパクト
【いんぱくと】

ボールがラケットに当たる瞬間のこと。日本では1980年代まで、インパクトを首を回して顔の正面で見ることが基本とされていた。横目で見ると遠近感が狂うためという理屈だったが、そう言っている本人たちの写真を見ると、確かに顔はインパクトを向いているが視線は横目で前方を見ているのだった。そもそもインパクトを見て何かに気がついても修正する時間がないので見る意味はない。現在ではこの基本は絶滅し口に出す者もいなくなった。

インパクトの感触で回転を判断

【いんぱくとのかんしょくでかいてんをはんだん】

インパクトの感触でボールの回転量を判断してとっさにラケットの角度を変えて対応するとされる技術。ボールとラバーの接触時間(P.74参照)は約1/1000秒であり、この間には感覚神経の信号はおよそ5cmしか進めない。すなわち、ラケットに当たった感触が手首まで進んだところでボールはラケットから離れるということであり、そこから調整することは不可能である。元日本代表監督がテレビの解説でこれを主張し「そんなことができるんですか!」と驚くアナウンサーに対して「ええ、トップ選手になるとできるんです」と得意気に答えるというスリリングなやりとりが見られた。

ヴィアグロ

【ゔぃあぐろ】

逆チキータ(P.41参照)のフランスでの呼称。フランス語でカンマの意味で、ラケットの動きがカンマを書くときに似ていることから。逆チキータの呼称が定着しておらず、ミユータ、ストロベリー(P.68参照)などが乱立していた時期に提唱された呼称のひとつ。月刊『卓球王国』2018年2月号で紹介されたが日本ではまったく定着せず、今ではそんな記事があったことすら覚えている人は少ない。

VICTAS

【ゔぃくたす】

株式会社VICTAS。日本の卓球用具メーカー。同名のブランドを持つ。2009年にスヴェンソン社がTSP(P.97参照)ブランドを持つヤマト卓球株式会社を買収し、社長に就任した松下浩二が「ビクトリー(勝利)」と「明日」からVICTASというブランド名を考案した。2017年に社名を株式会社VICTASとし、2021年にTSPブランドを廃止しVICTASブランドに統合した。

VICTAS

上回転

【うえかいてん】

ボールの回転方向のひとつ。床に置いたときに、ボールの進行方向に転がる方向の回転。空中で軌道が下に曲がり、相手のコートに入りやすく、相手のラケットに当たると上に跳ね返る性質を持つ。前進回転、トップスピンとも言う。対義語「下回転」(P.59参照)。

ヴェガヨーロッパ

【ゔぇがよーろっぱ】

韓国の卓球用具メーカーXIOM（P.27参照）が2009年に発売して大ヒットしたテンション系裏ソフト（P.100参照）。優れた性能にもかかわらず圧倒的な低価格、珍しい黒のスポンジ、凹凸と光沢のあるスタイリッシュなパッケージ、そして日本人が憧れる「ヨーロッパ」というネーミングがユーザーの心を捉えた。現在も同社の主力製品であり続けている。

薄く当てる

【うすくあてる】

ボールに回転をかけるときの当て方。ラケットを動かす方向が打球面の方向に近いほど薄い当て方となり、打球面と垂直方向に近いほど厚い当て方となる。薄いほど空振りのリスクが高く、初心者にとって難しい技術だが、中級以上になると完全に面の方向に振りながらドライブを打ち、サービスのときなどボールの速度を抑えるために、面の方向を通り越してボールから遠ざかる方向に振りながら当てることが普通に行われている。

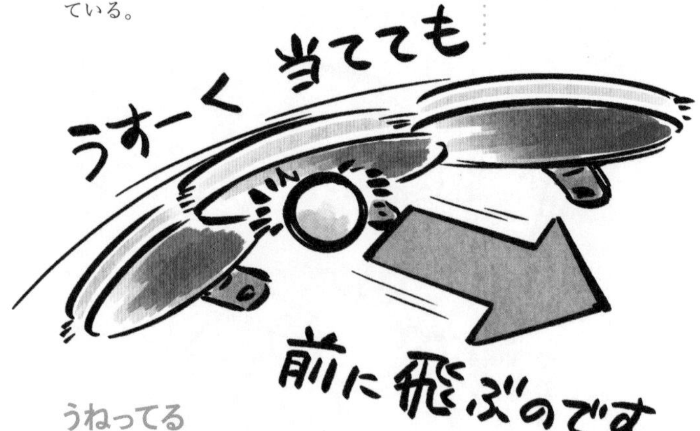

うねってる

【うねってる】

ラバーに使用禁止のブースター（P.124参照）を塗ったことで、ラバーの表面が凸凹に歪んでいる様。一般にブースターは、ラバーのゴムの分子の間に入り込んでラバー全体を膨張させるため、膨張の過程で形状が不均一になる傾向がある。そのため、テレビ放送などで選手のラケットが大写しになったとき、表面がでこぼこしているのが見えると「うねってるねえ」とブースターの違法使用を疑うのが卓球人の習性となっている。関連語「音が違う」（P.33参照）。

裏裏

【うらうら】

ラケットの両面に裏ソフトを貼っている戦型のこと。試合前に互いに相手のラケットを確認し合うときなど、ラケットの両面を見せながら「裏裏です」と言うなど、一般人が見るとシュールな光景が普通に見られる。類義語としては「裏表」「表裏」「表表」「裏粒」「裏アンチ」などがあり、いずれもフォア面、バック面の順でラバーの種類を表現する。裏ソフトがスタンダードであるため「裏裏です」と言うときの心理は、手品師が「種も仕掛けもございません」と言うときの心理に近い。

裏ソフト

【うらそふと】

ラバーの一種。表面が平らで、ボールとの摩擦と引きつれ（P.119参照）が大きいためにもっとも回転がかかる。現在の卓球選手の90％以上が使用しているもっともポピュラーなラバーであるにもかかわらず、うっかりレンタルビデオ屋などで大声で口走ると誤解を招く。呼び名は、歴史的に先に登場した表面に凹凸があるラバーを裏返し(P.106「永井達四郎」参照)、さらに気泡の入った柔らかいスポンジを貼りつけたことに由来する。通称「裏」。

裏面打法

【うらめんだほう／りめんだほう】

ペンホルダーの打法の一種で、通常の反対の面(裏面)で打球すること。ペンホルダーは歴史的にフォアハンドもバックハンドも同じ面で打球していたが、バックハンドに難があった。これを克服するために、中国が開発し1992年の中国グランプリで劉国梁(P.154参照)が活躍したことで知られるようになった。現在ではペンホルダーの必須打法となっている。なお、ラバーの種類を指す「表」「裏」と併用することにより「裏は表、表は裏です」などという一般人が聞くとシュールな会話がまかり通っている。

エーリッヒ対パネス

【えーりっひたいぱねす】

試合開始から最初の1点を取るまで2時間12分かかった伝説の試合。1936年世界選手権プラハ大会の男子団体で、ポーランドのアロイズィ・エーリッヒとルーマニアのファールカス・パネスの間で行われた。パネスが攻撃ができなかったのに対してエーリッヒは攻撃もできたが、パネスを怒らせてルーマニアチームの戦意を喪失させるためにわざと攻撃をせずに粘った。さらにエーリッヒはラリーをしながら紅茶をすすり、サンドイッチを食べ、コートサイドに置いたチェス盤でチームメイトとチェスをしたとされる。エーリッヒの作戦どおり我慢の限界に達したパネスは無茶打ちを始め、ポーランドの勝ちとなった。この試合のために翌年から制限時間ルール(P.71参照)が設けられた。

XIOM

【えくしおん】

韓国の卓球用具メーカー。1976年創業の卓球台メーカー「チャンピオン」のCEOが、卓球用具総合メーカーとして、2004年に創業した。2005年に当時バタフライと契約していた柳承敏(韓国)を引き抜き電撃的な契約をしたことで話題となった。2009年に画期的な裏ソフト「ヴェガヨーロッパ」(P.26参照)を発売し卓球市場を変えた。

XIOM®

江口冨士枝

【えぐちふじえ】(1932〜2021)

長崎県生まれ大阪育ちの卓球選手。1950年代の卓球ニッポン黄金時代を支えた。中学2年から卓球を始め、高校時代にはインターハイに出場するも全国的には無名。1年間美容院に就職した後、大阪薬科大入学後に頭角を現し、1954年世界選手権ロンドン大会に初出場し女子団体金メダル。4回目の出場となる1957年背化選手権ストックホルム大会で世界チャンピオンとなった。休憩時間にもフットワーク練習をするほどの練習の虫。1997年に世界卓球殿堂入り。

『卓球王国』

発行人インタヴュー

『卓球王国』は、紙媒体として世界で唯一商業的に成功している卓球専門誌。伊藤条太も毎号コラムを寄稿するいわばホームグラウンドである。創刊以来変わらず発行人を務める今野昇氏に、こだわりの編集方針や日本の卓球事情の変遷などについて話を聞いた。

"卓球界陰のフィクサー"
(伊藤条太談)こと今野昇氏

――『卓球王国』が創刊された頃の日本の卓球事情を振り返ってみていかがですか？

「古くからの卓球好きは覚えていると思いますが、85年頃に"卓球ネクラ説"というのが浮上しまして、私が『卓球王国』を97年に創刊した当時は、まだそのイメージから抜け出せていませんでした。もちろん、85年を機に卓球が急にネクラになったわけではなく、それ以前からもともとそういう要素があったのは事実です。卓球はラグビーやサッカーと違ってボディコンタクトがないうえに、用具の使い方次第で子どもがおとなに勝ててしまうまれなスポーツです。逆に高齢になってもできるスポーツですし、そういう用具ありきのスポーツだから、自然とオタク気質の強い人が集まってくるところはありますね。鉄道オタクと一緒で、モノに対する愛着があり、そしてやたらと理屈っぽい。それも含めての卓球ということでしょうし、だから、伊藤条太のファンだなんていう人も出てくるんじゃないでしょうか(笑)。そういうわけで、ネクラといわれても一概に反論はできないのだけれど、一方でその用具にしても、選手たちにしても、その道をきわめたものならではのカッコよさがあります。我々が雑誌を創刊した当初から、紙面を通じてそういうカッコよさを読者に伝えようという熱い思いはずっと持ってきました」

――創刊当時と現在とでは、卓球のイメージもずいぶん変わってきたのではないですか。

「そうですね。実際にイメージが変わったのは、天才卓球少女として福原愛ちゃんが登場し、彼女がそのままアスリートとして大成して次世代の女子選手、石川佳純や伊藤美誠が後に続くようになってからです。その時点ではまだ女子にばかり注目が集まる状況でしたが、それも2016年のリオ五輪で男子団体が銀メダルを獲得するまでです。男子のダイナミックな卓球を見て、ネクラという印象を持つ人はもはやいないでしょう」

――『卓球王国』とそれまでの卓球専門誌の大きな違いの一つに、写真の見せ方があります。端的にいって、明るくなった。

「それもやはり、卓球とはカッコいいものなんだということを読者に知ってほしいからです。本誌にメインで携わっていたのがもともと腕時計を専門に撮影するカメラマンだったおかげで、物撮りのクオリティは創刊時から高かった。スポーツをカッコよく

『卓球王国』編集部が入っているビルの別フロアに置かれた卓球台。
ここで製品レヴューのための試打を行っている

報道する『Number』や、『モノマガジン』『グッズプレス』といった情報誌を見て研究したりもしましたね」

――卓球に対する一般的なイメージの変化に、『卓球王国』が与えた影響もあるのでしょうね。紙媒体のほかにWEBやDVD制作など多方面に活動の場を広げている会社として、今後どのような夢を持っていますか？

「卓球がメジャーだとかマイナーだとかいうレベルを超えて、ようやくいまが普通の状態になったというのが我々の認識です。卓球専門メディアとしては、紙媒体だからこその魅力を追求しつつ、今後はもっともっと裾野を広げていく活動にも力を注いでいきたいと考えています。具体的にはモーターショーの卓球版ですね。メーカーや協会の協力も仰ぎながら、用具を試打したり、チャレンジマッチやトークショーに参加できたりする、初心者からマニアまでたくさんの人が楽しめるイベントを計画しています。少子化といわれる昨今ですが、卓球は何歳になってもやれるスポーツですから、まだまだ大きな可能性があると思うのです」

『卓球王国』(Vol.291)

卓球王国

1997年創刊の卓球専門誌の名称であるとともに、書籍やDVDの制作・販売を手掛ける会社でもある。月刊誌『卓球王国』の創刊は1997年。国内外のトップ選手インタヴュー、大会観戦記、技術解説、用具試打レヴューを記事の柱に、ベテランから初心者まで幅広い読者を対象にした内容と、広告主であるメーカーにも忖度しない公平な論調で根強い支持を集めている。発行部数６万部。毎月21日発売(21日が日・祝日の場合は変更)。WEB版(https://world-tt.com/)もある。

エッジとサイド

【えっじとさいど】

卓球台の縁に当たったボールの判定。卓球台の角までコート表面に含まれるため、角に当たった場合は「エッジ」としてイン判定となり、側面に当たった場合は「サイド」としてアウト判定となる。ボールが跳ね返った方向から肉眼で判断されるが、揉めることが多い判定のひとつ。卓球台の副審に近い辺については副審が、その他の3辺については主審が判定する。

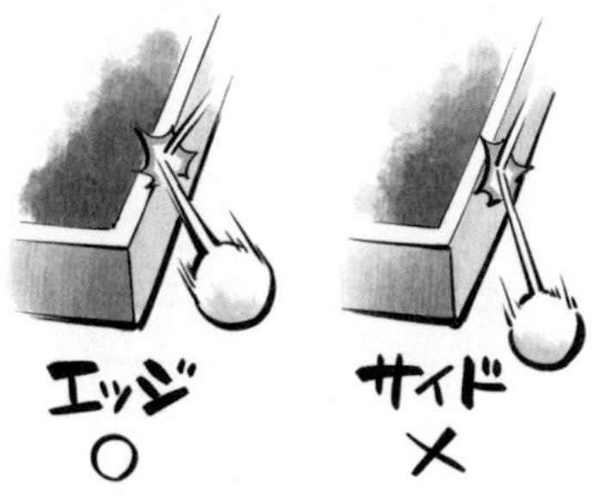

N字フットワーク

【えぬじふっとわーく】

フットワーク練習のひとつ。一方の選手がクロス、もう一方の選手がストレートに打ち続けることで、ボールの軌跡がアルファベットのN字形になることから。両方の選手が同時に動く練習ができるので、効率が良いとされる。また、片方の選手が前後左右にN字形になるように動く練習もN字フットワークと言われることがあるのでややこしい。さらに、これらを同時に行う、つまり両方の選手がN字形に動きながらなおかつボールの軌跡もN字形にすることも理論上は可能だが、難しすぎる上に単なる洒落以上の意味はないため、有史以来、行った人はいないと思われる。

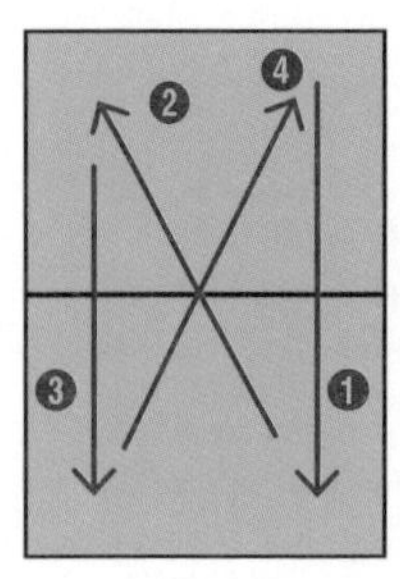

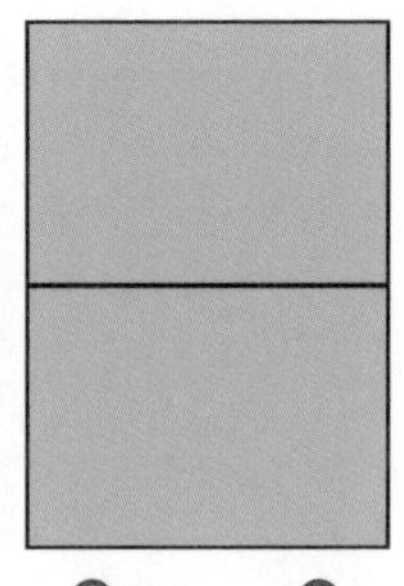

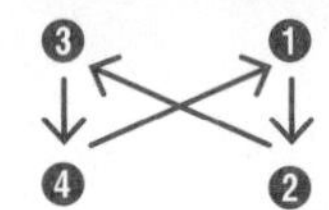

エリートアカデミー

【えりーとあかでみー】

日本オリンピック委員会(JOC)による年少者のアスリート養成機関。複数の競技の選手たちが、東京・北区にある味の素ナショナルトレーニングセンターで生活し、近隣の学校に通いながら練習に励む。卓球は2008年の開校時から参加しており、平野美宇(P.122参照)、張本智和ら、全日本チャンピオンかつ日本代表選手を輩出している。もともと小学生時代にトップクラスの選手を入れるので、活躍するのは当然との見方もある上、国際大会に優先的に出場できて不公平だとするやっかみ半分の批判もある。通称「エリアカ」。

遠心力

【えんしんりょく】

卓球の技術論で必ず間違って使われる物理用語。「遠心力を使ってスイングする」などと言われるが、遠心力はスイングに垂直の方向に働く力なので、スイングには絶対に使えない。スイングが速いほど強い遠心力を感じることから、原因と結果を混同し、遠心力が強いからスイングが速いのだと誤解しているものと思われる。

応援

【おうえん】

観客やチームメイトが、選手の勝利を願ってかける声。「ガンバレー」など、単なる記号としての掛け声は選手の励みになるが、欲を出して選手に意味を伝えようとすると余計なお世話になる場合もある。例：「がんばろうよ（がんばってるに決まってる）」「ここ本当に大事だよ（わかってる）」「サーブ考えるよ（わかってる）」「おちついて（うるさい！）」

王子サービス

【おうじさーびす】

大阪の卓球指導者、作馬六郎が考案したサービス。シェークハンドで人差し指を親指と同じ面において、人差し指と中指でブレードを挟むように握り、しゃがみ込みながら中指を置いた側の面で打球することで、意外性のある強烈な回転をかけることができる。名前の由来は、練習場である「王子卓球センター」から。1980年代以降に日本で発明された数少ない卓球技術のひとつ。福原愛（P.129参照）が教えを請い活用したことで一般的に有名になり、以前からあるしゃがみ込みサービスを王子サービスとする誤解が広まった。

大川とみ

【おおかわとみ】（1932〜）

茨城県出身の卓球選手。1956年世界選手権で日本女子初の世界チャンピオンとなった。シェークハンドで世界チャンピオンとなった唯一の日本女子選手。決勝前に指導者の矢尾板弘から人づてに「試合が終わってから見るように」と封書を渡されたが、優勝を決めた後で見ると「優勝おめでとう、いや、ありがとう。」で始まる祝福と感謝の言葉が綴られていたという。右利き、一枚ラバー、オールラウンド型。

オーダー

【おーだー】

団体戦において、選手が出場する順番のこと。ほとんどの大会で互いに自チームに有利なオーダーを考えるが、まれに実力が近い選手同士が自動的に対戦して観客を喜ばす大会もある。なお、世界選手権ではオーダー提出時間に遅れると、大会規則に従ってオーダーが選手登録順になるなど自動的に決定される。2018年世界選手権女子団体戦で、ルーマニアの監督がオーダー提出時間に遅れたため、下位の選手が出場して格下のオランダに負けた。その後、他のチームに勝って無事に決勝トーナメント進出を決めたルーマニアの喜び様は尋常ではなかった。

OB

【おーびー】

高校や大学の卓球部における厄介な存在。頼みもしないのに練習場に現れては無暗に威張り、説教や自慢話をする。自分では後輩の面倒見がよいと思っているが単に面倒な存在。卒業後に寂しい思いをしているOBほど頻繁に現れる。現役時代に散々被害に遭い、OBを疎ましく思っていた選手たちも、卒業すると見事に疎ましいOBとなり、部の伝統を忠実に引き継ぐ。

オープンスタンスとクローズドスタンス

【おーぷんすたんすとくろーずどすたんす】

立ち方の分類。両足首を結ぶ線がボールを飛ばしたい方向に対して垂直に近い場合がオープンスタンス、平行に近い場合がクローズドスタンス。一般にクローズドスタンスの方が打球に威力が出る反面、フォアハンドとバックハンドで足を踏み変える必要があり、速い卓球への対応が難しい。日本の古い卓球ほどクローズドスタンスで行われていたが、その弱点をオープンスタンスの中国に突かれて敗れた。現在ではオープンスタンスが主流。

オープンハンドサービス

【おーぷんはんどさーびす】

サービスのルールで、ボールをトスする際に、手のひらを平らに開いてボールを乗せるルール。1937年世界選手権で、指でボールに回転をかけるフィンガースピンサービス(P.124参照)が猛威を振るったため、それを阻止するために1947年に制定された。2002年に「平らに」が削除されたが、手のひらを開くルールは現在も有効。その由来を知る者は卓球界にもほとんどいない。

オールフォア

【おーるふぉあ】

日本発祥の戦型のひとつ。フットワークを使って動き回り、すべてのボールに対して可能な限り、より威力のあるフォアハンドでプレーする。日本では昭和初期まで現在より横幅が16センチ狭い卓球台が使われたことと、ボールが柔らかく遅かった(P.108「軟式卓球」参照)ことに加え、一技を極めることを良しとする民族性があいまって定着した。1960年代にテンポの速い中国の卓球によってその限界を露呈したが、日本男子のロマンを掻き立てるため、現在もシェークハンドの選手に対して「バック面のラバーなど不要」として、剥がして練習させるといったことが一部の強豪校で行われている。

オールラウンド

【おーるらうんど】

特定の打法にかたよらず、多様な打法を使う戦型を差すが、定義は曖昧。日本では昭和初期までラケットにラバーを貼らず木べら(P.41参照)でプレーをしていたため、どのようなボールに対しても、ロング(P.157参照)、ショート(P.64参照)、カット(P.38参照)のうち一つの打法だけで対応することが可能であり、それが理想とされた。これに対して二つ以上の打法を使うスタイルがオールラウンドと呼ばれた。その定義ではドライブもすればツッツキもする現在の選手は全員がオールラウンドに該当する。

現代では、攻撃の多いカットマンをオールラウンドと言うことが多い。

荻村伊智朗

【おぎむらいちろう】(1932〜1994)

静岡県生まれ、東京育ちの卓球選手、指導者。高校1年から卓球を始め21歳のとき1954年世界選手権ロンドン大会に出場して以来、男子団体5連覇、世界チャンピオン2回を含め、金メダル12個を獲得した。右ペンホルダー攻撃型で、スポンジ(P.69参照)を使用し、後半は裏ソフト(P.26参照)に転向した。現役時代後半から日本、スウェーデンで指導を行い、世界チャンピオン10名余りを指導・育成したとされる。1987年に「もう1期やったら引退するから待ってくれ」と言う前任者の意向を無視して会長選に立候補し、第3代ITTF会長となり、カラー化(P.39参照)、統一コリアチーム(P.100参照)など、卓球の普及に尽力した。文筆にも長け、専門誌での連載は媒体を変えながら亡くなる直前まで35年間におよび、17冊の書籍を残した。高い理想と知性に裏打ちされた文章は読む者の魂を揺さぶった。理論家としても51パーセント理論(P.47参照)、速攻3原則(P.78参照)などを提唱し他の追従を許さない。一方で、目的を達成するためには手段を選ばないところがあり、完璧な論理で論敵を完膚なきまでに叩きのめしたため、信者も多いが敵も多かった。サマランチIOC会長とホットラインを持ち、1998年長野五輪招致に尽力した。1994年に62歳で肺がんにより死去。1997年に世界卓球殿堂入り。

音が違う

【おとがちがう】

ラバーに使用禁止のブースター(P.124参照)を塗ると、独特の打球音を発することから、違反を疑う場合に囁かれる。ブースターを使用するとキンという高い音になる傾向があり、金属音と表現されることがあるが、実態はラバーが柔らかくなるためにラケット本体の木に当たる音と思われる。関連語「うねってる」(P.26参照)。

「お願いします」

【おねがいします】

練習や試合の前に指導者や先輩、対戦相手にする挨拶。挨拶をきちんとできるほど勝てるという誤解から、できるだけたくさんの挨拶をすれば有利になると思い込み、試合前に「お願いしますお願いしますお願いしますお願いします」と早口言葉のように連呼する学校も見られる。相手も負けじと回数を増やすことがエスカレートすれば、試合が始まらなくなる危険性がある。

小野誠治

【おのせいじ】(1956〜)

愛媛県出身の卓球選手。中学1年から卓球を始め、1979年世界選手権ピョンヤン大会で男子シングルスのチャンピオンとなった。裏ソフトにしては珍しくスマッシュを多用し、その破壊力からカミソリスマッシュ(P.39参照)と恐れられた。左ペン裏ソフトドライブ型。現時点における日本最後の世界チャンピオン。樋口竣一(P.120参照)に師事した。

重いボール

【おもいぼーる】

打ち返す際に手に感じる衝撃が大きいボール。速いか回転量が多いか、ラケットの端に当たって手に響くことが考えられるが、重いと言われるボールは、ドライブ、スマッシュ、カットなど回転も速さもバラバラであり、共通しているのは強い選手が打つボールという点だけである。よって、”重いボール”には”凄いボール”という以上の意味はないのが実態。ラケットの重さがボールに乗り移って重くなるという愛好者もいるが、風邪で頭が重い人が打つボールが重くなるというのと同程度に非科学的。

表ソフト

【おもてそふと】

ラバーの一種。表面に粒と言われるイボイボがあり、下に気泡の入った柔らかいスポンジが貼りつけてある二層構造になっている。名称の「表」は、歴史的に表面にイボイボがあるラバーが最初に登場したことから。「ソフト」はスポンジを差す。ボールとの摩擦または引きつれ(P.119参照)効果が小さいため、回転をかけ難いデメリットがある代わりに相手の回転の影響を受け難いメリットがある。よって、攻撃の際にはドライブよりスマッシュをするタイプに向く。裏ソフトよりスピードが出ると言われるが必ずしもそうではなく、正しくはスピードが出る打ち方に適したラバーである。現在の使用者は２割以下と思われる。身長の低い選手がバック面に貼る傾向がある。使用者例：伊藤美誠(P.23参照)。通称「表」。

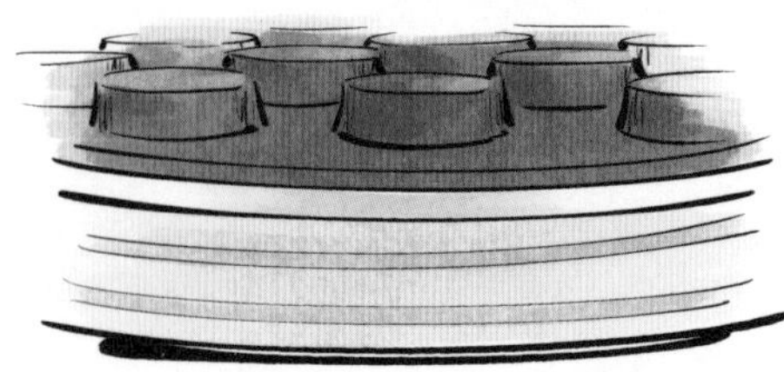

オリンピック

【おりんぴっく】

卓球の五輪への参加は1988年ソウル大会から。当初は男子シングルス、男子ダブルス、女子シングルス、女子ダブルスの個人4種目だったが、中国のメダル独占が大衆の大会への興味を失わせる懸念から、2008年北京大会よりダブルスに変わって団体戦が設けられた。団体戦なら中国がどれほど強くてもメダルはひとつしか獲れないため。さらに2012年ロンドン大会からは、シングルスへの出場枠を各国３名から２名に減らし、少なくともひとつのメダルが中国以外の国に行くようにした。2021年東京大会から採用される混合ダブルスは各国１組となった。理由は言うまでもない。このため、重要度では世界選手権より上だが、中国以外の選手にとってメダル獲得のチャンスが世界選手権より大きいというお得な大会。だからこそ何としても出場したい大会。

オレンジボール

【おれんじぼーる】

オレンジ色の公認球。1975年から発売されていたが、1990年代のカラー化(P.39参照)の際に脚光を浴び、1991年世界選手権千葉大会から1996年アトランタ五輪まで、世界選手権と五輪で採用された。ボールの見やすさの観点から白ユニフォームを着用できるメリットがある。いろいろあって1997年世界選手権マンチェスター大会からホワイトボールに戻り、以後、世界選手権、五輪ともに採用はない。なお、レクリエーション卓球であるラージボール(P.152参照)はオレンジ色しかないため、オレンジボールとは呼ばない。

か

カーブドライブ

【かーぶどらいぶ】

ドライブの一種で、フォアハンドの場合は打者のバック側に、バックハンドの場合は打者のフォア側に曲がるドライブ。スピードは遅いが、相手を大きく動かす効果がある。もっとも一般的なのは、フォア側からフォクロスに打つフォアハンドのカーブドライブ。対義語:「シュートドライブ」(P.62参照)。

カーボンラケット

【かーぼんらけっと】

木材の間にカーボン繊維の層を入れた合板ラケット。1977年にニッタク(P.108参照)が発売したのが最初。軽くて弾み、硬い打球感を持つとされる。発売当初はなかなかユーザーに受け入れられなかったが、次第に浸透し、現在では各社のハイグレード商品に搭載されている。他の材料と組み合わせたものは、アリレートカーボン(p.18参照)、ザイロンカーボン(P.53参照)などと呼ばれる。なお、カーボンラケットはスピードが出るとされる一方で、相手のボールの勢いを吸収するためカットやブロックもやりやすいといった矛盾した宣伝も見られた。意味は不明だ。

解説者

【かいせつしゃ】

試合のテレビ放送などで視聴者に卓球の技術や戦術を解説する役割を負う。元監督、元選手などが行う。解説を装った自慢話、単なる応援、予想など、解説以外の話術も聞きどころ。「インパクトよりもその後のラケットの動きの方が重要」「インパクトの感触でボールの回転を判断してラケット角度を変えて打つ」など、物理的にありえないオカルト技術論が飛び出すのもお楽しみだ。

回転レシーブ練習

【かいてんれしーぶれんしゅう】

遠いボールに対して、バレーボール選手がやるように床に転がりながら打ち返す練習。1983年世界選手権東京大会の前に日本卓球協会主催の合宿で行われた。怪我をしないように肘と膝にサポーターを巻いて行った。その後は見られない。

外部コーチ

【がいぶこーち】

中学校、高校などの部活で指導をする学校職員以外の者。公立校の場合は、無償もしくは非常に安い報酬で行われるのが一般的。学校職員は転勤があるが、外部コーチにはそれがないため、多くは顧問より長く定着し、その部の主のような存在となる。しかし当然ながら顧問の立場の方が強いので、指導方針が違う顧問が着任するとともに外部コーチが追い出されるといった光景がしばしば見られる。その際、外部コーチを慕う生徒や保護者が学校に直談判する(あるいは高圧的な外部コーチにそれを強要される)などのすったもんだも中高卓球界の醍醐味だ。

カウンタースマッシュ

【かうんたーすまっしゅ】

相手のスマッシュをスマッシュで打ち返すこと。多くは高く跳ね上がったスマッシュに対して中後陣からなされるため、意外に難易度は高くないが効果も小さい。古くは「ダブルスマッシュ」。

カウンタードライブ

【かうんたーどらいぶ】

相手のドライブを前陣からドライブで打ち返すこと。相手のドライブに打ち勝つために物凄い力やスイングスピードが必要と言う指導者がいるが間違い。相手のボールの勢いを利用できるので、あらゆるドライブのうちでもっともスイングが遅くてよい打法。必要なのは、タイミングと動きの正確性。古くは「ダブルドライブ」。

カウント

【かうんと】

試合で得点を数えること。声に出す場合は、サービスをする方の得点から言う。サービスは２本交替なので、言う順番が目まぐるしく変わることになる。かつてサービスは５本交代だったので大変ではなかったが、２本交代になってもその作法を維持している。礼儀を重んじる日本の中高生には「ワン・ゼロです」などと語尾をつける一派もいるが、「宣告および呼称に用いる言語は英語」とルールで決まっているので単なる間違い。

替え玉受験事件

【かえだまじゅけんじけん】

かつて史上最強と言われた卓球選手、藤井則和（P.130参照）が起こした、日本卓球史上、最大のスキャンダル。1950年３月、在籍していた関西学院大学で国際政治論の卒業試験を友人に受験させたことが発覚した。これによって藤井は同学を退学、学生連盟を除名され、日本卓球協会から１年間の出場停止処分を受けた。

角度打ち

【かくどうち】

「ミート打ち」（P.140参照）と同じ。

郭躍華

【かくやくか／ぐおゆえほあ】（1956～）

中国福建省出身の卓球選手。裏ソフト（P.26参照）を使って成功した最初の中国選手。スイングが速く回転のわかりにくいサービスと、カエルのように鍛えた太腿の筋肉で連続ドライブを放った。あまりに発達した筋肉のため、かえって動きにくいのではと思われたほど。世界選手権で1977年、1979年と決勝で日本選手に敗れたが、1981年、1983年と2連覇した。日本に中国式ペンホルダー（P.95参照）によるドライブ型のブームを巻き起こした。2001年に世界卓球殿堂入り。右利き。

かすみう

【かすみう】

石川佳純（P.20参照）と平野美宇（P.122参照）が組むダブルスの愛称。左利きと右利きのため、プレー領域が重ならず比較的小さい動きでプレーできる。2021年東京五輪の団体戦でペアを組む公算が高い。ルックスの良さもあって好感度マックスのペアと言える。東京五輪の女子シングルスの代表枠を最後まで争った二人だけに、お互いの技量に対する信頼感は抜群（P.140「みうみま」参照）。

画像判定

【がぞうはんてい】

プレーの判定に使う画像システム。2020年以降の世界選手権、五輪などに導入予定。2019年12月のグランドファイナルで試験的に導入された。サービスのルールには「ほぼ垂直」「すぐに」という曖昧な表現があり、なおかつ、現状は厳密に適用されていない「三角柱ルール」(P.55参照)があるため、これらをどのように判定するのかが見どころ。

カッティングカットとリターニングカット

【かってぃんぐかっととりたーにんぐかっと】

昭和初期に使われていた用語。カット打法のうち、回転をかけることに主眼をおくのがカッティングカット、返球することに主眼をおくのがリターニングカット。死語。

カット

【かっと】

ボールに下回転(P.59参照)をかける打法またはそのようにして打たれたボール。包丁などで物を切るときのように、ラケットを動かして打つことから。英語圏ではchopと言われ、意味は同じく「切る」。

カットブロック

【かっとぶろっく】

相手の攻撃球を卓球台に弾んだ直後に下回転にして打ち返す技。下回転はスピードを出し過ぎると直線的に飛んで入り難くなるので、スピードを抑えることがポイント。粒高ラバー(P.97参照)など弾まない用具では比較的容易だが、現在主流のテンション系裏ソフトでやる場合は、ラケットを後ろに引き気味にして速いスイングで打球する必要があり、困難を極める。そのくせ入っても必ずしも得点できない効率の悪い技であるため、丹羽孝希(P.110参照)、伊藤美誠(P.23参照)といった一部の天才を除けば、やるメリットは少ない。それだけに憧れの対象であり、試合で絶対に使わないのに練習時間を割く者が後を絶たない。

カットマン

【かっとまん】

カットを戦術の柱とした戦型。遅いボールで確実に返球しつつ回転量に変化をつけて相手の判断ミスを誘い、極端なチャンスボールだけは攻撃する。1940年代まで世界卓球界の主流だったが、1950年代に日本の攻撃卓球が登場して以後、主役の座を追われた。世界チャンピオンになったカットマンは、男子は1953年のフェレンツ・シド(ハンガリー)、女子は1981年の童玲(中国)が最後。英語圏ではchopper。女性なのに男性を表す「マン」はおかしいという批判は今のところ聞かれていない。

「桂」と「小五郎」

【かつらとこごろう】

1990年にTSPが発売したペンホルダーラケット。単板ラケットは檜が主流だが、あえて桂を使って発売したのが「桂」。同時発売の檜3枚合板が「小五郎」。幕末の藩士に、後に木戸孝允となる桂小五郎という人物がいる。TSPは何かのスイッチが入り、全国の卓球ファンに向けて高度な駄洒落を披露したのだ。

カミソリスマッシュ

【かみそりすまっしゅ】

小野誠治（P.33参照）のスマッシュにつけられたニックネーム。裏ソフトながら低いボールを目にも止まらない速さで打ち込み対戦相手を恐れさせた。1982年に佐々岡潔らが行った測定では、卓球マシンから打ち出されるボールに対する小野のスマッシュの初速は時速98kmで、同時に測定された日本代表の攻撃選手２人の時速92kmより明らかに速かった。なお、卓球のスマッシュが時速200kmなどと言う人もいるが、ただのホラ話である。

カラー化

【からーか】

1980年代中頃に日本卓球界を襲った卓球根暗ブーム（P.111参照）への対策として行われたビジュアル面の改革。オレンジボール（P.34参照）の採用、ユニフォームの色の自由化（それまでは濃い単一色）、スカイブルーの卓球台（それまでは暗緑色）、ワインレッドのフロアマット（P.132参照）などによって卓球のイメージ向上を図った。1990年のワールドチームカップでお披露目された。ユニフォームに白が使えなかった反動と、何が何でも卓球は明るいと主張したい強迫観念に突き動かされ、上下白のユニフォーム（P.65「白ユニフォーム」参照）が卓球界に溢れた。その後、花札調や銀河調のド派手なデザインに落ち着き現在に至る。なお、卓球台の「暗色」という規定は「濃色」を意味するdark colourを誤訳したものだったことがこの時期に判明している。暗くしなくてよかったのだ。

空振り

【からぶり】

①ボールを打とうとしてラケットを振ってボールに当たらないミスのこと。テレビ放送などでは選手が空振りをするとアナウンサーが「あーっと、どうしたんでしょうか!?」などと、とんでもないミスをしたかのように言うが、現代卓球ではボールに回転をかける場合、きわめて薄く当てる（P.26参照）ため、空振りとの差は文字通り紙一重で打球しているので、騒ぐほどの失態ではない。②素振りのこと。1950年代まで素振りのことを空振りと言っていた。

皮付き

【かわつき】

ラバーのうち、スポンジが特別に硬い製品。スポンジは、パンを焼くように大きな塊を焼いたものを薄く切って製品にするが、このとき、パンの耳のような塊の外側の硬い部分を使ったもの。当然ながら少数しか取れない。好みによって使われるが、密度が高いため重いという欠点がある。

「がんばります」

【がんばります】

応援の一種。後輩が先輩に対してかけることが多い。「がんばれ」では先輩に命令することになるし、かといって「がんばってください」では長い。結果この表現に落ち着いたものと思われる。言葉通りに解釈すると、選手ではなく応援している本人ががんばることになってしまうが、大人が子供に「僕ちゃん」と言うように、相手の立場に立った掛け声になっている。「がんばるよー」「がんばろう」も同系統。

完封回避マナー

【かんぷうかいひまなー】

スコアが10-0になったとき、リードしている選手が故意にサービスミスまたはレシーブミスをして相手に1点を与える奇習。11-0で勝つことが相手に失礼だとする考えの下、2000年代に中国の選手がやり始めたのが国際大会に蔓延した。筆者(伊藤条太)がこれを「わざと点を与える方が失礼でスポーツマンシップに反する」として批判したのが2019年1月に中国のネットに取り上げられて大論争となり、廃止すべきとの意見が大半を占めた。直後4月の世界選手権で中国卓球協会会長の劉国梁がこのマナーの撲滅を選手に指示したところ、都合のよいことに女子シングルス準決勝と決勝の2試合連続で11-0の完封が発生した。以後、完封回避マナーは卓球界から消滅した。誰もが疑問に感じていたマナーだったからだ。

帰化選手

【きかせんしゅ】

国籍を変えた選手のこと。卓球界では中国選手が強いため、世界中の国で中国からの帰化選手が代表となっている。特に女子で顕著。日本でも男子では、高志亮、偉関晴光、新井周、吉田海偉、韓陽、張一博、女子では小山ちれ(P.48参照)、羽佳純子、高田佳枝、金沢咲希などが日本代表として活躍し、今日の活躍の礎を作った。近年では浜本由惟がオーストリアに帰化した珍しい例もある。ただし、2008年に制定された年齢制限ルール(P.112参照)によって、帰化選手の活躍が制限されている。

奇跡の男

【きせきのおとこ】

劉国正(中国)のこと。2001年世界選手権大阪大会の男子団体準決勝の中国対韓国戦のラストで、劉国正が金擇洙(キム・テクス)に7度のマッチポイントを奪われながら耐え抜き、ただ1度のマッチポイントをものにして劇的勝利を収めたことから。21世紀が始まったばかりなのに早くも「21世紀最高の試合」と言われた。

木ベラ

【きべら】

ラバーを貼っていない木地のままの面でボールを打つラケット。日本では1938年にハンガリーのミクロシュ・サバドス（P.141参照）とイスティバン・ケレンが来日してラバーが紹介されたが、それまでは木ベラまたはコルク貼りラケット（P.48参照）を使っていた。ラバーが使われるようになった後も意外性を目的に使う選手がおり、その戦型は「木ベラ」と呼ばれたが、1983年に禁止され消滅した。

木村興治

【きむらこうじ】（1940〜）

秋田県出身の卓球選手。中国卓球が台頭し始めた1960年代に、世界選手権のダブルスで3回優勝。あまりに激しいフットワーク練習のため、1週間でシューズに穴が空いたという。ミスターフットワークと言われた。後にITTF副会長、日本卓球協会副会長を務めた。

キムワイプ卓球

【きむわいぷたっきゅう】

日本製紙クレシアが製造・販売する製品「キムワイプ」の箱をラケット代わりに使って行う卓球。キムワイプとは、化学実験などで液体などを拭き取るのに使うティッシュペーパーのようなもので、丈夫で水に溶けにくく繊維クズが出ないため、理系学生なら誰でも知っている定番商品。2008年に岩月憲一が提唱し国際キムワイプ卓球協会（KTTA）を設立。同氏が東大入学後の2012年に東京大学キムワイプ卓球会（UT-KTT、キム卓）を設立。定期的に研究発表会を開き「キムワイプ卓球における得点の複素数への拡張」「キムワイプ卓球と量子力学の対応付け（ネットに隙間を作った場合のボールのトンネル効果など）」を発表し合うなど、競技そっちのけの無意味な研究に余念がない。なお、これらの活動に日本製紙クレシアは一切関与していない。

逆クロス

【ぎゃくくろす】

卓球の「バッククロス」に相当するテニス用語。かつて卓球がマイナーだった時代、卓球のテレビ放送でアナウンサーが連呼した。このため、テニスの放送で逆クロスと聞くだけで自動的に逆上する卓球ファンもいる（筆者）。「ロブ」「セカンドサービス」「ショット」（P.64参照）も同様。

逆チキータ

【ぎゃくちきーた】

主に台上のボールに対してバックハンドで横回転をかける打法。チキータ（P.93参照）の逆方向の横回転をかけることから。さっぱり浸透していないが「ストロベリー」（P.68参照）とも。

か

逆モーション

【ぎゃくもーしょん】

実際に打つコースとは異なるコースに打つ印象を相手に与える格好で打つこと。他のスポーツの「フェイント」の一種。なお、一般的に「逆モーション」には、①野球などで動き出してからボールが来たりして逆方向への動きを強制されること、②動画の逆方向再生、③演劇で動作を強調するために直前に一瞬逆に動くこと、④麻雀で牌の山を上下逆に積むこと、などがあるが、これを機会に卓球での用法を主流にしたい。なお、卓球界での当初の使い方を見ると「相手の逆モーションをとる」という表現が見られ、①と同じ意味だったことがわかる。相手に①の意味の逆モーションを強制する打法そのものを逆モーションと言うようになったものと考えられる。

キャノンボール

【きゃのんぼーる】

スマッシュ（P.70参照）のこと。本来は大砲の弾のことだが、その破壊力から転用され、昭和初期まで使われていた。「勝負どころで相手のキャノンボールが決まり出しちゃってねえ」などと会話していたかと思うと感慨深い。死語。

強化対策本部

【きょうかたいさくほんぶ】

打倒中国を目的に1965年に日本卓球協会内に設置された強化組織。本部長を後藤鉀二（P.47参照）、ヘッドコーチを荻村伊智朗（P.33参照）が務めた。荻村が旧知の後藤を担ぎ出して本部長になってもらったものだが、次第に両者の溝が深まり2年後に荻村が追い出される形で辞任した。ともに「天皇」と呼ばれるほどアクの強い二人が、最初だけでも仲良くやっていたことが奇跡といえる。

許昕

【きょきん／しゅしん】（1990〜）

中国江蘇省出身の卓球選手。現代卓球では珍しいペンホルダーの選手。181センチの長身を生かした、オールフォアでの超絶ドライブが武器。台から離れているためか世界選手権ではシングルスのタイトルに恵まれないが、男子ダブルスで3回、混合ダブルスで2回優勝している。近年、中国がダブルスのメダルを他国に譲るため、許昕が出ないことも多いが、2011年以降、出た試合は全部優勝という無茶苦茶な選手である。中後陣からのカーブドライブはありえないほど曲がり、混合ダブルスで対戦した日本女子選手など「見たこともないようなボールが来る」と恐れをなす。卓球ファンなら死ぬまでに一度でいいから許昕のドライブに触らせてもらいたいと思うだろう。左ペン裏裏ドライブ型。

『きらめきの季節』

【きらめきのとき】

1980年の青春映画。原作は若桜木虔の小説

『白球を叩け！』(P.116参照)で監督は吉田憲二。心臓病を抱えた女子高校生(一ノ瀬康子)が、素肌にジャージを着ているセクシーな顧問(あおい輝彦)に淡い恋心を抱きながら、いじめられたり病気が悪化したりグレたりしながらインターハイ優勝を目指す。当時のインターハイの映像や、長谷川信彦(P.115参照)、河野満(P.45参照)のプレーが収められているのが泣ける。

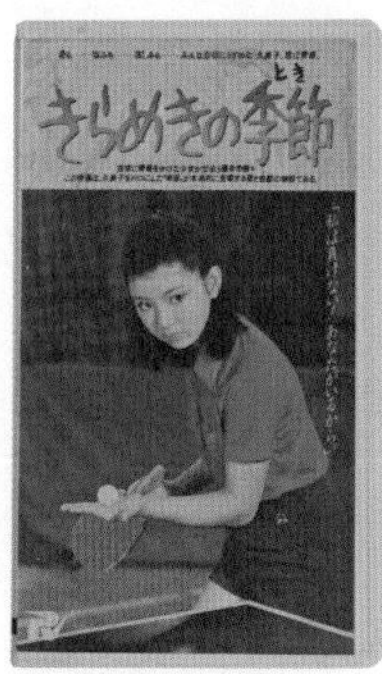

『きらめきの季節(VHS)』(パラマウントビデオ)

切り替え

【きりかえ】

フォアハンドとバックハンドの切り替え。

切り替えて

【きりかえて】

アドバイスを含んだ応援の一種。応援している選手がミスをしたときに発せられる。気持ちを切り替えろという意味。比較的最近の掛け声であるため、意味がわからない年配者も多い。

久保彰太郎

【くぼしょうたろう】(1930〜2017)

東京都出身の卓球用具技術者。文学を志しながら荻村伊智朗(P.33参照)とともに武蔵野卓球場(P.143参照)で汗を流したが選手としては大成せず、卓球メーカーから「吉祥寺に度を超した卓球狂がいる」と言われるほどの用具マニアとなった。パチプロを経て28歳のときにタマス(P.92参照)に入社。用具開発の責任者として「スレイバー」(P.71参照)から「ブライス」(P.131参照)まで画期的な製品を次々と開発しバタフライ(P.116参照)を世界一のブランドに押し上げることに貢献した。老いてなおパソコン数台を駆使して何億円もの株取引をし、脳からα波が出るという音をヘッドフォンで聞きながら英語のエロ小説をたしなむという奥の深すぎる人物。

クリッキープレス

【くりっきーぷれす】

ヤサカ(P.146参照)が1997年に発売した、スピードグルー(P.68参照)などラケットにラバーを貼る際に、ラバーが剥がれないように押し付けて固定するための商品。スピードグルーは接着剤という名目にもかかわらず、塗るとラバーが膨張し、スルメを焼いたように反り返ってラケットに貼れなくなる。そのため、接着剤が接着力を発揮するまでの間、ラケットに押し付けておく必要があった。スピードグルーが使用禁止となった現在、不要なはずだが、「大人の事情」で今も需要があるようだ。

グリップ

【ぐりっぷ】

①ラケットの握り方の分類。主なものに、シェークハンド(P.58参照)、ペンホルダー(P.134参照)、ハンドソウ(P.119参照)がある。
②シェークハンドラケットの柄の形の分類。ストレート、フレア、コニック、アナトミックがある。

グルーイング

【ぐるーいんぐ】

スピードグルー(P.68参照)をラバーに塗ること。かつてスピードグルーが使用できたころは、練習や試合の前にグルーイングするのが儀式であった。塗れば塗るほど効果が高いとされ、2度塗り3度塗りは当然で、多い人は何時間もかけて10回以上も塗り込んでいた。グルーイングにはスピードグルーに含まれる有機溶剤の悪臭が伴うため、大会会場では観客への配慮から、グルーイングをするための場所が指定されたが、他ならぬ選手自身が大量に有機溶剤を吸い込んでプレーするという不健康極まりない時代であった。中には臭いほど効果があると誤解し、灯油やガソリンを塗るバカ者さえいた(臭いでわかる)。

クロクロ

【くろくろ】

ラケットの両面に性質の異なる黒いラバー(通常は裏ソフトとアンチスピン)を貼った異質反転型(P.21参照)の俗称。黒いラバーを貼るのは色合いや光沢の差が小さく判別が難しいため。中国の蔡振華の活躍で世界中に広まったが、あまりの威力のため1983年に両面異色ルールが制定されて消滅した。当時この戦型にひどい目にあった者は「あんな卑怯な卓球はない」と毒づく一方、それで勝利をむさぼった者は「あの頃は良かった」と遠い目をするのが対照的。

ゲーム

【げーむ】

試合における計数の単位のひとつ。11点を取ると1ゲームを取ったことになり、大会で決められたゲーム数を取ると勝ちとなる。ちなみに試合そのものはマッチという。

広角打法

【こうかくだほう】

相手のコートの外側に逃げるように曲がるボールを左右に打ち分けること。打法というよりは戦術に近い。

江加良

【こうかりょう／じゃんじゃりゃん】(1964〜)

中国広東省出身の卓球選手。右ペンホルダー表ソフトによる人間離れした超絶カウンターで1985年、1987年に世界チャンピオンとなった。中国の前陣速攻(P.76参照)の頂点を体現したが、1989年世界選手権で惨敗したことで、そのスタイルの限界を示した。以後、中国は前陣速攻の伝統を捨て新しい卓球に進んだ。この判断力と切り替えが中国卓球の凄みだ。2001年に世界卓球殿堂入り。

工業会

【こうぎょうかい】

日本の卓球用具メーカーが作る任意団体。日本卓球協会との協力関係を深めることによる業界発展および会員相互の親睦を深めることを目的として1950年に設立された。卓球用具メーカーは入会が必須というわけではないが、100万円程度の入会金を払って入会すると、大会のときの売店出展の案内が来るなど「いろいろと便利なこと」があるとされる。

硬式卓球

【こうしきたっきゅう】

日本が独自のルールで卓球を行っていた昭和初期に、国際的に普及していた卓球を指した。国際式とも。これに対して国内ルールの卓球を軟式卓球(P.108参照)または日本式卓球と呼んだ。現在の卓球は硬式卓球の延長である。

高弾性高摩擦ラバー

【こうだんせいこうまさつらばー】

1960年代後半に登場した裏ソフト(P.26参照)の一種で、それまでの天然ゴムに加えて合成ゴムを使用したことで格段に弾性を高めたもの。代表的な製品は「スレイバー」(バタフライ)、「マークV」(ヤサカ)。発売当時は古い世代の選手から「弾みすぎて人間が使いこなせるものではない」と言われた。後にさらに弾性を高めたラバーが登場したことにより、現在では「初心者用の弾まないラバー」という、名称と正反対の位置づけにあり、初心者を惑わしている。

公認マーク

【こうにんまーく】

日本卓球協会が主催する大会で使用することができる製品についている印。ラバーにはITTF公認を意味する「ITTF」または日本卓球協会公認を意味する「J.T.T.A.A.」、ラケットには「J.T.T.A.A.」、ユニフォームには「JTTA」のワッペンがついていることが必要。なお、ITTFにはラケットとユニフォームの公認制度はなく、ルールに合致しているかどうかは審判が目視で判断する。

河野満

【こうのみつる】(1946〜)

青森県出身の卓球選手。卓球選手だった父の影響で小学校に入る前からラケットを握った。運動神経抜群で早くから頭角を現し、20歳のとき1967年世界選手権ストックホルム大会に初出場し男子シングルス決勝を長谷川信彦(P.115参照)と争い銀メダル。その後、思うように勝てない時期が続いたが、1977年バーミンガム大会で円熟した完璧なプレーでステラン・ベンクソン(P.67参照)、郭躍華(P.37参照)らを破って優勝。苦節10年の優勝に多くの卓球人が涙した。右ペンホルダー表ソフト(P.34参照)でフォアハンド、バックハンドを自在に振り、ナックル(P.107参照)や逆モーション(P.42参照)を多用する独創的な卓球は異彩を放ち、1989年に中国が前陣速攻(P.76参照)に行き詰まりを見たとき「河野満の卓球を研究している」と中国男子監督が語ったほど。

合板

【ごうばん】

複数の木材を接着剤で貼り合わせたもの。ラケットのブレード(P.132参照)に使われる。一枚の木材を使う単板(P.93参照)に比べて、割れにくい、品質が一定、安価という長所があるため現在の主流となっている。一般的には「ごうはん」と読むが、なぜか卓球界では昔から「ごうばん」と読む。

孔令輝

【こうれいき／こんりんほい】(1975〜)

中国黒竜江省出身の卓球選手。1995年世界チャンピオン。中国男子として初めてシェークハンドの世界チャンピオンとなった。両面裏ソフト(P.26参照)のシェークハンドによる両ハンド(P.155参照)ドライブというヨーロッパ型のスタイルの最初の成功例として、以後の中国男子の方向性に大きな影響を与えた。2000年シドニー五輪金メダリスト。2010年に世界卓球殿堂入り。

「声を出せ」

【こえをだせ】

主に中高校生の指導者が行う指導のひとつ。試合中に声を出すと勝つ場合が多く、出さないと負けることが多いためにこのような指導がなされる。実際は得点の際に声を出す場合が多いため、声を出すから勝つのではなく、勝っているから声を出すことが多いのであり、原因と結果を混同していると思われる。さっぱり得点できず大差で負けているのに大声を出すほど人間心理に反した辛いことはない。結果、「ドンマーイ！」という掛け声を「心配するな」という本来の意味とはほど遠い野太い声でヤケクソのように絶叫することになる。なんとも気の毒な光景だ。

極薄

【ごくうす】

ラバーのスポンジの厚みのひとつ。もっとも薄いスポンジを指す。対義語「特厚」。

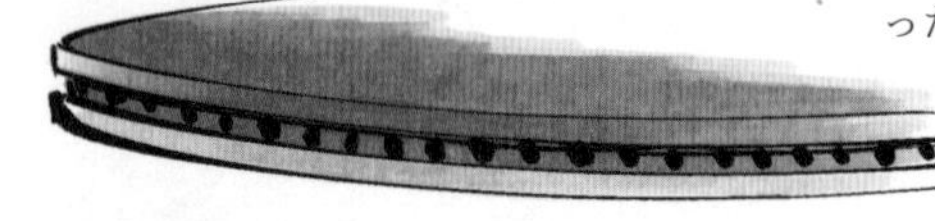

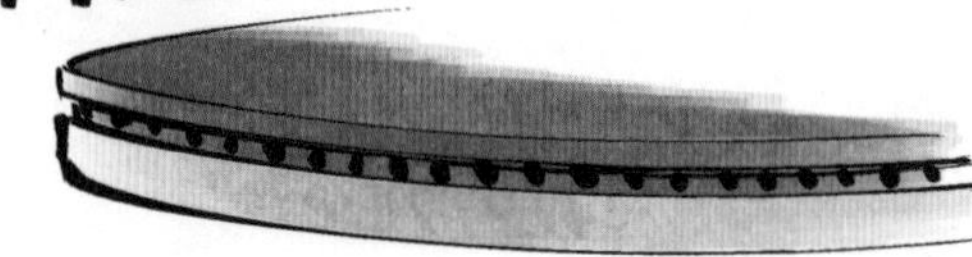

国際式卓球

【こくさいしきたっきゅう】

硬式卓球（P.45参照）のこと。

国際卓球

【こくさいたっきゅう】

日本の卓球用具専門店。ITTFと関係があるのではないかと誰でも思うが、何の関係もない。1946年に新宿区・若松町に「国際卓球センター」として創業、現在は高田馬場、渋谷など5店舗の他、卓球場を2つ持つ。2007年までは高田馬場店が山手線の車窓から丸見えのところにあり、デカデカとした赤字の看板がいやおうなしに存在感を放っていた。たまに上京した筆者をして「東京では卓球が流行っているのか」と誤解させるのに十分なのであった。

国際卓球連盟（ITTF）

【こくさいたっきゅうれんめい】

1926年に創設された。当初の加盟協会はオーストリア、チェコスロバキア、イングランド、ドイツ、ハンガリー、ウェールズ、インド、スウェーデン、デンマークの9協会。2021年現在、加盟数226協会となり世界最大の国際競技連盟となっている。設立当初から加盟は国単位ではなく協会単位（複数の国にまたがってもよいし1国から複数の協会でもよい）、大会で国歌・国旗を使わない方針であったため、中国と台湾など、政治的に微妙な協会が参加する際にも問題が起きなかったが、1985年、五輪に参加するためIOC憲章に合わせて国歌・国旗を使用することに変更して現在に至る。本部はスイス・ローザンヌ。

コクタク

【こくたく】

日本の卓球用具メーカー。1953年創業。有限会社コクタク卓球商会。卓球用具専門店「国際卓球」とも、ましてITTFとは何の関係もないが混同する卓球ファンは多い。

腰に砂袋

【こしにすなぶくろ】

腰に砂袋の重りをつけて卓球をする練習。負荷をかけることで足腰が鍛えられるとされた。1965年世界選手権リュブリアナ大会強化合宿(P.154参照)で行われ、一般的に広まった。

ゴシマ(GOSSIMA)

【ごしま】

1891年にロンドンのジェイクス・アンド・サン社が発売した卓球セット。ボールがゴム製で弾みが悪かったためほとんど売れなかったが、1900年にボールをセルロイド製に変えて「ゴシマまたはピンポン(P.122参照)」として売り出したところ世界的大ヒットとなった。GOSSIMAとは、パッケージにクモの巣の上をボールが飛び越す様子が描かれていることから、ネットに見立てたクモの巣を意味するgossamerを変形させたものと思われる。近年、ニュースでGSOMIAを目にすることがあるが、GOSSIMAと見間違えて思わず腰を浮かすようなら、卓球歴史オタクとしてかなりのエリートと言える。

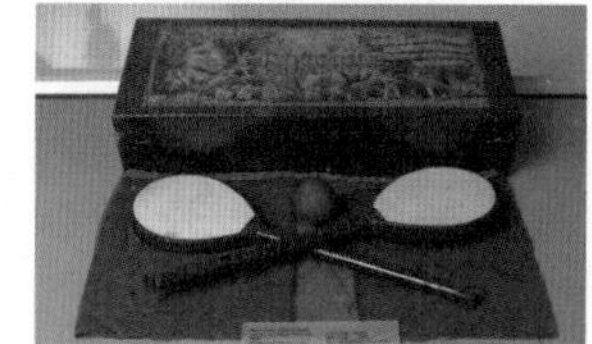

(写真提供『卓球王国』)

51パーセント理論

【ごじゅういちぱーせんとりろん】

荻村伊智朗(P.33参照)が提唱した考え方で、入る確率が51％以上あると判断したボールは全力で攻撃し、それ以外のボールは絶対にミスをしない、これを続ければ最終的には必ず勝てるとするもの。1954年世界選手権ロンドン大会で、あまりにもリスクが大きいというコーチ陣の反対を無視して実行し、男子団体と男子シングルスに優勝した。これが世界の卓球を攻撃主流に変えた。リスクの高い攻撃を思い切ってするというだけのことに「51パーセント理論」という仰々しい名前をつけたところが荻村の非凡なところだ。

擦る

【こする】

ボールに回転をかける動作を感覚的に表したもの。ボールの表面をラバーで擦るイメージから。実際にはボールとラバーは滑らないので擦っているわけではないし本当に擦ったら回転はかからないが、イメージとして使われる。類義語「引っ掛ける」(P.121参照)、対義語「弾く」(P.115参照)、「当てる」。

国公立大学卓球大会

【こっこうりつだいがくたっきゅうたいかい】

全国国公立大学卓球大会。国公立の大学の卓球部員だけが参加できる大会。勉強に時間を費やしてきた分、卓球に費やす時間が少ない選手が対象であり勝ちやすいことと仲間意識のため、異様なほど力が入る。同じ理由でさらに勝ちやすい七帝戦(旧帝大の七大学だけで争われる)、全日本医歯薬学生卓球大会などがある。

後藤鉀二

【ごとうこうじ】(1906～1972)

東京生まれ名古屋育ちの教育者、実業家。父の後を継いで名古屋電気学校(現・愛知工業大学名電高等学校)(P.14「愛工大名電」参照)の経営者となり、卓球部に力を入れた。日本卓球協会会長、アジア卓球連盟会長、ITTF会長代理を務めた。豪放磊落な性格で、情に厚い反面、筋を通さない者には大変厳しく、天皇と言われた。1971年に、当時国際的に孤立していた中国を世界選手権名古屋大会に参加させることに成功し、米中のピンポン外交(P.123参照)の舞台を作った。

コピー選手

【こぴーせんしゅ】

中国が1960年代から育成している、練習相手として外国選手のプレーの真似をさせた選手のこと。コピー選手の育成は中国卓球の強さの鍵の一つとなっている。卓球は個人競技ではあるが、きわめて多様でかつ対応の競技であるため、このようなチーム戦略が生きるという意味では集団競技としての面を持つ。木村興治のコピー選手を務めた中国の余長春が有名。後に彼が世界選手権に出てきたとき、木村にそっくりなフォームだったのを見て日本選手団が驚愕した。近年でも、福原愛、平野美宇などのコピー選手がいたとされる。

5秒間7動作

【ごびょうかんななどうさ】

1965年世界選手権リュブリアナ大会強化合宿(P.154参照)で行われたシャドープレー(P.61参照)の要求水準。中国の速さに対抗するために必要とされた。

小山ちれ

【こやまちれ】(1964～)

中国上海出身で後に日本に帰化した卓球選手。中国名は何智麗。1987年世界選手権ニューデリー大会の女子シングルスで、準決勝で中国選手と同士討ちとなった際、決勝の相手である梁英子(韓国)に分が良い管建華に勝ちを譲るよう指導陣から指示があったのを無視して打ち破り、決勝でも梁英子を破って優勝した炎の選手。この試合が原因で、世界ランキング1位にもかかわらず翌年のソウル五輪のメンバーから外され、中国卓球界から姿を消す。1989年に小山英之と結婚し1992年に帰化、30歳を過ぎてから日本代表として1994年アジア競技大会、1996年アジア選手権で中国選手を粉砕して優勝した化け物のような選手。全日本選手権8回優勝。右シェークドライブ型。戦績以外でも「愛ちゃんくらいなら中国にざらにいます」発言、世界選手権のドタキャンなどで何かと物議を醸した。

コルク貼りラケット

【こるくばりらけっと】

打球面がコルクで覆われたラケット。ラバーが開発される前に使われていたもので、木面より回転がかかる用具。イギリスでは1902年にラバーが登場したのに伴って使われなくなったが、日本では昭和13(1938)年にミクロシュ・サバドス(P.141参照)らによってラバー貼りラケットが紹介されるまで使われた。コルク自体は、ラバー普及後もペンホルダーの柄や指を置く部分に使われ続けている。

「これが卓球だーっ!」

【これがたっきゅうだーっ】

テレビ東京(P.99参照)の実況アナウンサー・植草朋樹が、2009年世界選手権横浜大会の松平健太vs馬琳の試合で発した名台詞。「これが卓球だ」と視聴者に向けて解説しているようだが、実はあまりのド迫力のラリーに、植草自身が卓球の魅力を発見し、思わず叫んだ台詞だったことを『卓球王国』2016年3月号で語っている。

『これからの卓球と卓球哲学』

【これからのたっきゅうとたっきゅうてつがく】

福士敏光(P.129参照)による卓球指導書。昭和59(1984)年に発売されたにもかかわらず、ラバーがなかった昭和初期の知識だけで書かれた類まれなる奇書。冒頭で申し訳程度にラバーに触れているが「異質ラバーで成績を上げるのは一流選手ではない」と実質的に当時世界2位の蔡振華をこともなげに否定している他、ショートを安定させるためにラケットの縁を台に擦れとか、ペンカット(P.133参照)をやれとか、時代錯誤な技術論を縦横無尽に展開している。白眉は巻末の名選手たちの紹介で、戦型とともに顔つきが詳しく述べられている。福士には打法の適正は顔つきで判断できるという持論があったからだ。

小和田敏子

【こわだとしこ】(1947〜)

山形県出身の卓球選手。1969年世界選手権ミュンヘン大会世界チャンピオン。運動が苦手な少女だったが、中1のときにたまたま県下の強豪だった卓球部に入った。中京大学時代に毎日6kmのランニング、男子との練習、ときに夜中の1時2時にまでおよぶ猛練習で一気に世界チャンピオンに登り詰めた。右利きペンホルダー裏ソフトドライブ型。

混合ダブルス

【こんごうだぶるす】

男女でペアを組んで戦うダブルス競技。通常のダブルスと同じくパートナーと交代で打球する。一般に男子より女子の実力が劣るため、女子の実力が勝敗を決めることが多いとされている。学生だけの大会では採用されることがなく、社会人を対象とした種目である。思春期の男女が組むとすぐにデキてしまう危険があり、ある識者によると「ガソリンスタンドでタバコを吸うようなもの」だという。一方で、夫婦でペアを組むと試合中に喧嘩をする場合も多く、それが原因で離婚に至ることもある鬼門とも言える種目。「ミックスダブルス」とも。

今孝

【こんたかし】(1917〜1946)

青森県出身の卓球選手。青森商業中学で卓球を始め、早稲田大学時代に全日本学生選手権と東日本学生選手権の両方を5連覇する偉業を成し遂げた(学制が変わった現在では破ることが不可能)。右ペンホルダーコルク貼り(P.48参照)によるカット主戦型。1933(昭和8)年のミクロシュ・サバドス(P.141参照)らとの対抗戦で、ラバー貼りラケットの相手を第2戦以降圧倒的に打ち負かし、サバドスをして「世界選手権に出たら間違いなく優勝候補」と言わしめた。当時としては長身の175センチ、彫りの深い色白の顔立ちが相まってカリスマ的尊敬を集めたが、腎臓を患い29歳の若さで亡くなった。球聖と言われ、全日本学生選手権の優勝者には今も「今孝杯」が贈られ続けている。

今孝と宮川顕次郎 7時間の死闘

【こんたかしとみやかわけんじろう ななじかんのしとう】

1933(昭和８)年１月に全国学校対抗戦の中学の部(現在の中１から高２までに相当)決勝での宮川顕次郎(青森中学)と今孝(青森商業)の試合。カットとショートの壮絶な粘り合いとなり、午後６時頃から始まった試合が９時になっても１ゲームも終わらず(10点制なのに！)会場の門限の10時になった。審判長が「続きは青森でやったらどうか」と提案したが両校とも拒否、場所を移して続きが行われ、終わったのは夜中の１時半頃だった。3-2で宮川が勝ち青森中学の優勝が決まったが、今が勝っていたらラストでこの二人が再戦するという途方もない試合だった。この試合が原因で１時間の制限時間が設けられた(後に撤廃)。

コントロール系ラバー

【こんとろーるけいらばー】

裏ソフト(P.26参照)ラバーの一種。弾みも回転も小さく抑えられ、威力はないが相手のコートに入れやすいため、初心者が基本を身に付けるのに適すると言われている。一方で、最終的に使う最高性能のラバーを最初から使うべきとする考え方もある。歴史的に、ラバーが登場したときには「基本は木ベラで」と言われ、裏ソフトが登場したときは「基本は一枚ラバーで」と言われたことを踏まえると、弾まない用具が基本を身に付けるのに適するという考えには何ら根拠がない。

今野昇

【こんののぼる】(1957〜)

山形県出身の実業家。月刊誌『卓球王国』(P.84参照)発行人。株式会社卓球王国社長。中学１年から卓球を始め、武蔵野美術大学在学中に荻村伊智朗(P.33参照)が主催する青卓会に入会し、卓球に熱中し過ぎて、大学を中退するに至る。1982年に荻村が経営する荻村商事に入り、『卓球ジャーナル』(P.85参照)、『TSPトピックス』等の編集に携わる。1994年の荻村の逝去に伴って独立し、1997年に『卓球王国』を創刊。世界中の選手、指導者、協会、メーカーに強力な人脈を持ち、卓球界の陰のフィクサーと言われている(P.28コラム参照)。

さ

「サー」

【さー】

掛け声の一種。①ラリーが始まる前に、サーバーおよびレシーバーが自分の準備が出ていることを相手に知らせるあるいは相手に開始を促す目的で発する。②得点をしたときに発する「良し」が「よっしゃー」を経て変化したもの。2004年アテネ五輪で福原愛が使ったことで有名となり、バラエティー番組では「何と言っているのか」「やったーのターではないか」などとして声紋分析をしたり、①の用法と混同したりするなど頓珍漢極まりない議論が繰り広げられた。

サービス

【さーびす】

ラリーの最初のボールを打つこと。英語で奉仕の意味があることから相手への奉仕球が語源と思われがちだが、それを裏付ける事実はない。語源には諸説あるが、テニスの祖先の球戯である「ジュ・ド・ポーム」(P.63参照)でボールを召使いがコートに投げ入れてラリーが始まったため、召使いの競技者に対する奉仕だったという説が有力。

サーブ

【さーぶ】

サービスと同じ。元々サーブは動詞だが、スポーツでは名詞としても使われる。

サービスレシーブ

【さーびすれしーぶ】

サービスと、それを打ち返すレシーブ(P.156参照)のこと。ただしバドミントンとバレーボールでは、相手の攻撃球を打ち返すこと全般をレシーブと言うため、サービスを打ち返すことを「サーブをレシーブする」意味でサーブレシーブと言う。テニスでは卓球と同じ用法。希にテレビのスポーツニュースなどで、お互いに意味の違いに気がつかないまま微妙に食い違った会話が続けられることがあり、それに気づいた者がテレビの前で悶絶する事態となる。

サーキュラースイング

【さーきゅらーすいんぐ】

身体の回転を使って打つフォアハンド。1950年代までのヨーロッパでは、身体の回転を使わず腕だけで打つのが一般的であり、それに対する日本選手の打法を形容したもの。今では世界的にスタンダードな打法となっているため、ことさらに言われることはなく死語。

「最近の選手は基本ができていない」

【さいきんのせんしゅはきほんができていない】

卓球の進化を理解できない指導者がよく言う台詞。昭和初期から現在までのあらゆる時代でこのような苦言があったことが雑誌などに残っている。ある指導者は当時の世界チャンピオンであったジャン・フィリップ・ガシアン(フランス)について、ドライブをするときに出す足が逆であることをもって「基本ができていない」と喝破した。これほど綺麗な本末転倒も珍しい。

最初はグー

【さいしょはぐー】

じゃんけんの掛け声。『8時だョ！全員集合』(TBS系)というテレビ番組のコントの中で、志村けんが使ったことから日本中に広まった。それまでは単に「じゃん、けん」とタイミングを合わせて「ぽん」で出すだけだった。現在では、全日本のトスでも使われていることが拳を4回振る動作から確認できる。これが広まる過渡期には若者に「最初はグー」と言われて「ふざけるな！真面目にやれっ！」と怒る年長者がいたものと想像されて楽しい。

サイドを切る

【さいどをきる】

卓球台の角より外側のコースにボールを送ること。サイドラインを横切ることから。飛距離が短く極めて狭い幅のコースであるため難しい。

サイレントスマッシュ

【さいれんとすまっしゅ】

佐藤博治(P.54参照)が1952年世界選手権で放った厚いスポンジラバーによる打球音がほとんどしないスマッシュ。相手はタイミングが取れず、恐れられた。

ザイロン

【ざいろん】

ラケットの特殊素材(P.101参照)として使われる合成繊維の一つ。優れた引張強度と弾性率を持ちながら、カーボンよりも10%軽いとされる。バタフライとニッタクのラケットに採用されている。

さ

サイン

【さいん】

①ダブルスでサービスやレシーブの内容をパートナーに指の形などで伝えること。
②試合中の選手に対してベンチから手ぶりなどでアドバイスを伝えること。長年、ルールで禁止されており罰則の対象だったが、2016年10月から声によるものも含めてアドバイスが解禁となった。ただし日本国内の高校生以下の大会では、教育的観点から従来通り禁止されているが、腕を組むなど巧妙なサインまでは防ぎようがないのが実態。

サウンドテーブルテニス（STT）

【さうんどてーぶるてにす】

視覚障害者のための卓球。専用の卓球台と転がると音が鳴るよう中に金属粒が入ったボールを使って卓球台の表面を転がして行う。1930年代に栃木県足利盲学校で行われていた記録がある。1998年に日本視覚障害者卓球連盟が発足して普及発展に努めている。旧称「盲人卓球」。

殺人ストップ

【さつじんすとっぷ】

仙台一高卓球部員であった大槻明永のストップ（P.68参照）につけられた異名。1980年のある合宿中、カットマン（P.38参照）に対して大槻が行ったストップがあまりにも絶妙だったため、打ち返そうと猛然と前に突っ込んできた相手が卓球台に肋骨を打ちつけてひびを入れたことから。

佐藤博治

【さとうひろじ】（1925〜2000）

青森県出身の卓球選手。全日本選手権でベスト８だったにもかかわらず「一人くらいカットマンがいた方がよい」という理由で日本初参加の1952年世界選手権ボンベイ大会に選出され、男子シングルスで優勝。以後の卓球ニッポン黄金時代の先鞭をつけた。右ペンホルダーカット主戦型。当時、世界で一般的ではなかったスポンジラバー（P.69「スポンジ」参照）を貼っていたため、打球音がほとんどせず、そのスマッシュは「サイレントスマッシュ」（P.53参照）と恐れられた。

佐藤祐

【さとうゆう】（1984〜）

埼玉県出身の卓球用具マニア。高３のとき、近所にできた卓球用具専門店「カスカベ卓球」のおかげで道を誤った。同店に週に３回以上通い、店内のラケットで１本残らず球突きをしたとされる。卓球王国（P.84参照）に入社後は、試合中の選手のラケットを拡大して特注品であることを突き止めるなどの「仕事」で異彩を放った。全日本ランカーの用具遍歴がすべて頭に入っており、福原愛（P.129参照）に初めて会ったとき、福原の幼少期からの用具をすべて暗唱し、気持ち悪がられた。人の顔と名前を覚えるのが苦手だが、用具とフォームを見ると思い出す特技を持つ。同じラバーで30分以上打ったことがないと噂され、独身時代は用具に毎月7万円ほど費やしていたほどだったが、自身が用具マニアであることは認めず「自分に合う用具を探しているだけ」と語る。一部のトップ選手からも用具の相談を受けるなど、用具マニアのカリスマ的存在。2021年、13年間勤めた卓球王国を退社し、現在はYouTube、Twitterなどで情報を発信している。

サドンデス合宿

【さどんですがっしゅく】

1983年に日本卓球協会が行った強化合宿。合格すべき関門を設けて不合格となった選手を帰らせる方針からサドンデス(突然死)の名がつけられた。関門は①サービス、②レシーブ、③ロビングに対するスマッシュ、④バックハンド対バックハンド、⑤フォア強打対フォア強打、⑥ドライブ処理の6関門。①サービスでは的への命中率、②レシーブではカーテンでサービスの打点を隠してレシーブしたときの成功率、③⑥では卓球マシンから送られるボールに対する返球率が計測されるなどし、総合点で国際大会の代表選手が決められた。1986年にも同様の合宿が行われ、①20キロ走、②百メートル走、③懸垂といった体力だけで人数を半分に絞ったところ世界選手権の日本代表が軒並み“サドンデス”となる大惨事となった。国際大会の結果がどうなったかは言うまでもない。

『ザ・ファイナル』

【ざふぁいなる】

2013年から2020年まで『卓球王国』(P.84参照)から毎年発売された、全日本選手権のダイジェストDVD作品。「リフレックススポーツ社」(P.153参照)の作品に影響を受けた筆者が監督に携わった。卓球のラリーの魅力を最大限に表現できる低いカメラ位置、選手を最適な大きさに映す小まめなカメラ操作をコンセプトとし、最大5台のカメラによる膨大な映像から選りすぐりのラリーを収め、好評を博した。

三英

【さんえい】

日本の卓球台メーカー。1962年創業。優れた品質に定評があり、世界選手権、全日本選手権での多数の採用の他、Tリーグでも採用されている。2016年リオ五輪で採用された未来的なフォルムのinfinityはあまりにも有名。2021東京五輪でもMOTIFの採用が決まっている。北海道に世界でも類を見ない卓球台専用工場を構える。

三角柱ルール

【さんかくちゅうるーる】

サービスのルールの一つ。ボールをトスしてから打球するまでの間、ボールとネットの両支柱とでできる三角形を上方に延長してできる三角柱に、腕や頭など体の一部を入れてはいけないルールで2002年に制定された。打球の瞬間をレシーバーから隠さないことが目的。これまでは審判が肉眼で判定していたが、画像判定をするとかなりの選手のサービスが三角柱ルールに違反している可能性が高く、どのように運用するのかが注目される。

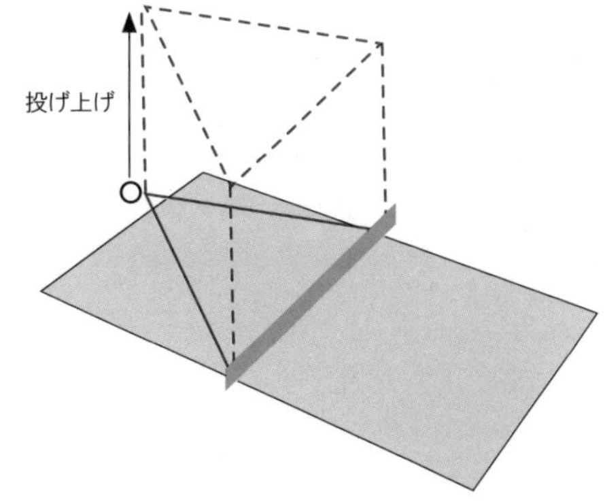

3球目攻撃

【さんきゅうめこうげき】

相手のレシーブ(P.156参照)を攻撃すること。サービス(P.52参照)を1球目、レシーブを2球目と数え、次のボールが3球目であることから。サービスとレシーブを除くと最も早い攻撃であり、速攻戦術の象徴。

3球目よっしゃ

【さんきゅうめよっしゃ】

ある名門高で行われているイメージトレーニング。ボールを使わずにラリーをイメージしてサービスから3球目攻撃で得点をして「よっしゃーっ！」と叫ぶところまでの動作を全力で行う。イマジネーションが高まってくると「今のは入ってませんでした」と言って叫ばない選手が出てくるらしい。何が見えているのだろうか。

38ミリボール

【さんじゅうはちみりぼーる】

1999年まで公式球として使用されていた直径が38ミリのボール。2000年から観客が見やすいように現在の40ミリボール(P.149参照)に変更された。40ミリボールよりも反発係数が高く初速が速いが空中の減速は40ミリボールと同じ。

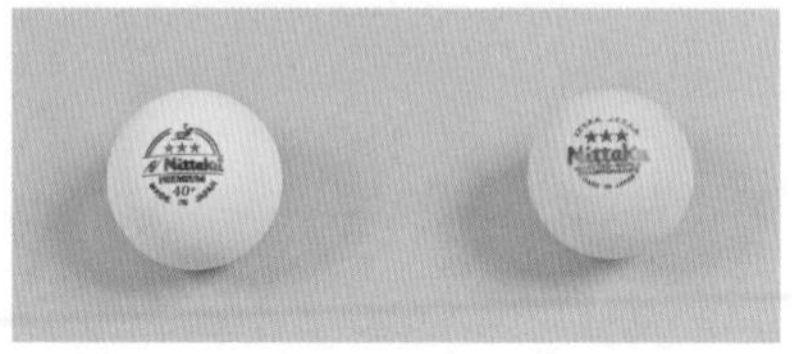

40ミリボール(左)と38ミリボール

散水車

【さんすいしゃ】

1956年、1957年世界選手権男子団体金メダルの角田啓輔につけられたニックネーム。あまりの振りの速さに、スマッシュをすると汗が相手のコートにまで飛び散ったことから。

3段論法

【さんだんろんぽう】

①卓球の代表的な3つの打法とされる、ショート、ロング、カットの強弱の関係を表したもの。ロングはカットに強く、カットはショートに強く、ショートはロングに強いという、ジャンケンと同様の「3すくみ」の関係にあることを言う。②カットマンの戦術で、サービスで得点する、3球目攻撃で得点する、カットで守って得点するという3段構えで戦うことを言う。いずれも、本来の論理学の用語である「3段論法」とは関係がなく、そもそも「論法」ですらないので注意が必要。

サンドペーパーラケット

【さんどぺーぱーらけっと】

表面にサンドペーパー(紙やすり)が貼ってあるラケット。1959年に、ラケットに貼ってよいものがラバーに限定されるまで使われていた。現在はルール違反だが、アメリカではホビー用として売られ続けており、製品の包装にはUSA TABLE TENNIS APPROVED（アメリカ卓球公認）およびITTF official rules（国際卓球連盟公式ルール）と書いてあり、意味は不明だ。サンドペーパーラケットだけの世界選手権「ピンポン世界選手権」（P.123参照）が毎年開催されている。

3歩動

【さんぽどう】

フットワークの方法の一つ。右に動く場合に、右足→左足→右足の順に右に動かして移動する。左に動く場合はその反対。大きく動く場合に適しており、主に日本で発達した。「1歩動」（P.22参照））と対比される。

シーミラーグリップ

【しーみらーぐりっぷ】

シェークハンドラケットの握り方の一つ。通常、シェークハンドはフォアハンドとバックハンドでラケットの反対の面を使うのに対して、どちらも同じ面で打球できるよう親指と人差し指をV字に開いてラケットの縁に添えて握る。アメリカの卓球選手、ダニー・シーミラーが1970年代に開発した。フォアとバックの切り替えが容易である上に、異質ラバーを貼った際にラケットを反転することで、自分の意思で任意のラバーで打球できるメリットがある。一方で、面を上向きにし難いので打法が限定されるデメリットが大きく、シーミラー以外に大成した者はない。

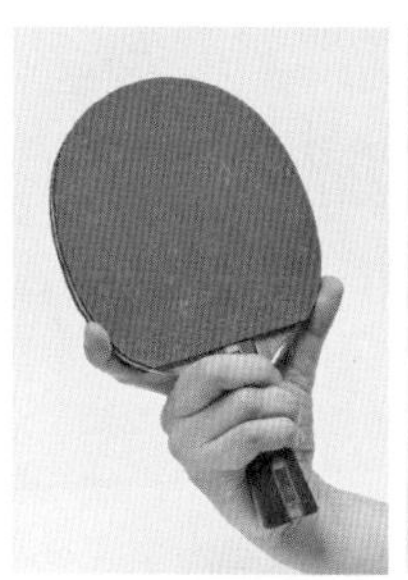

ジェイクス・アンド・サン

【じぇいくすあんどさん】

1795年にロンドンで創業された世界最古の玩具メーカー。19世紀にクリケットや、チェス駒のスタントンスタイルを世界的に普及させた。1900年にセルロイド球を使った卓球セット『ゴシマまたはピンポン』（後に『ピンポン』）を発売して世界的に大流行させた。現在も「ジェイクス・ロンドン」として続いている。参考「ゴシマ」（P.47参照）。

JTTA

【じぇいてぃーてぃーえー】

日本卓球協会（P.109参照）。JAPAN TABLE TENNIS ASSOCIATIONの略。

JTTAスポーツ医・科学委員会

【じぇいてぃーてぃーえーいかがくいいんかい】

日本卓球協会（P.109参照）の専門委員会の1つ。日本代表選手の選手、卓球の普及・発展に貢献することを目的に、スポーツ科学、医学、栄養学、心理学、教育学などを専門とする30名の委員で構成される。「ラケットの加速能力と競技レベルの関係」などという楽しい研究結果が同協会のウェブサイトで閲覧することができる。

さ

シェークハンド

【しぇーくはんど】

ラケットおよび握り方の一種。欧米で古くから主流。日本では長くペンホルダー(P.134参照)が主流だったが、1980年代に小学生の全国大会ホカバ(P.134参照)が開始されたことから、身長が低い子供が打ちやすいシェークハンドが急速に広まった。シェークハンドが過半数を超えたのが1980年代半ばであるため、グリップを聞くとおよその年齢が分かる仕組みになっている。

シェードラ

【しぇーどら】

シェークハンドラケットに裏ソフトを貼ってドライブをかけることを中心とする「シェークハンドドライブ型」の略。現在の卓球選手でもっともポピュラーなスタイルであるため、会話では頭に「普通の」とつける場合が多い。参考「ペンドラ」(P.134参照)

ジェームズ・ギブ

【じぇーむずぎぶ】(1853〜1930)

イギリスの実業家。金属加工会社を経営していたが、アメリカ出張の際におもちゃのセルロイド球を見つけ、これを卓球に使うことを思いつき、友人であるジェイクス・アンド・サン社(P.57参照)のジョン・ジェイクス三世に提案した。こうして発売された「ゴシマまたはピンポン」(後に「ピンポン」)は、瞬く間に世界中に広まった。卓球の普及にもっとも決定的な役割を果たした人物と言える。

ジェラルド・ガーニー

【じぇらるどがーにー】(1931〜2020)

イギリスの卓球史家、コレクター。卓球界最大のコレクターの一人であり、「ゴシマ」(P.47参照)、「パーラー・テーブルゲームズ」といった、卓球史における重要な商品をアンティークのオークションなどから発掘した。その膨大なコレクションは「ガーニー・コレクション」と呼ばれる。1987年に『テーブルテニス・アーリー・イヤーズ』(ITTF)を著し、実証的な卓球史研究の先鞭をつけた。1993年から2001年までITTFの情報誌『テーブルテニス・コレクター』の初代編集人を務めた。類似人物「アラン・デューク」(P.18参照)、「スティーブ・グラント」(P.67参照)、「チャック・ホイ」(P.93参照)。

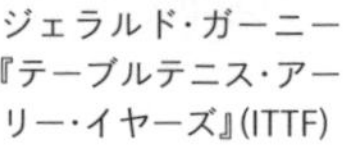

ジェラルド・ガーニー『テーブルテニス・アーリー・イヤーズ』(ITTF)

ガーニーが編集長を務めていた時代の『ザ・テーブル・テニス・コレクター』

シェル・ヨハンソン

【しぇるよはんそん】(1946〜2011)

スウェーデンの卓球選手。シェークハンド攻撃型として成功したヨーロッパで最初の選手の一人。右シェーク裏ソフト攻撃型で、ハンマーと呼ばれる強烈なフォアハンドスマッシュを武器に、世界選手権で金メダル４個、銀メダル１個を獲得した。フェアプレーでも知られ、荻村伊智朗(P.33参照)は「人間能力の限界の風格を持つ」と評した。若手時代の前原正浩(1981年度全日本チャンピオン、現・ITTF副会長）がロッカールームで遭遇した際、思い切って声をかけ、どうしたら強くなれるのかと聞いたところ、ヨハンソンはゆっくりと「プラクティス（練習）、プラクティス（練習）、プラクティス（練習）」と答えたという。

時間本位型、場所本位型、回転本位型

【じかんほんいけいばしょほんいけいかいてんほんいけい】

戦型（P.75参照）分類の一つ。荻村伊智朗が著書『ジュニアスポーツシリーズ卓球教室』（1989年、成美堂出版）で唱えた。①時間本位型：早い打点でのショート、フリック、スマッシュなどで相手に時間を与えないスタイル。②場所本位型：粒高やアンチのショートを主用しボールを送る場所で勝負する守備的スタイル。③回転本位型：カット＋速攻型とドライブ主戦に分かれる。カットマンとドライブマンが同じ分類になっているという世にも珍しい分類方法。戦型の分類方法は数あれど、これほど異彩を放つものはなく、戦型分類の金字塔と言える。異彩を放ちすぎて当の荻村でさえあまり使うことはなかった。

システム練習

【しすてむれんしゅう】

実戦でありそうな、サービスまたはレシーブからの特定のラリー展開を再現し、繰り返す練習方法。パターン練習とも言う。現在の一般的な練習の一つ。

下回転

【したかいてん】

ボールの回転方向のひとつ。床に置いたときに、ボールの進行方向と逆方向に転がる回転。スピードを出すほど空中で軌道が上にズレて直線的になり、相手のコートに入れ難くなるため遅くしか入れることができない。相手のラケットに当たると下に跳ね返る性質を持つ。後退回転、バックスピンとも言う。対義語「上回転」（P.25参照）

下回転ドライブ

【したかいてんどらいぶ】

ドライブ（P.103参照）のフォームでありながら、ボールの真横または斜め下を捉えることで横回転（P.148参照）または横下回転を打つ打法。カーブドライブ（P.36参照）の延長。速いボールは入れられないが、通常のドライブだと思った相手が下にミスする効果がある。

実況アナウンサー

【じっきょうあなうんさー】

テレビ放送などで視聴者に試合の様子を伝えるアナウンサー。卓球が今よりマイナーだった時代、選手がドライブをしているのに「スマッシュ！」と言い、「逆クロス！」（P.41参照）、「ダウンザライン！」「セカンドサーブ！」など卓球界の誰一人使わないテニス用語を連発するなど、日本中の卓球ファンの神経を逆なでした。解説者も特に訂正しないため、頓珍漢なアナウンスは卓球テレビ放送の風物詩といった趣であった。近年、卓球メジャー化とともに改善されつつあり、たまに一つも間違いのないアナウンスをされると逆に拍子抜けするという珍現象を生んでいる。

失点法

【しってんほう】

大正時代の日本に存在したスコアの数え方の一つで、ミスをした方に点を入れる方法。当時は10点制だったため、先に10点になった方が負けのルールだった。当時の卓球が守備的なものだったためと思われる。これに対して、現在のような数え方は得点法と言われた。

四天王寺高校

【してんのうじこうこう】

大阪市の中高一貫の私立女子校。インターハイ女子団体で24回の最多優勝を誇り、2019年には前人未到の７連覇を達成し、同校が2000年に達成した６連覇の記録を塗り替えた。石川佳純(P.20参照)ら多数の世界選手権および五輪の日本代表選手を輩出している。通称「ヨンテン」。

しなり

【しなり】

ラケットの性能の一つ。スイングまたはインパクト(P.24参照)でしなることでボールのスピードが出るとされている。スイングによるしなりの効果は不明だが、インパクトのしなりについては、ラケットがしなり切るまで100分の１秒かかるのに対してボールの接触時間は1000分の１秒であり、ラケットがしなるはるか前にボールが飛び出すため、しなりはスピードに寄与しないことをタマス(P.92参照)が高速度撮影で立証し『卓球レポート』1980年８月号で発表している。

市民センター

【しみんせんたー】

卓球の練習ができる代表的な公共施設。最近は改善されてきたが、かつてはかなり応対に問題がある施設が見られた。筆者の通っていた施設など、使用時間は21時までなのに２時間単位の利用だからと19時以降は入れない、管理人が門を出るのが21時だと偽って15分前に追い出す、卓球台が空いていても４人までは１台しか貸さないなど、できるだけ利用させまいと知恵を絞っており、筆者と毎週のようにバトルを繰り広げていた。

「締めるよー」

【しめるよー】

中高校生が試合で選手にかける掛け声。本来は選手がリードしているときに油断せず気を引き締めさせることを意図したものだが、中学生などは状況と関係なく、リードされているときや終盤で競り合っているときなど、油断しているわけがない場面でも乱発し、形骸化している場合もある。

ジャイロサービス

【じゃいろさーびす】

回転軸が進行方向となる想像上のサービス。平坦なラケット面でボールの１点を打つという現在の競技条件では、完全なジャイロ回転を出すのは不可能(ボールを擦る方向に進行方向の成分がないため相手の方に飛ばない)であるため、実現するとどのような効果があるかも不明。想像では、台に弾んで左に曲がるのにもかかわらずツッツキをすると左に跳ねるという、通常の横下回転と逆の挙動を示すことが考えられ、非常に興味深い。フィンガースピンサービス(P.124参照)でなら原理上可能なので今後の検証が待たれる。なお、ジャイロに近いサービスは可能で普通に出されているが、実効的には少し曲がりの大きい遅い横下回転であり、特別なサービスではない。

しゃがみ込みサービス

【しゃがみこみさーびす】

しゃがみ込みながらボールを打つサービス。しゃがみ込む動作ではなく、肩より上で打つことで強い回転をかけることがポイント。しゃがみ込むのは、打点を低くするため。1960年代から見られ、現在でも身長が低い小中学生によく見られる。トップ選手では、松平健太(P.139参照)、丁寧(P.98参照)などが使う。英語ではトマホーク(石斧)。

『写真で見る日本卓球史』

【しゃしんでみるにほんたっきゅうし】

日本卓球協会(P.109参照)が2003年に発行した320ページからなる写真集。大正時代から2002年までの記録を写真で綴った貴重な記録集。世界選手権、全日本選手権、その他の全国大会、年表からなる。卓球史を語る上で外せない一冊。編集人は卓球ジャーナリストの鈴木一(P.67参照)が務めた。

『写真で見る日本卓球史』(日本卓球協会)

シャドープレー

【しゃどーぷれー】

ボールを使わず実際のラリーをイメージして動き、フットワークと打法を高める練習方法。通常はレシーブの構えから5回程度打球するまでの決まった動きを何度も繰り返す。ボクシングのシャドープレーを真似て名づけたものと思われる。1966年の『卓球レポート』誌で紹介されて以来、日本ではトップ選手の間でも行われていたが、近年では初心者以外あまり見られない。

ジュイック

【じゅいっく】

日本の卓球用具メーカー。1970年に株式会社十一屋貿易として設立、卓球用品の輸出入を中心としていた。1988年から現在の社名に変更。1987年に発売した中国・グローブ社との技術提携による粘着性裏ソフトラバー「999」が大ヒットした。

重心移動

【じゅうしんいどう】

打球の際に身体の重心を移動すること。威力と安定性を確保するためにフォームの重要な要素とされる。フォアハンドでは利き腕側の足から反対の足に移動することが基本とされているが近年では短時間でスイングするために移動しない打法も併用される。

ジュース

【じゅーす】

１ゲーム11点制の場合、10-10となること。以後、２点差となるまで勝負が決まらない。英語のdeuceを日本語読みしたもので、より原音に近く「デュース」と表記・発音すべきだと考える人もいるが、そうなると「ゲーム」「プレー」も「ゲイム」「プレイ」とすべきであり、キリのない不毛な議論と言える。ちなみに、実は卓球のルールにはITTF発足以来deuceという用語そのものが存在せず、慣例で使われているだけであることが今回初めてわかった。何事も調べてみるものだ。

「集中！」

【しゅうちゅう】

試合や練習中に他人または自分自身に対してプレーに意識を集中させるために言う掛け声。大会で選手に対してベンチや観客が言うこともあるが「集中！」とは言い換えれば「気を散らすな」ということであり、気を散らしたつもりのない選手にとっては腹立たしいことこの上ない掛け声。トップ選手が負けた場合でも「集中力を切らした」と評されることがあるが、世界選手権や五輪の試合中に、一体何に気を散らすというのか。

シュートドライブ

【しゅーとどらいぶ】

ドライブの一種で、フォアハンドの場合は打者のフォア側に、バックハンドの場合は打者のバック側に曲がるドライブ。もっともよく使われるのは、バック側に回り込んで姿勢を低くしてバッククロスに打つフォアハンドのシュートドライブ。逆モーション（P.42参照）気味になることと、相手を大きく動かすこと、返球されるコースを限定する効果がある。対義語「カーブドライブ」（P.36参照）。

柔軟性

【じゅうなんせい】

打ち難いところに来たボールに対して、身体をのけぞらせたり膝を深く曲げたりした姿勢で打ち返す能力のこと。「身体を柔らかく使う」などとも言われる。このような能力に関して柔軟性を論じるのは間違い。上記のような卓球のプレー中の関節の動作範囲は関節の可動範囲よりはるかに狭いため、関節の可動範囲を広げることはプレーの柔軟性を増すことの役には立たない。必要なのは体重を支える筋力である。

「執念って何ですか?」

【しゅうねんってなんですか】

河野満(P.45参照)が、全日本選手権の優勝候補と言われながら、準決勝と準々決勝で8度にわたって敗れ、勝てない理由として「執念が足りない」と言われたのに対して言ったとされる言葉。同年齢のライバルの長谷川信彦(P.115参照)がロビングで粘るスタイルだったのに対して、前陣速攻(P.76参照)の河野の卓球は脆く見えたためにそのような論評がされがちだったが、この河野の言葉に苦渋が見て取れる。

ジュ・ド・ポーム

【じゅどぽーむ】

16世紀のフランスの修道院で始まったとされる(11～12世紀頃、8～11世紀頃など諸説あり)テニスの元祖の球戯。手のひらでボールを打ったため「手のひらのゲーム」の意のフランス語で「je de paume(英語でgame of palm)」と呼ばれる。そのうちガットを張ったラケットを使うようになってヨーロッパ中に広まり、テニスと呼ばれるようになった。それを1880年頃からテーブルの上で行うようになったのが卓球である。

ジュ・ド・ポームの初期段階に使われた約500年前のグローブ型ラケット(写真提供/横浜山手 テニス発祥記念館)

『少年ラケット』

【しょうねんらけっと】

掛丸翔による卓球マンガ。『週刊少年チャンピオン』(秋田書店)で、2015年から2017年まで連載された。記憶喪失となった天才卓球少年・日向伊智朗が主人公。作者が卓球経験者という強みを生かし、作中に「伊智朗」「ヨルゲン」「ハンドソウ」(P.119参照)など、卓球ファンが狂喜するアイテムが頻出する。単行本全13巻。著者は本辞典のイラストも担当している。

掛丸翔『少年ラケット』(少年チャンピオンコミックス)

勝利者操作

【しょうりしゃそうさ】

個人戦の同士討ちに際して、指導陣が試合前に勝者を決めて選手に八百長試合をさせること。中国が行っていると言われ、古くは荘則棟(P.78参照)が世界選手権男子シングルスで1961年から3連覇した際の決勝の相手である李富栄、郭躍華(P.37参照)が1981年から2連覇した際の決勝の相手である蔡振華、1987年世界選手権女子シングルス準決勝で何智麗(P.48「小山ちれ」参照)に、負けるよう指示が出されたと言われる。ただし、中国卓球協会が勝利者操作の存在を認めたことはない。

ショーツ

【しょーつ】

ユニフォームの短パンのこと。一般的には女性の下着と思われがちな名称だが、卓球界では昔からこう言われる。

ショート

【しょーと】

打法の一つ。ボールが卓球台に弾んですぐにラケットを押し出すようにして打つ。弾んでから打つまでが短いことから。昭和初期以前に確立した打法であるため、当時主流だったペンホルダー(P.134参照)の打法として使われる。現在主流であるシェークハンドによる同じ打法は「ブロック」(P.133参照)と呼ばれるため、若い世代にとっては死語になりつつあり、短いボールのことかと誤解される場合も多い。

ショート打ち

【しょーとうち】

ショートされたボールに対して主にフォアハンド(P.125参照)でスマッシュ(P.70参照)やドライブ(P.103参照)を打つこと。ショートが死語になりつつあるので当然死語になりつつある。

ショートマン

【しょーとまん】

ショートを主用する戦型。前陣速攻(P.76参照)や、ペン粒(P.134参照)を差すが、やはり死語になりつつある。背の低い人や気が短い人のことではない。

ショット

【しょっと】

ボールを打つこと。卓球界で誰一人使わないにもかかわらず、テレビ放送で頻繁に使われて多くの卓球人に歯ぎしりをさせている。英語圏では球技全般で名詞のshot、動詞のshootが文法に応じて使われるが、日本ではテニス、バドミントン、ゴルフでは「ショット」、サッカー、バスケットボールでは「シュート」が定着し、卓球、野球ではいずれも定着しなかった。卓球に「ショット」を使うのは、野球に「ショット」を使ったり、テニスに「シュート」を使うのと同じ間違い。なお、卓球にショットが定着しなかったのは、大きく異なる打法が存在するため、漠然と「打つ」と表現することに意味がなかったためと思われる。

「白い風」

【しろいかぜ】

1983年世界選手権東京大会のテーマ曲。作曲が宮川泰、歌が佐々木功と、宇宙戦艦ヤマトのテーマ曲と同じコンビによる。作詞は伊藤アキラ。1983年にアナログシングル盤が日本コロムビア委託盤として製作された(B面は同曲の伴奏のみ)。その後、オムニバスCD『ポップスの巨匠・宮川泰の世界』(2006年、テイチクエンタテインメント)に収録され、2011年には宮川の妻・禮子、長男・彬良が企画した非売品CD『白い風 第37回世界卓球選手権大会テーマ曲』が日本コロムビアで製作されており、オリジナル曲の他に英語、韓国語、中国語、ドイツ語のバージョンが収められている。卓球ファンは必聴。

白ユニフォーム

【しろゆにふぉーむ】

1990年代に登場した白いユニフォーム。卓球「根暗ブーム」(P.111参照)の際に、卓球のイメージを明るくしようと、物理的にアプローチしたもの。当時隆盛だったテニスに劣等感を抱いていた卓球選手たちがこれ見よがしに着用した。それまで白だったボールをオレンジに変えてボールを見やすくすることで実現した。現在では再び白ボールが主流となったためほとんど見られないが、オレンジ色のボールを使うラージボール(P.152参照)では今も使われる。

人事を尽くして天命を待つ

【じんじをつくしててんめいをまつ】

長谷川信彦(P.115参照)が自らの卓球観としてよく引用していた中国の故事成語。「人間ができることはすべてやり、結果は天にまかせる」という意味。1980年にある町に講習会に行った際、懇親会の席で長谷川がこれを言ったところ、ある出席者が「負けてもいいと思ってるということですか？」と発言し、同席していた伊藤繁雄(P.23参照)が「長谷川がこれほど侮辱されたのを聞いたことがない」と激怒した。故事成語には受け手の感性も求められる好例。

新体連

【しんたいれん】

新日本スポーツ連盟。1965年に新日本体育連盟として創立されたスポーツ総括団体で、1995年に改称したが、一般には現在もよく旧略称で呼ばれる。「スポーツ きみが主人公」をモットーに活動し、12種競技の全国組織がある。卓球は全国卓球協議会が中心となり運営されている。会員制度もとっているが、オープン大会もたくさんあり、種目にも工夫をこらし、非常に楽しい大会を開くことで定評がある。反面、開会式で政治的なことを言うこともあるが、ものを言うスポーツ組織として評価する人も多い。

新卓球

【しんたっきゅう】

1980年代に卓球界を襲った卓球「根暗ブーム」(P.111参照)の対策として日本卓球協会が卓球のイメージアップを目的に提唱した新しい卓球競技。のちにラージボール(P.152参照)として定着した。

「死んだら何をするつもりですか?」

【しんだらなにをするつもりですか】

荘則棟(P.78参照)の言葉。1980年に荘が山西省チームの指導を始めた際、選手たちに2倍の練習量を課すと、選手たちが「私たちはいつ寝るんですか？」と反発した。それに対して荘は「生きているときにずっと寝ていたら、あなた方は死んだら何をするんですか？」と答えた。この言葉に選手たちは感動して拍手が起こり、全国で16、17位だったチームが2年4ヶ月後に6位まで躍進した。荘の名言として伝わっている。

水溶性接着剤

【すいようせいせっちゃくざい】

ラバーをラケットに貼る接着剤で、水を溶媒としたもの。有機溶剤を溶媒とするスピードグルー(P.68参照)が健康被害の視点から2007年に禁止されるのにともなって登場したもの。現在の接着剤はすべて水溶性である。

スウェイスリング杯

【すうぇいすりんぐはい】

世界選手権の男子団体の優勝チームに贈られる杯。1926年の第1回世界選手権のとき、初代ITTF会長アイボア・モンタギュー(P.15参照)の父である二代目スウェイスリング卿が寄贈した。

スウェーデン

【すうぇーでん】

男子の卓球強国。1950年代に、世界チャンピオンであった荻村伊智朗(P.33参照)が日本式の体力トレーニングと徹底した反復練習を指導した結果、1970年代には日本、中国に次ぐ卓球強国となった。1980年代には日本を追い抜き、中国と覇権を争った。世界選手権では男子団体で1973年、1989年、1991年、1993年、2000年の５回の優勝、男子シングルスで４回、男子ダブルスで５回の優勝を誇る。

『スウェーデン卓球最強の秘密』

【すうぇーでんたっきゅうさいきょうのひみつ】

1989年世界選手権ドルトムント大会の男子団体で、中国を破って王座についたスウェーデンチームの強さの秘密を監督のグレン・オーストとジャーナリストのイエンス・フェリッカが共著で綴った名著中の名著。選手とコーチの対等な関係、ランダム練習(P.153参照)、フォアハンドグリップとバックハンドグリップ(P.125参照)など、目から鱗の卓球論が卓球人に衝撃を与えた。1991年ヤマト卓球刊。技術的にこれほど有用でなおかつ面白い卓球本は今なお出ていない。

イエンス・フェリッカ、グレン・オースト／今野昇訳『スウェーデン卓球最強の秘密』(ヤマト卓球)

スーパーサーキット

【すーぱーさーきっと】

2002年から2006年まで実施された賞金大会。１大会の優勝賞金が500万円と当時の卓球大会としては破格であり、世界中のトップ選手が参戦した。呉服メーカーの健勝苑が後援し、同社の傘下にあったキングアンドクイーンと日本卓球協会(P.109参照)が共催した。スカイパーフェクトTVで全試合が放映されたが、視聴率、集客共に低迷し、卓球の興行としての難しさを実感させることとなった。当初は日本卓球協会の協力が得られず、健勝苑の社内大会の位置づけで開催して世界のトップ選手を呼び「世界一豪華な社内大会」としても話題を呼んだ。

スコンク

【すこんく】

１点も与えずにゲームを取ること。完封。11点制の現在なら11-0。

鈴木貞雄

【すずきさだお】

日本初の全国組織である大日本卓球協会が1923(大正12)年に開催した第1回全日本選手権のチャンピオン。翌年も優勝。大正13年に日本初の本格的な技術書『卓球術』を著した。鈴木の成功によって日本に「一本掛け」グリップが定着し、それまで存在した「一本差し」(P.22参照)、「二本掛け」(P.109参照)が廃れた。

鈴木一

【すずきはじめ】(1931～2018)

青森県出身の卓球ジャーナリスト。慶應大学時代の1950(昭和25)年に全日本学生選手権男子シングルスとダブルスで優勝。商社に勤務した後、1971年頃から専門誌『ニッタクニュース』(P.108参照)の編集に携わった。1996年に『日本学生卓球史』を著した。1999年から2015年までは季刊同人誌『卓球人』(P.85参照)を発行。卓球界の生き字引と言われ、数々の記録の整理によって卓球界に多大な貢献をした。

スティーブ・グラント

【すてぃーぶぐらんと】

スティーブ・グラント『ピンポン・フィーバー』(クリエイトスペース・インディペンデント)

アメリカの卓球史研究家。新聞記事、文献調査を基盤とした実証的研究を得意とする。1890年にデビッド・フォスター社が発売した「パーラー・テーブル・ゲームズ」の説明書をケンブリッジ大学の図書館から発見し、卓球の意味でTABLE TENNISと書かれた最初の印刷物と特定した。また、ジェイクス・アンド・サン社が発売した卓球セットの名前「ピンポン」の由来が、1884年にハリー・ダクレという作曲家がヒットさせた歌「ピンポン」からの流用である可能性を世界で初めて指摘した。ITTFのウエブサイトで年に3回発行される「テーブルテニス・ヒストリー・ジャーナル」で執筆を続けている。1902年の卓球ブームについての著書『ピンポン・フィーバー』がある。類似人物「アラン・デューク」(P.18参照)、「ジェラルド・ガーニー」(P.58参照)、「チャック・ホイ」(P.93参照)。

スティガ

【すてぃが】

スウェーデンの卓球用具メーカー。1934年創業だが卓球用具の製造は1944年から。独自の合板技術を使ったラケットで定評がある。日本では長くヤサカ(P.146参照)が販売代理店だったが、ユニバー社が引き継いだ後、2017年に日本法人「スティガ・スポーツ・ジャパン」ができた。

STIGA®

ステラン・ベンクソン

【すてらんべんくそん】(1952～)

スウェーデンの卓球選手。1969年から1970年にかけて日本で修業し、1971年世界選手権名古屋大会で18歳で男子シングルスで優勝。1973年世界選手権サラエボ大会では男子団体、男子ダブルスで優勝。左利きシェーク攻撃型。ミニ・ステランと言われるほど小柄ながら、堅いバックブロックと正確なフォアスマッシュを誇り、荻村伊智朗(P.33参照)から「ヨーロッパの宝石」と評された。その研ぎ澄まされた感覚は、1980年第1回ワールドカップで卓球台の中央が1センチ弱高いことを見抜き、脚を切らせて試合をしたほどだというが、一体どこでどうやって切ったのだろうか。

ストップ

【すとっぷ】

相手を前に寄せる、またはドライブ（P.103参照）をさせないように短いボールを送ること。相手のコートに弾む位置だけではなく、弾んでからの飛距離を短くすることが必要。弾んでからの飛距離は、弾むまでの飛距離に概ね比例するため、できるだけネットに近い位置で打つことが鍵。

ストロベリー

【すとろべりー】

「逆チキータ」（P.41参照）と同じ。「チキータ」（P.93参照）と反対方向の横回転であるため、果物つながりで英語圏の卓球ファンが命名した。日本ではアダム・ボブロウ（P.17参照）がITTFの実況で連呼したことから一部で認知されるようになったが、定着しているとは言い難い。

スピードグルー

【すぴーどぐるー】

有機溶剤を大量に含む接着剤。これを使ってラバーをラケットに貼ると有機溶剤が染み込むことでラバーの弾性が増し、ボールのスピードや回転が増大する。もともと接着剤には有機溶剤が含まれていたが、1970年代後半にハンガリーの選手が接着剤が乾く前にラバーを貼って打つとスピードが出ることを発見したことから使われるようになった。1990年代には各メーカーから発売されて世界中で大ブームとなった。人体に有毒な蒸気を発するため2007年に禁止された。

ストライカーアウト

【すとらいかーあうと】

レシーブ（P.156参照）する選手、つまりレシーバーを意味する死語。テニスの祖先であるジュ・ド・ポーム（P.63参照）の時代、サービスは片側のコートからだけ打たれたが、そのコートを内側、一方のコートを外側と呼んでいたことから、レシーブ側にいる選手を「ストライカーアウト（外側の打者）」と呼んでいた。これがテニスを経由して卓球にも引き継がれ、1964（昭和39）年制定の日本卓球ルールにまで「レシーバー」とともに「ストライカーアウト」の記載が見られる。スポーツの歴史研究が進んでいなかった当時、誰一人その意味がわからなかったであろうことは言うまでもない。

スピンマックス

【すぴんまっくす】

ラバーの表面に塗ることで摩擦力を回復させることができる液体商品。原理は公表されていないが、もともと強い粘着力があるラバーに対して効果があり、粘着力のないラバーには効果を発揮しないとしていることから、粘着物質を活性化させる物質が入っているものと思われる。なお、筆者はゴムを溶かす物質が入っている可能性を考え、ラバーを数日間スピンマックスに浸けてみたが、何の変化も起こらなかった。2003年にヨーラ(P.148参照)から発売されたが、2008年に「後加工禁止ルール」(P.17参照)によって使用禁止となった。

素振り

【すぶり】

ボールを使わずにラケットを振る練習。日本卓球界では1980年代まで有効な練習として非常に重視され、トップ選手も汗だくになって練習に取り入れていた。1982年には素振りだけの60分の指導ビデオ「素振り」がタマス(P.92参照)から12,000円で発売されている。現在は初心者以外はあまり行わない傾向にあるが、練習ではなく、会話や歩行といった日常場面におけるイメージトレーニングあるいは癖としての素振りは卓球人のたしなみとされる。

スブリィ

【すぶりぃ】

バタフライが1975年に発売した素振り専用ラケット。ペン角型、ペン丸型、シェークハンドの３種類があり、重量は「通常のラケットの約２倍」とだけ表記された。現在はモデルチェンジをしてペンとシェークの２種類が発売されているロングセラー。試合では使えないラケットであることが一目でわかるように、ブレード(P.132参照)を平面ではなく凸状にする工夫がされているところが憎い。

スペクトル

【すぺくとる】

TSPが1972年に発売した表ソフト(P.34参照)ラバー。河野満(P.45参照)が使用して世界チャンピオンになったことで有名。以来、表ソフトの名品として愛用され続けている。粒形状に特徴があり、下の方が円錐台形、上の方が円柱形になっている。VICTAS(P.25参照)のブランド統合方針により、2021年２月からVICTASブランドで発売されている。

スポーツビジョン

【すぽーつびじょん】

動いている物を見る視力、遠近感の正確な把握力など８項目からなる視力の指標。1996年に「スポーツビジョン研究会」が五輪日本代表20人以上を含む約２千人の選手を対象に測定したところ、１位が40点満点中39点の遊澤亮、２位が37点の渋谷浩で、いずれも卓球選手だった。その下にJリーグの選手らの35点が続いたことから、卓球選手のスポーツビジョンの優秀さが証明された。

スポンジ

【すぽんじ】

気泡の入ったゴム。1920年代からヨーロッパで使われていたとされるが、独立気泡による弾性の優れたものは1952年にアームストロング(P.14参照)から発売されたのが最初。スポンジだけをラケットに貼って世界チャンピオンになったのが佐藤博治(P.54参照)と荻村伊智朗(P.33参照)だが、スポンジ単独の使用は1959年の用具制限(P.147参照)により禁止となった。現在は「裏ソフト」(P.26参照)、「表ソフト」(P.34参照)といった二層構造のラバーの下層に使われており、スピードと回転を生み出す極めて重要な材料である。「ソフト」という言葉の由来でもある。

さ

スマッシュ

【すまっしゅ】

ラケットの面に垂直な方向に全力でスイングをする、最もスピードが出る打法。回転が少ないために直線的に飛び、確実に入れるためには高い打点が必要となる。そのため相手から高いボールが来たときに使う。現代のトップ選手どうしの試合ではより確実に入って十分なスピードのあるドライブ(P.103参照)で得点する場面の方が圧倒的に多いが、テレビ放送のアナウンサーは区別がつかず、すべて「スマッシュ」と言うのがお約束である。

スリースター

【すりーすたー】

ボールの品質基準。公認球の品質基準を満たすものであることを意味し、星のマークが3つ描かれる。品質基準を満たさなかったボールはツースター、ワンスターなどとして各社から練習用の安価なボールとして発売されている。

スリッパ卓球

【すりっぱたっきゅう】

スリッパをラケット代わりに使う卓球競技。ラージボール(P.152参照)を使用し、汎用性を考え通常の卓球と同じネットで実施する。スリッパ生産量日本一の山形県河北町が考案し、1997年から全国大会、2004年から2012

年まで世界大会を開催していた。現在は北海道真狩村、山口県山口市、埼玉県八潮市、神奈川県横浜市、島根県松江市、佐賀県嬉野市などが地域振興のため継続的に大会を開いているが、それぞれの団体の関連はなく、大会ごとの独自ルールなどもある(スリッパ卓球については次ページ「スリッパ卓球が熱い!!」参照)。

スレイバー

【すれいばー】

バタフライ(P.116参照)が1967年に発売した裏ソフトラバー(P.26参照)。それまでの製品より弾性を高めたことから高弾性高摩擦ラバー(P.45参照)として発売された。発売当初は「弾みすぎて使えない」と不評だったが、ハンガリーの選手が使用して1971年に男子ダブルス、1979年に男子団体に優勝したことで世界的に裏ソフトラバーのスタンダードとなった。

制限時間ルール

【せいげんじかんるーる】

かつて存在した、試合の時間を制限するルール。日本では軟式卓球(P.108参照)時代の1933(昭和8)年、今孝と宮川顕次郎7時間の死闘(P.50参照)により、1時間の制限時間が設けられ、リードしている方が勝ちとなった。世界選手権では1936年大会で長時間の試合が続出(P.27「エーリッヒ対パネス」参照)したため、3ゲームスマッチは1時間、5ゲームスマッチは1時間45分の制限時間が設けられ、時間内に終わらなければ両者失格とした。翌年の大会で実際に両者失格(P.154参照)となったため、1ゲーム20分でリードしていた方がそのゲームの勝者と変更された。1963年に促進ルール(P.78参照)が制定されるとともに廃止された。

精神力

【せいしんりょく】

精神の力。選手が試合で勝つためには極めて重要な要素だが、論評をする側にとっても非常に便利な概念。とりあえず当てずっぽうで「問題は精神力」と言っておけば、誰も反論できないばかりか深く本質的な指摘をしたような雰囲気を醸し出すことができるので、敗因がわからない場合に好んで使われる。日本が世界で勝てなくなった1970年代から1980年代にかけてことあるごとに精神力の不足が叫ばれたのはそのため。現在でもYahoo！ニュースのコメント欄などでよく見られる。「メンタル」(P.144参照)とも。

世界選手権

【せかいせんしゅけん】

ITTFが主催する最高権威の国際大会。ITTFが創立された1926年に第1回ヨーロッパ選手権として開催されたが、ロンドンに住んでいたインドからの留学生が参加したため、大会途中から第1回世界選手権に改められた。参加したのは9ヵ国だった。種目は男子団体、男子シングルス、男子ダブルス、女子シングルス、混合ダブルスの5種目だったが、後に女子団体、女子ダブルスが加わり7種目となった。第二次世界大戦時を除き、1957年まで毎年開催されていたが1959年から隔年開催となり、2003年からは団体戦と個人戦が分離し、毎年交互に開催されている。

スリッパ卓球が熱い!!

スリッパをラケット代わりに使うことで独自の発展を遂げたスリッパ卓球。地域振興と結びついた大会が全国各地で開催され、盛り上がりをみせている。そんなスリッパ卓球の魅力について、「全はまスリッパ卓球選手権大会」実行委員委員長の工藤圭亮氏に話を聞いた

もともとの卓球とは違う技術をともなうスポーツ

――スリッパ卓球に熱中する人が増えているといわれていますが、そもそもなぜスリッパ卓球だったのでしょう。

「全はまスリッパ卓球選手権大会の前身である全わだスリッパ卓球選手権のアイデアは、当初、神奈川県横浜市保土ケ谷区の和田町商店街で集客イベントを考えようというところから始まりました。商店街のイベントというと、どうしてもお客さんが受け身になりがちです。でも、スリッパ卓球なら年齢性別に関係なくみんなが自分から参加できるし、通常の卓球よりもさらに間口が広いと考えたのです」

――アイデアを出し合うとき、真っ先にスリッパ卓球が頭に思い浮かんだのですか?

「そうですね。たいていの人が、やったことがあるというんですよ。ほら、旅館に泊まったとき卓球で遊ぼうと思っても、夜遅いとラケットの貸し出しが終わってたりするでしょう。でも、自分が履いているスリッパでやってみたら案外盛り上がったみたいな…(笑)」

――誰でもやれるといいつつ、大会上位の常連ともなると、かなり激しいラリーの応酬が繰り広げられますね。

「スリッパ卓球はもともとの卓球とは違う技術が要求されるスポーツです。とくに全はまスリッパ卓球選手権大会は、商店街の屋外で行うイベントですから、風の影響も計算しなくてはいけません。そこが難しさであり、面白さでもあると思います。横浜市の商店街18区で行われた予選会を勝ち抜いた代表は、我々が頂上決戦と呼んでいる決勝大会で真のチャンピオンを決める戦いに挑みます。大会参加資格が緩いので、他県から参戦する猛者もいますよ」

――大会は公式スリッパを使用して行われます。これも勝負に影響しそうですね。

スリッパ卓球の基本ルール

※全はまスリッパ卓球選手権大会の例です。
ルールは主催団体によって異なります。

- ●全はまスリッパ卓球選手権大会公式スリッパのみ参加可能（会場に用意しているスリッパでの参加となる）
- ●５点制の３ゲームズマッチ（２ゲーム取った方が勝ち）
- ●４対４になった時のみ２点差をつけた方が勝ち
- ●サービスは１回交代
- ●ボールはラージボールと同じ44ミリを使用
- ●ネットの高さもラージボールと同じ
- ●次の場合は相手の得点となる
  - ▷ボールを打つときスリッパが手から離れる
  - ▷ネットに体の一部が触れる
  - ▷スリッパを持っていない方の手を台につく

「株式会社中山スリッパさんにご協力いただき、スリッパの底がそれぞれゴム、スポンジ、ビニールのタイプを大中小の３サイズで用意しました。スピンがかかりやすいタイプ、スピードが出やすいタイプなど、戦い方に合わせて使い分けることができます。みなさん、自分の戦型に合わせて選んでいるようです」

──スリッパ卓球にも戦型があるのですね！

「うまくなるコツは、とにかくスリッパ卓球特有の用具や球筋に慣れることだと思います。若い人が強いかといえば、決してそんなことはありません。やればやるほど奥深いスポーツなので、未経験の方はぜひ一度ご参加ください」

全はまスリッパ卓球選手権大会

沿革：2015年、神奈川県横浜市保土ケ谷区の和田町商店街で開催された「全わだスリッパ卓球選手権」が前身。その後、「全ほどスリッパ卓球選手権」（2016年）、「第２回全ほどスリッパ卓球選手権大会」（2017年）を経て、2018年から現在の「全はまスリッパ卓球選手権大会」となる。公式スリッパも販売中。
詳細は、全はまスリッパ卓球選手権大会公式ホームページ
https://www.slipper.yokohama/

さ

『世界の選手に見る卓球の戦術・技術』

【せかいのせんしゅにみるたっきゅうのせんじゅつぎじゅつ】

1967年にタマスから発行された荻村伊智朗(P.33参照)による技術書。史上最高の理論書と言われた。世界の名選手30名の技術を解説したものだが、荻村自身についてだけ他の選手の数倍にも及ぶ16ページを割き「卓球界の常識破った革命児」「世界最速のフットワーク」「最速最高のオールスマッシュ理論を体で実現」「ネットより3センチ高ければスマッシュ」などの見出しが並ぶスリリングな本。2001年に増補改訂版が藤井基男(P.130参照)によって発行された。

荻村伊智朗著／藤井基男監修『世界の選手に見る卓球の戦術・技術(増補改訂版』(卓球レポート編集部)

世界ベテラン卓球選手権

【せかいべてらんたっきゅうせんしゅけん】

1982年から偶数年に行われている40歳以上の世界選手権。10歳毎に区切られ(60歳以上は5歳毎、90歳以上は無制限)、男女それぞれのシングルスとダブルスの4種目がある。参加料を払えば誰でも参加できる。ときどき元トップ選手が紛れ込むので、往年の卓球ファンにとって夢のような体験となる。主催はITTF(P.15参照)。

世界ランキング

【せかいらんきんぐ】

ITTFが毎週発表する選手の強さの順位。各種国際大会の戦績によって選手の実力を表すポイントが計算され、ポイントが大きい順に並べたもの。選手を国際大会に出させるため、出るほどランキングが上がる仕組みになっている。日本選手は比較的多くの大会に参加するため、世界ランキングが割り増しになる傾向がある。日本選手が「格下の選手」にコテンパンに負けることがあるのはそのため。

ゼッケン

【ぜっけん】

試合中に背中に付けて選手の識別をするもの。国内では姓、国際大会では数字(世界選手権や五輪では世界ランキング)を表示するのが一般的。全日本選手権では1956年から、世界選手権では1959年から付けるようになった。

接触時間

【せっしょくじかん】

打球の際にボールがラバーに触れている時間の長さ。日本卓球協会編『卓球コーチ教本』(1995年、大修館書店)によると、衝突速度が時速36kmについて、アンチ、粒高、裏ソフトの接触時間を測定したところ、それぞれ0.82、0.80、0.78 / 1000秒となり、ほとんど差がなかった。また、裏ソフトについて衝突速度を時速25km、5kmについて測定すると、それぞれ0.96、1.37／1000秒となり、遅いほど長い結果となった。この傾向はアンチ、粒高でも同じだった。また、『卓球レポート』1980年8月号では、裏ソフトと木ベラともに接触時間が約1／1000秒でほとんど同じであることが報告されている。

セット

【せっと】

試合のスコアリングの単位である「ゲーム」(P.44参照)の意味に誤用されている言葉。日本に卓球が伝来して以来、正式なルールで「ゲーム」のかわりに「セット」が使われたことは一度もなく、一貫して「ゲーム」であったが、なぜか現場では全国津々浦々老若男女に「セット」が定着している。そのため、公式審判員、テレビ放送、卓球専門誌、意識の高い卓球人だけが正しく「ゲーム」を使っている状況。トップ選手がテレビのインタビューで「セット」と言っているのに「ゲーム」と字幕が出るねじれ現象も見られる。「ゲーム練習」などというように、試合そのものをも「ゲーム」と言うため、それと混同しがちなのも誤用の原因と思われる。

セルロイドボール

【せるろいどぼーる】

1900年にジェームズ・ギブ(P.58参照)によって導入された。それまでのゴム製ボールに比べて、軽くて軽快に弾み、卓球が爆発的に普及する鍵となった。供給の不安定さと発火の危険性のため、2015年にプラスチックボール(P.131参照)が導入された。ルール上は今も使用可能だが事実上、消滅した。

戦型

【せんけい／せんがた】

プレースタイル。用具と打法は密接な関係にあるため、用具での分類と打法での分類が混在しており、分類の仕方、表現の仕方ともに公式のものがない。例を挙げると、シェークドライブ型、シェークフォア裏バック表、シェークフォア裏バック粒、ペンドライブ型、ペン表、ペンドラ裏面使い、ペン粒、ドライブマン、カットマン、オールラウンドなど。

戦型別大会

【せんけいべつたいかい】

1981年に日本卓球協会が行った大会。中国、スウェーデン、日本のトップ選手たちを対象に、①右ペン裏ソフト攻撃型、②左ペン裏ソフト攻撃型、③シェークカット型、④ペン表ソフト攻撃型、⑤シェーク裏ソフト攻撃型、⑥シェーク異質攻撃型の6つの戦型に分け、それぞれの戦型内で試合をして優勝者を決めた。日本が世界選手権で勝つための前段階として、同一戦型に対する強さを検証するのが目的とされた。2回目の大会では、戦型別にチームを作って団体戦を行い、強い戦型を決めたりもしている。まさに暗中模索時代の象徴と言える。

閃光シリーズ

【せんこうしりーず】

バタフライが1968年に発売したペンホルダーラケット。グリップの上面の流線形になっているところが斬新で、なおかつその部分に木目模様があしらわれたことが人気となり、長くヒットした。

専修大学

【せんしゅうだいがく】

東京都に本部を置く私立大学。卓球部が名門であることで知られ、インカレの団体優勝回数は男子18回、女子15回を誇り、いずれも1位。世界選手権の日本代表選手を多数輩出しており、シングルスで世界チャンピオンとなった、松﨑キミ代(P.139参照)、伊藤繁雄(P.23参照)、森沢幸子(P.144参照)、河野満(P.45参照)ら錚々たる面々がいる。

全習法と分習法

【ぜんしゅうほうとぶんしゅうほう】

練習方法の分類の1つ。複数の打法を次々と行うのが全習法、単一の打法を繰り返し行うのが分習法。前者は実戦的な力を身につけるのに適し、後者は個々の技術を高めるのに適し、どちらも必要とされる。かつては世界的に全習法が主流だったが、日本では分習法が極端に発達していたために個々の技術レベルが非常に高く、それによって1950年代に世界制覇を成し遂げたが、その後も分習法に偏り過ぎたことが、中国やヨーロッパの後塵を拝する一因となった。(P.78「千本ラリー」参照)

選手選考

【せんしゅせんこう】

世界選手権や五輪の日本代表選手を決めること。かつては、明確な選考基準なしに密室会議で決めたり、10人以上もの候補選手の総当たり戦を繰り返したり、逆に全日本選手権の結果一発だけで決めたりして、それぞれ「身びいきだ」「時間がかかりすぎる」「無策だ」という批判を浴びた。現在は、世界ランキング上位者、代表選考会の優勝者、全日本選手権の優勝者、強化本部の推薦の4つを組み合わせたものに改良されており、納得度の高いものになっている。

前陣速攻

【ぜんじんそっこう】

戦型(P.75参照)の1つ。1960年代に中国の選手がペンホルダーに表ソフトを貼り、台に近いところで日本選手を左右に振り回すスタイルで世界制覇したときに、その戦型に対して1964年頃『卓球レポート』(P.88参照)誌上で命名された。言葉の意味としては、裏ソフトでもシェークハンドでも可能ではあるが、実際には、プレー内容にかかわらず、ペンホルダー表ソフトの使用者を指すことが多い。

センス

【せんす】

才能の意味で使われる。中でも、非常に脱力した感じでボールを打って相手コートに入れることのできる選手について「センスがある」と言われることが多い(入らない場合は単に下手な奴となる)。筋力があって豪快な打球が出せたり、果てしない持久力があったりすることも才能であるはずだが、センスがあるとは言われない。力、速さ、長さといった、一方向で測定できるもの以外の才能を指すものと思われる。それ故に検証不可能な概念である。類義語「ボールタッチが良い」。

潜水艦サービス

【せんすいかんさーびす】

卓球台より低くしゃがみ込んで相手から全

身を隠し、ラケットとボールを持った両手だけを台上に出して行うサービス。1980年代に流行した「ボディハイドサービス」(P.135参照)をヒントに筆者が1987年に考案した。ルールの盲点を突く完全に正規のサービスだが、難しい上に何の効果もないところが欠点。

全中
【ぜんちゅう】

日本中学校体育連盟(中体連)が主催する全国中学校大会。団体戦とシングルスの個人戦がある。出場するためには都道府県予選に続くブロック(北海道、東北、関東、北信越、東海、近畿、中国、四国、九州)予選を勝ち抜く必要があり、都道府県予選しかないインターハイよりも参加枠が少ない。加えて中学校は高校の2倍以上の卓球部員がいるため、大変な狭き門となる。そのため「全中に出た」と聞けば心ある卓球人なら顔色を変えることになるが、ほとんどの卓球部員にとっては無縁の話なのでゼンチュウと聞いても寄生虫の一種ぐらいにしか思わないのが実態である。

全日学
【ぜんにちがく】

日本学生卓球連盟が主催する全日本学生卓球選手権大会。開始は1931(昭和6)年であり、途中で軟式から硬式に全面転向して同じ名称で続けたため、全日本選手権よりも歴史が長い。

全日本学生選抜
【ぜんにほんがくせいせんばつ】

中国人留学生の活躍に業を煮やした日本学生連盟が、2004年に全日学から外国籍の選手を締め出すとともに外国籍選手用に創設した大会。外国籍の選手と日本人の上位選手(全日学単ベスト16及び連盟の推薦選手)のみが参加できる。強い中国人選手を想定した大会であるため、そうでもない外国人選手にとっては、知らないで出ると地獄だが、承知の上で出る場合は格好の腕試しの場となる。

全日本社会人
【ぜんにほんしゃかいじん】

日本卓球協会が主催する全日本社会人卓球選手権大会。社会人のみが参加できる大会として1967(昭和42)年から始まった。同時に、全日本選手権の種目だったシニア、ベテラン、オールドベテランが全日本社会人の種目として組み込まれた。これらは1973(昭和48)年からサーティー、フォーティーと10歳刻みの種目となり、1998(平成10)年に全日本選手権マスターズ(P.138参照)の部として独立した。

全日本選手権
【ぜんにほんせんしゅけん】

日本卓球協会(P.109参照)が主催する日本卓球界最高権威の大会。世界選手権や五輪の日本代表選手の選考を兼ねる場合が多く、選手生命をも左右する最重要の国内大会。1931(昭和6)年に軟式で始まり、昭和11年に軟式と並行して全日本硬式選手権が新設された。これが1966(昭和41)年に全日本選手権に名称変更され現在も続いている。

千本ラリー

【ぜんぼんらりー】

練習方法のひとつ。千往復ものラリーをミスなく連続で行うもので、ミスをしたら1から数え直すとう過酷な練習。絶対的な安定性と集中力を身につけることが目的とされ、1980年代まで盛んに行われた。千往復できるような簡単なボールに対する安定性で実際の勝負が決まることはないため、技術的には無意味だが、達成感、自信、忍耐力をつけることの他、指導者に対する忠誠心を試すのに役に立つ。

荘則棟

【そうそくとう／つぁんづーとん】(1940～2013)

中国江蘇省出身の卓球選手。1961年世界選手権から男子シングルスを3連覇し、中国の英雄となった。1971年のピンポン外交(P.123参照)での活躍によって引退後は政治家に転身し、スポーツ大臣にまで登りつめたが失脚。再び卓球界に戻り山西省のコーチを務め優れた選手を育てた。晩年は元通訳の日本人・佐々木敦子と結婚した。1999年に世界卓球殿堂入り。

促進ルール

【そくしんるーる】

カットマン同士の試合など長時間の試合を阻止するためのルールで、ラリーが13往復続くと自動的にレシーバー側の得点になるルール。ゲームが始まって10分経ってもそのゲームが終わっておらず、なおかつスコアの合計が18点(9-9または10-8)に満たない場合に、以後、試合が終わるまで適用される。かつて長時間の試合が続出したことから制限時間ルール(P.71参照)を経て1963年に制定された。促進ルールに持ち込むことを目的に粘る作戦もあるため、このルールがあるおかげで試合が長引くという皮肉なケースもある。なお、両方の選手が合意した場合は試合開始後、いつからでも促進ルールを適用できる。

速攻三原則

【そっこうさんげんそく】

1985年に荻村伊智朗(P.33参照)が提唱した、世界で勝ちやすい卓球の原則。①打点が早い、②球速が速い、③打球回数が少ない、というもので、これを「早い、速い、少ない」と表現した。こうしたキャッチフレーズを作り出す能力にかけて荻村は天才であった。

た

ダーカー

【だーかー】

日本の卓球用具メーカー。1957年に岡田秀太郎が卓球ラケット専門メーカーの「岡田卓球用品製作所」を創業。多くの世界チャンピオンのラケットを手掛けユーザーの信頼を得た。1972年にブランドを「ダーカー」とし、ペンホルダー単板ラケット「スピード15」「スピード20」等スピードシリーズが大ヒットした。ダーカーは岡田を逆に読んだとする説が一般的だが、黒焦げになった失敗作のラケットのDARKからだと創業者が語っていたという証言もあり真相は不明。1981年に社名を「株式会社ダーカー」とした。現在はラケット以外の卓球用品も扱うが、あくまでもメインはラケットであり、根強いファンの支持を得ている。

台上技術

【だいじょうぎじゅつ】

卓球台に2バウンドするいわゆる「短いボール」に対して卓球台の上で打つ技術。ラケットを卓球台より下げられない制約があるため、難しいとされる。ツッツキ(P.96参照)、フリック(P.132参照)、チキータ(P.93参照)、逆チキータ(P.41参照)などがある。

台上ドライブ

【だいじょうどらいぶ】

卓球台の外から斜め前にラケットを振り上げ、卓球台の上で打球するフォアハンドドライブ。打球点の早いドライブの一種。比較的高いか、ある程度長いボールにしか使えない。

台上バックハンドドライブ

【だいじょうばっくはんどどらいぶ】

卓球台の上で強烈なバックハンドのドライブをかける打法。2010年頃に主に張継科(中国)がチキータ(P.93参照)を発展させることで完成した。スイングの回転半径を小さくし、かつ回転角を大きくすることで、振り初めからラケットを卓球台より下げずに速いスイングを実現した。卓球の戦術が大きく変わった卓球史上最大の革命的打法。ただし人体の構造上、バックハンドでしかできない制約がある。

第2の誕生日

【だいにのたんじょうび】

伊藤繁雄(P.23参照)の人生の転換点となった日。1967年世界選手権ストックホルム大会の男子シングルスで優勝した長谷川信彦(P.115参照)を出迎えた羽田空港で、タラップを降りる長谷川の「世界は俺を中心に回っている」と言っているような顔を見て衝撃を受け、すぐに専修大学の練習場に戻り、一人で朝までボールを打ち続けた。その日を境に伊藤の練習は鬼気迫るものとなり、1969年世界選手権ミュンヘン大会で見事世界チャンピオンとなった。後に伊藤は転機となったこの日を「第２の誕生日」と呼んだ。

体罰

【たいばつ】

卓球界では昔から凡ミス、敗戦、遅刻、練習態度などに対して指導者が体罰を加えることが横行していた。名門校では、特に理由なく「気を引き締めるため」といった理由でも行われた。方法は、ビンタ、竹刀での殴打、食事を抜く、真冬に氷の張ったプールに入れるといった肉体的なものから、人通りの多い廊下で10分間自動販売機に向かって話しかけさせるという精神的なものもあった。また、過度なフットワーク練習やトレーニングを課すという、罰なのに体力向上を兼ねるという不思議な体罰もポピュラー。

大魔王

【だいまおう】

伊藤美誠(P.23参照)に対して中国のメディアがつけたニックネーム。中国選手に肉薄するほど強いことから。

タイムアウト

【たいむあうと】

ゲーム中に要求できる１分間以内の休憩。双方とも１試合に１回ずつ要求できる。選手が頭を冷やす、ベンチがアドバイスするなどの活用方法があり重要とされる。選手とベンチのいずれも要求できるため、劣勢から追い上げている最中にベンチがタイムアウトを要求し、選手が「流れが切れる」と怒ってベンチとの口論にタイムアウトを費やすといった微笑ましい光景がときおり見られる。なお、タイムアウトを要求した選手が１分未満に競技の再開を申し出た場合はその時点で競技が再開される。双方の選手が同時にタイムアウトを申請した場合は双方ともタイムアウトの権利を使ったことになる。

タオリング

【たおりんぐ】

ゲームの最中にタオルで汗を拭くこと。試合時間短縮のため、6ラリー毎のみ許される。それ以外のタイミングでは汗を拭けないため、卓球台やシューズの裏で手の汗を拭うことがクセになっている選手も多い。1986に制定(当時は21点制のためチェンジサービスのタイミングの５ラリー毎)される前は無制限だったため、多くの選手がじらし戦法として頻繁にタオルを使い、いつ果てるともない試合が続いた。地方の大会などでは、ラリーがまったく続かないのに促進ルール(P.78参照)に突入するバカ気た試合も見られた。

高島規郎

【たかしまのりお】(1951～)

大阪府出身の卓球選手。中学1年から卓球を始め高校時代に全日本ジュニア3位。近畿大学時代に樋口竣一(P.120参照)の指導を受けた。「あいつはどうかしている」という声が周りから聞こえてきたら勝てると考え、シューズに1.5kgの重りを入れ両手に石を持って毎日30km走るなどを実行した。1975年世界選手権で男子シングルス3位。準決勝で体育館の雨漏りで試合が1時間中断されなければ世界チャンピオンになっていたとされる。右シェークバック粒高のカット主戦。美しいフォームと広い守備範囲でミスターカットマンと言われた。指導者、理論家としても優れ1993年、1995年の世界選手権日本男子監督を務め幾多の選手を育成、『戦術ノート』(卓球王国)など著書も多数。近畿大学教授も務めた。

高橋浩

【たかはしひろし】(1941～)

東京都出身の卓球選手。中国の卓球が台頭してきた1960年代、当時の日本としては珍しい両ハンド(P.155参照)攻撃を駆使した緻密なプレーで世界チャンピオン荘則棟(P.78参照)に3連勝し、日本選手で唯ひとり張燮林を倒した。最盛期にあった1967年、若返りを理由に世界選手権の日本代表の選に漏れ、ほどなく卓球界を去った。引退後は卓球の情報を遮断して仕事に没頭、34歳からシチズンアメリカの社長を務めた。

タキネス

【たきねす】

バタフライ(P.116参照)が1976年に発売した日本初の粘着ラバー(P.112参照)。当時珍しかった黒色だったため「黒の革命」「黒の挑戦状」などというキャッチフレーズで売り出され、大ヒットした。タキネスのヒットに影響されて他社からも黒いラバーが続出したため、当時のタキネスの広告に「色が黒いだけの類似品が出回っています」という言葉が載っているところが、タキネスの黒の衝撃を物語る。

打球感

【だきゅうかん】

打球をしたときに手に感じるラケットの振動。ボールとの接触時間(P.74参照)が約1/1000秒であるのに対して、ラケットの振動はその10倍以上も続き、それを手に感じるのが打球感である。当然ながら打球に直接影響を与えるものではないが、接触時間を長く錯覚していることと、打ち心地が良いのに越したことはないため、ユーザーから重要視される。もっとも、打球感を除いてしまうと、ラケットの性能は重さと弾みだけで話が終わってしまい、たちまち商品のネタが尽きてしまう。打球感という千差万別の性能が無限の商品ラインナップを可能にしており、ユーザーの愉しみと豊かな市場を形成している。

打球点

【だきゅうてん】

ボールを打つ位置。打点とも。通常はボールの軌道上の位置として頂点前、頂点、下降時などと論じられるが、競技者の体に対

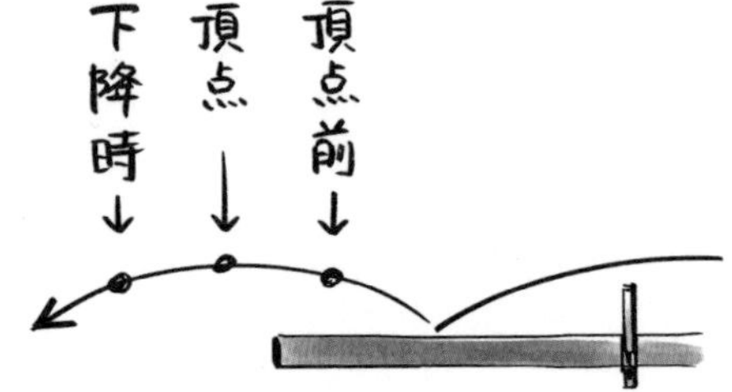

する位置として体の前、体の横などと論じる場合もある。

多球練習

【たきゅうれんしゅう】

多数のボールを使って行う練習。野球のノックのように送球者から次々と送り出されるボールを打つ。ミスを気にせずに練習できる、時間当たりの打球回数が多い、特定のボールに対する練習を集中的に行えるメリットがあり、多くの選手や指導者が取り入れている。1960年代にバレーボールの特訓をヒントにして始まったとされる。欠点はミスに無頓着になること、相手のフォームからボールを予測する対応力が身につき難いこと。2017年に平野美宇(P.122参照)がテレビ番組で最近はどんな練習をしているかと聞かれて「多球練習」と答えたが画面に「卓球練習」とテロップが出たのはご愛供だ。それにしても、平野が本当に卓球練習と答えたのだとしたらもはや放送事故である。ディレクターは気がつかなかったのだろうか。

卓球

【たっきゅう】

1902年に日本に伝来した「ピンポン」に後につけられた呼称。1918(大正7)年に宗教大学(現・大正大)の千々和宝典が「卓で行う」ことと「卓越に通じる」ことから名付けた。同年11月2日、東京日日新聞社(現・毎日新聞社)の後援で「卓球大競技」が開催され、翌日の同新聞に掲載されたのが「卓球」が印刷された最初である。「卓球」には「ピンポン」と振り仮名がつけられた。

本社の卓球大競技
昨日第一回戦を終了す
田尻市長によって未曾有の始球式
▽始球式は
▽立合ひに

『東京日日新聞』1918年11月3日掲載の記事より

『卓球』

【たっきゅう】

福士敏光(P.129参照)が1942(昭和17)年に目黒書店から出版した技術書。完璧な卓球は神にしかできず人間は一部の打法についてのみ才能を与えられているが、その才能を見極める最も正確な指標は人相だとする思い切った持論が展開されている。「不純性オールラウンド批判」(P.130参照)も有名。荻村伊智朗(P.33参照)を始め、多くの理屈好きの卓球人に影響を与えた。

福士敏光著『卓球』(目黒書店)より

『卓球王国』

【たっきゅうおうこく】

日本の卓球専門誌。1997年に創刊され世界で初めて商業的に成功した卓球専門誌。日本ではそれまでも数多くの卓球専門誌が発売されたが、採算が合わず短命に終わるか、『卓球レポート』(P.88参照)、『ニッタクニュース』(P.108参照)、『卓球ジャーナル』(P.85参照)、『TSPトピックス』などのように採算を度外視して続けるかのいずれかだった。そのため、『卓球王国』創刊時には「絶対に無理だから止めた方が良いと全員から言われた」と発行人の今野昇(P.50参照)は語る。過去の卓球専門誌の編集で培った企画力、ビジュアルセンスに加え、マイナースポーツのそしりを受けた卓球をメジャーにすべく自宅を抵当に入れて借金をした執念こそが成功の鍵だった。

『卓球温泉』

【たっきゅうおんせん】

1998年の日本映画。監督・山川元、主演・松坂慶子。平凡な主婦がふとしたことから家出をして寂れた温泉地にたどり着き、町興しに悩んでいた住人たちに卓球イベントを提案する心温まるコメディ。蟹江敬三、大杉漣、ベンガル、牧瀬里穂といったベテラン役者陣が脇を固めており安心して見ていられる一方、主人公の卓球に対する知識と情熱の出所が謎。

『卓球教室』

【たっきゅうきょうしつ】

荻村伊智朗(P.33参照)による指導書。1989年成美堂出版。小学生を対象に書かれているため、多くの漢字にルビが振られている。しかしその内容は「時間本位型」(P.59参照)など荻村が新しく創作した戦型分類、ネットやエッジで得点したときの「ソーリー」「パルドン」というなぜか外国語の掛け声の推奨、「ボールを地球儀に見立ててタスマニア島あたりを打つ」という誰も意味のわからない打法説明など、前衛芸術とも言えるものになっている。荻村が小学生をどこに連れて行こうとしていたのかは卓球界の七不思議の一つだ。

『卓球クリニック』

【たっきゅうくりにっく】

荻村伊智朗(P.33参照)による指導書。1991年ヤマト卓球刊。『TSPトピックス』(P.97参照)で1980年から連載していた「荻村伊智朗にきく卓球上達のヒント」をまとめたもの。「近眼でボールが見えないのですが眼鏡をかけた方が良いでしょうか」といった規格外の質問に丁寧に答える一方で「体が小さい人に適した戦型を教えて欲しい」というまともな質問には、カルシウムをたくさんとって背を伸ばせと話を逸らす荻村ワールドに満ちた名著。

体の小さい人の卓球

★ぼくは荻村先生の卓球は見たことがありませんが、ＴＳＰトピックスの〝卓球上達のヒント〟で大好きになりました。今小学校６年、卓球が好きで、中学では卓球部に入ろうと思っています。ぼくは体が小さいのですが、体が小さい人は台から下がってドライブでねばるのは不利でしょうか。

〈匿名（愛媛県松山市・小学生）〉

A 相手の力を利用する

いつまでも小柄なのかどうか、そのへんもよく考えたほうがよいでしょう。小学生であれば、成長が止まるまでにあと８年から10年あります。今からカルシウムをたくさん食べてみてください。

たとえば、毎日カルシウム剤を飲む、毎日煮干など魚の骨のあるものをまるごと食べる。毎日牛乳を１ℓずつ飲む。というように、今、体が小さくても、大きくならないと決めつけないで、大きくな

荻村伊智朗著『卓球クリニック』より

『卓球公論』

【たっきゅうこうろん】

『卓球公論(1933年12月号)』(卓球公論社)

1933(昭和8年)頃に卓球公論社から発行されていた月刊誌。日本の卓球は世界に進出すべきだとし、ほぼ全ページにわたって硬式卓球(P.45参照)の導入を主張しており、勝手に全日本学生硬式卓球連盟を作って全日本硬式卓球選手権を開催したことが報じられている。恐ろしいばかりの勇み足である。しかし、広告ページに載っている硬式ボールの注文受付先が卓球公論社になっており「日本の卓球のため」という大義名分が途端に怪しくなってくる。1936(昭和11)年、日本卓球会(日本卓球協会の前身)は硬式の導入に踏み切ったが、この雑誌の存在は日本卓球史には残っていない。

『卓球ジャーナル』

【たっきゅうじゃーなる】

1970年から1980年まで荻村伊智朗(P.33参照)が発行していた月刊誌。1967年に日本卓球協会を辞任してエネルギーが余っていた荻村が毎月、強烈な持論をブチかましていた伝説的な雑誌。藤井基男(P.130参照)、今野昇(P.50参照)らが編集に携わった。

『卓球ジャーナル(1976年9月号)』

『卓球人』

【たっきゅうじん】

1999年から2015年まで年に4冊発行されていた中綴じ冊子の季刊同人誌。タマス(P.92参照)を離れた創業者の田舛彦介(P.92参照)が出資し、鈴木一(P.67参照)が編集した。同人の寄稿を集めたもので、同人の多くが年配者であることから「昔の選手の方が強かった」(P.143参照)などという戯言が乱舞する一方で、貴重な証言もあり、卓球史を研究する上で外せない資料。

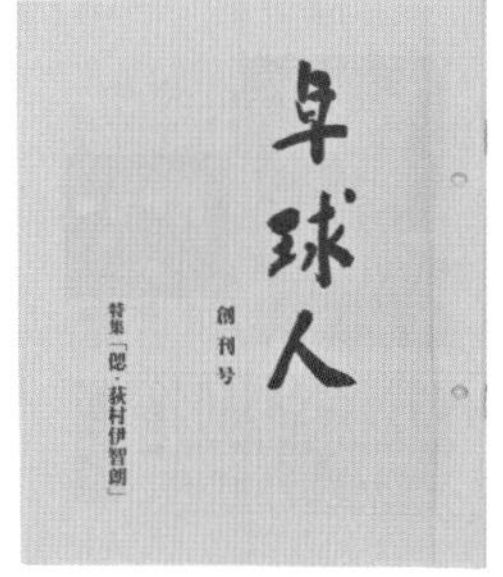

『卓球人(創刊号)』

『卓球　世界のプレー』

【たっきゅうせかいのぷれー】

荻村伊智朗(P.33参照)が1971年世界選手権名古屋大会のプレーの紹介を中心として著した技術書。1972年講談社。「上体が180°、ラケットが360°も回転する会心のスマッシュ」など科学的な表現と、「右膝の上がり具合が物足りない」「肩の回る角度が足りない」などと世界のトップ選手に注文をつける高圧的な物言いが魅力。

卓球台2台のフットワーク練習

【たっきゅうだいにだいのふっとわーくれんしゅう】

2台の卓球台を横に並べることによって、通常のプレーの2倍の長さを動く負荷練習(P.129参照)の1つ。一定の効果はあると思われるが、実戦との相違点が多すぎるため、効果は限定的と考えられる。

卓球ディナーショー

【たっきゅうでぃなーしょー】

卓球のイメージアップ戦略の1つとして日本卓球協会(P.109参照)が行ったイベント。「明るい卓球計画“ザ・卓球”」と銘打たれ、1990年1月29日に東京・新高輪プリンスホテル飛天の間で行われた。五輪チャンピオンの劉南奎(韓国、P.147参照)と世界チャンピオンのヤン・オベ・ワルドナー(スウェーデン、P.146参照)の試合をフランス料理のフルコースを食べながら観るもの。観客には正装が求められ、参加費は3万円だったが約900人が集まった。あまりに衝撃的なイベントに、各テレビ局がニュースで報じた。勝者のワルドナーに100万円、劉南奎には50万円が贈られた。1992年1月28日には同じ会場でヨルゲン・パーソン(P.149参照)と渋谷浩による「ザ・卓球2」が行われパーソンが勝利した。会費は3万5,000円だったが1300人が集まった。いずれも総合プロデューサーは浅葉克己(P.16参照)。

卓球に片思い

【たっきゅうにかたおもい】

平野早矢香(P.121参照)が『卓球王国』(P.84参照)のインタビューで語った台詞。2012年ロンドン五輪の前で、このときすでに全日本選手権を5度制していたが「卓球からも認められる選手になって帰ってきたい」と語った。直後のロンドン五輪で女子団体銀メダルに輝いた。

『卓球日本』

【たっきゅうにっぽん】

1981年から1984年まで発行されていた日本卓球協会の機関誌。同会の専務理事かつ競技力向上委員長となった荻村伊智朗(P.33参照)が、日本の王座奪回を目指して奮闘する様子がリアルタイムで記録されており、日本卓球史を語る上での貴重な資料となっている。藤井基男(P.130参照)らが編集を務めた。

『卓球日本(1982年10月号)』
(日本卓球協会)

卓球バー

【たっきゅうばー】

卓球ができるバー。日本では東京・中目黒の「中目卓球ラウンジ」が知る人ぞ知る隠れ家的卓球バーとして有名。隠れ家なのに有名という不思議な店。海外ではニューヨークの「スピンニューヨーク」、ロンドンの「バウンス」が有名。ちなみにバウンスはピンポンを発明して世界的に普及させた「ジェイクス・アンド・サン」社(P.57参照)の跡地に建てられている。

写真は「スピンニューヨーク」

卓球博物館

【たっきゅうはくぶつかん】

ITTF(P.15参照)が管轄する博物館。卓球に関する数々の貴重な歴史的用具や資料などが収められている。2003年にITTFの本部があるスイス・ローザンヌの、17世紀に建てられた邸宅を改装して開設された。アメリカの卓球コレクター、チャック・ホイ(P.93参照)の3万点を超す膨大なコレクションの展示がメインで、同氏が初代館長となった。2018年に上海国際博覧会の跡地に移転され、中国卓球博物館と合わせて1万平方メートルの展示スペースを有する。チャック・ホイは館長を退任し名誉館長を務めている。

卓球博物館外観(上)と展示物の一部
(写真提供／『卓球王国』)

卓球発展計画プロジェクト

【たっきゅうはってんけいかくぷろじぇくと】

卓球「根暗ブーム」(P.111参照)に危機感を抱いた日本卓球協会が1987年に卓球のイメージアップを目的に発足した。荻村伊智朗(P.33参照)が指揮し、座長は広告会社コモンズ社長で専修大学(P.75参照)卓球部OBの波岡實が務めた。現状のイメージ調査をした結果、暗い(70.5%)、古い(49.4%)、ダサい(49.0%)という結果を得、スローガンに「リッチ、ライト、ファッショナブル」を掲げた。その結果、屋外テニスコートに白い卓球台を置いてプレーするなど斬新すぎるプロモーションがテレビのワイドショーやニュースで報じられたが、後にカラー化(P.39参照)、新卓球(P.65参照)、「卓球ディナーショー」(P.86参照)として結実した。

『卓球・勉強・卓球』

【たっきゅうべんきょうたっきゅう】

荻村伊智朗が1986年に著した自伝。岩波ジュニア新書。書名に反して勉強の話が7行しか出てこないという恐るべき本。中高校生にも読みやすい文体ながら「笑いを忘れた日」(P.163参照)、「51パーセント理論」(P.47参照)など荻村のエッセンスがちりばめられた、青少年に読ませるにはもったいない名著。続編『スポーツは世界をつなぐ』と合わせて再編集された本が2006年に卓球王国から『笑いを忘れた日』として出版された。

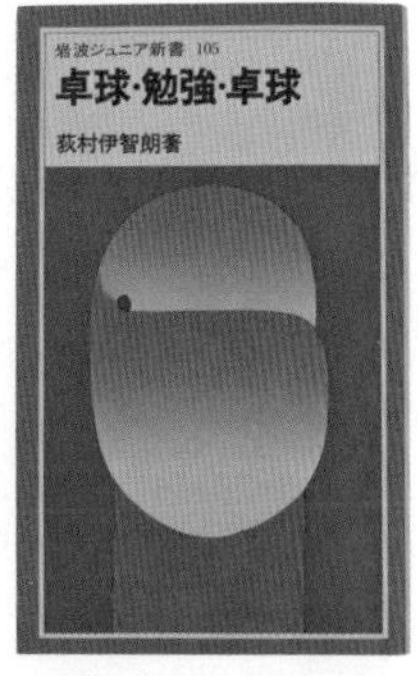

荻村伊智朗著『卓球・勉強・卓球』(岩波ジュニア新書)

『卓球マガジン』

【たっきゅうまがじん】

1985年から２年間発行された日本卓球協会の機関誌。同会の専務理事かつ競技力向上委員長であった荻村伊智朗（P.33参照）が連載「現代卓球講座」で化物ぶりを発揮している。ベースボールマガジン社発行で書店売りに挑戦したにもかかわらず、採算が合わず２年で休刊となったため「卓球雑誌は売れない」とい評判を業界に残した。『卓球日本』（P.86参照）と同じく、当時の日本卓球協会の強化活動が詳細にわかる貴重な資料。

『卓球マガジン（1985年1月号）』（日本卓球協会）

卓球マシン

【たっきゅうましん】

自動的にボールを送り出す機械。人間が出すことが不可能な回転量のボールを出すことができる。高島規郎（P.82参照）がハンガリーの選手のパワードライブ（P.118参照）に対応するため、普通に打つと天井を直撃するほどのボールを出させて練習をしたことが有名。通称「マシン」

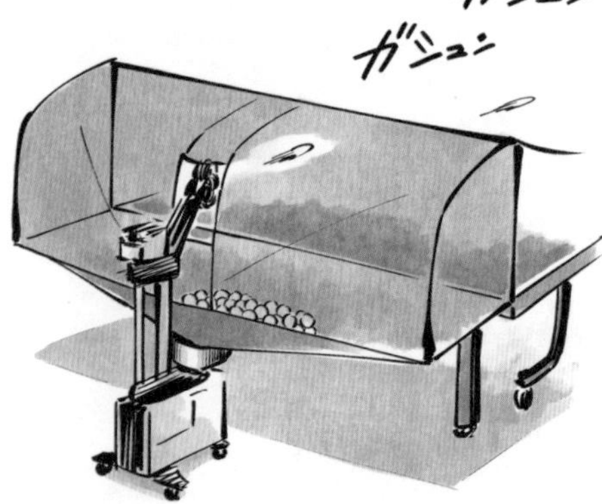

卓球療法

【たっきゅうりょうほう】

卓球用具を使って心身の健康の維持・向上・予防を図る療法で、主に身体疾患・精神疾患が対象。1990年代に大分のアルメイダ病院で始まり、2014年に日本卓球療法協会が設立された。講習等によって卓球療法士の資格を得ることができる。

『卓球レポート』

【たっきゅうれぽーと】

タマス（P.92参照）が1957年から2018年まで62年間発行していた専門誌。当初は『バタフライ・レポート』。同社の広報誌であったため、採算を度外視した低価格に設定され、通販を主とした。連続写真を使った技術解説、現役のトップ選手や指導者による連載などで日本卓球界に絶大な影響を与えた。「前陣速攻型」（P.76参照）などの戦型分類、「シャドープレー」（P.61参照）などの練習方法も同誌の紹介で広まった。日本卓球界の文化そのものを形成した比類のない影響力を持った専門誌。歴代編集長は、田舛彦介（P.92参照）、久保彰太郎（P.43参照）、藤井基男（P.130参照）、池ヶ谷登喜雄、西田昌宏、手塚晴彦、山松謙三、中川学。

『卓球レポート（1985年5月号）』（タマス）

縦目と横目

【たてめとよこめ】

ラバーの粒の並び方。粒の列がラケットの長さ方向に並んでいるのが縦目、幅方向に並んでいるのが横目。一般に表ソフトでは横目の方が縦目よりも回転がかかるとされているが、過去の卓球本では逆の記述も見られる。しかし、粒の配列は60度の回転対称性を持っているため、縦目と横目は30度の差しかなく、スイング方向が15度ズレると縦目と横目の差は理論上なくなることに気がついている卓球人は少ない。

田中利明

【たなかとしあき】(1935〜1998)

北海道出身の卓球選手。右利きペンホルダー裏ソフトによる豪快なフォアハンド攻撃で1955年、1957年世界チャンピオンとなった。裏ソフトを使った史上初の世界チャンピオン。日本大学の先輩であった荻村伊智朗(P.33参照)のライバル。1956年世界選手権東京大会男子団体ルーマニア戦で、ガントナーに対してゲームオール14－20からスマッシュの連発で逆転勝ちした一戦はあまりにも有名。1989年から1992年まで日本卓球協会の強化本部長を務めた。1997年に世界卓球殿堂入り。

「楽しみに来たわけじゃありません」

【たのしみにきたわけじゃありません】

2004年アテネ五輪に日本史上最年少の15歳で女子シングルスに出場した福原愛(P.129参照)が、4回戦で韓国のカットマン金璟娥(キム・キョンア)に敗れベスト16となった後、取材で「楽しめましたか？」と質問されムッとして答えた。

ダブルス

【だぶるす】

２人の競技者がペアとなって行う種目。パートナーと交互に打たなくてはならないため、シングルスよりも競技力が落ちる。かつて福士敏光(P.129参照)が「二人で組んでやることが一人でやるより弱いということは根本的に協力の観念に反し、精神的悪影響が甚大である」とダブルスの廃止を訴えたのは昭和17年だが、その声は誰の耳にも届かなかった。当然だろう。

ダブルストップ

【だぶるすとっぷ】

相手のストップ(P.68参照)をストップすること。通常、ストップは台から距離をとっているときに不意にされるので、素早く前に移動して可能な限りバウンド直後に弱く当てるという矛盾した動きが必要。ただ当てているように見えるため一見簡単そうだが、外見に反してこれほど高度な技術もない。

卓球用具は美しい

用具マニアと呼ばれる人たちがいる。用具に対して並々ならぬ愛情を示し、ラケットやラバーを眺めたり、いじくりまわすことに喜びを覚えたり、用具に対する情熱を“結果的に”卓球競技そのものよりも優先させてしまった人たちだ。

したがって、いくら用具に情熱を持っていても、卓球の実力が高い人には用具マニアの資格はない。いやしくも用具マニアたるもの、町の大会で1回戦を勝ち進むようなことではいけない。用具マニアは、年がら年中ラケットやラバーを替えるのに忙しく、落ちついて技術を習得するヒマなどないのだ。そのうえ、用具で個性を出そうとして極端な用具を選んだりするので、ますます勝利は遠のくばかりである。

卓球というスポーツは、こうした凝り性の人をとらえて離さない奥の深さがある。

それに加えて、卓球の用具は美しい。

ペンホルダーの檜単板には、北側斜面で育った年輪の詰まった樹齢三百年以上の檜だけが使われるという。卓球が生まれてまだ百年ちょっとだ。今ラケットになっているのは、卓球がまだ影も形もないころに生まれた檜なのだ。これから生まれる檜がラケットに使えるようになるころ、今この文章を読んでいる人はもう誰もいない。

そのころ、まだ卓球はあるだろうか。

そんなはるかなる時間の芸術品を使うラケットとは、なんと贅沢なのだろう。以前バタフライから樹齢300年以上の最高級木曽檜を使ったラケットが200本限定で発売されたことがある。その名も『ヴィンテージ2001』。うやうやしい漆塗りの桐箱に入っていて１本４万円だった。恐ろしくてとても削れなさそうだが、買った人は使ったのだろうか（ちなみに中国での世界選手権のメーカーブースで見たラケットは、1本20万円もしたが、グリップに

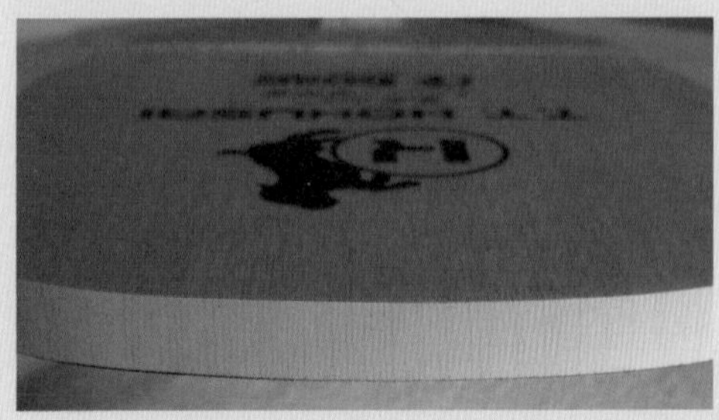

木目が平行になっている檜の単板を材に用いたペンホルダー・ラケット。（写真提供／中島泰三）

ダイヤモンドが埋め込まれていたのだった。・・・それはちょっと違うだろ)。

ラケットを削ると、なんともいえない木の香りが漂う。人間はこの香りを嗅ぐと気持ちが落ち着く。我々の祖先がかつて森林をその住みかとしたことの名残りだ。木材は、何十万年にもわたって人類のパートナーだったのだ。

ラケットは、使うほどに摩耗して手になじみ、光沢を放つ。木材は劣化していくことさえもが魅力だ。だから木のラケットには愛着がわく。要らなくなってもそう簡単には捨てられない。卓球のラケットは愛玩用具なのだ。

200本限定で販売されたバタフライの『ヴィンテージ2001』(発売当時の広告より)

ラケットが愛玩用具だとすれば、ラバーは魔性の用具だ。中でも裏ソフトは神秘的だ。ボールをグリップする摩擦力と、はじき返す弾性が、毎分1万回転という途方もない回転を生み出す。インパクトの瞬間にボールがまったく滑らないという、異常な摩擦力の用具を使う球技は卓球だけだ。

ラバーの主成分である天然ゴムは、東南アジアに生息するゴムの木の樹液から作られる。樹液から水分を取り除き、熱と硫黄を加えると弾性を持つようになる。こうしてできるのが天然ゴムだ。

パッケージを開けたときに鼻をつく臭いは、ゴム原料そのものと硫黄、そして製造工程で加えられる様々な化学物質の臭いだ。卓球のラバーは、現代化学工業の結晶なのだ。

これらの臭いは一般的には不快なものだが、卓球人にとっては違う。真新しいラバーの臭いは、素晴らしい食い込みと摩擦力を予感させる胸躍る臭いだ。この臭いに酔いしれることができるのは、ラバーの魔性に魅入られた者の特権(あるいは症状)だ。

はるか東南アジアから旅をしてきたゴムの原料は、化学技術の粋を集めた製造工程を経て、人工的な表面と幾何学的な粒形状を与えられて美しい製品となり、最後に1本のラケットと出会う。自らの遠い親戚ともいえる木材のラケットに。

そしてしばしの間、神秘的なまでに凄まじい性能を発揮して、その役割を終える。ラバーは儚い。儚いがゆえに美しい。その美しさを味わうために我々は、ときに必要もないのにラバーを買う。

このようにして増えたラケットとラバーを眺めながら、用具マニアの夜は更けていく。

卓球の用具は美しい。

た

タマス

【たます】

日本の卓球用具メーカー。「バタフライ」(P.116参照)ブランドを有し世界最大のシェアを誇る。田舛彦介が1946年に山口県柳井町で「タマス運動具店」として創業。『卓球レポート』(P.116参照)を創刊し、「スレイバー」(P.88参照)、「タキネス」(P.82参照)、「フェイント」、「ブライス」(P.131参照)、「テナジー」(P.99参照)など画期的ラバーを次々に生みだした。今なお卓球界のリーディング・カンパニーとして揺るぎない存在。

田舛彦介

【たますひこすけ】(1920〜2004)

山口県出身の卓球選手、実業家。一代で「バタフライ」を世界一のブランドに育て上げた卓球界の巨人。選手としては今孝(P.50参照)を崇拝する右利きペンホルダーカット主戦。1946(昭和21)年度日本選手権男子シングルス準優勝、決勝の相手は藤井則和(P.130参照)だった。

球離れ

【たまばなれ】

ラケットやラバーの性能を表す指標のひとつ。ボールが飛び出す方向がラケット面に対して垂直方向に近く、スピードが出るほど「球離れが速い」と表現される。用具の性質を伝えるのには便利な表現だが、接触時間(P.74参照)とは何の関係もないので注意が必要。千分の1秒程度である接触時間、ましてや用具による差を人間が体感するなど不可能だが、なぜか接触時間を体感し「このラバーは球離れが速いから回転をかける前にボールが飛び出す」などと語る者が後を絶たない。対義語「球持ち」。

球持ち

【たまもち】

ラケットやラバーの性能を表す指標のひとつ。回転をかける薄い打ち方(P.26「薄く当てる」参照)をしたときに、ボールが飛び出す方向がスイングに近い(すなわち回転がかかる)ほど「球持ちが良い」と表現される。用具の性能を伝えるのには便利な表現だが、接触時間(P.74参照)とは何の関係もないので注意が必要。「接触時間が長いほど回転がかかる」という根拠のない理屈が信じられているために広がった表現だと考えられる。対義語「球離れ」。

段位制

【だんいせい】

日本卓球協会が1977年に財源確保のために導入した制度。初段から10段まであり、大会の戦績で決められる他、卓球の普及に貢献した者には名誉段位が与えられる。全日本選手権などの都道府県代表になると初段、優勝すると6段、世界選手権で優勝すると9段、五輪で優勝すると10段となる。タレントのとんねるず(P.103参照)の二人が名誉2段、ロックバンドのアルフィーの3人が名誉初段を得ている。

団体戦

【だんたいせん】

複数の選手がチームを組んでシングルスまたはダブルスで複数の試合を行う試合形式。テニスがその初期から、ウインブルドン大会など賞金付き個人戦で発展したため、テニスから生まれた卓球も初期には同様であったが、ITTF(P.15参照)創設時から団体戦が重視された。背景には初代会長のアイボア・モンタギュー(P.15参照)の思想の反映があったものと考えられる。加えて、卓球は基本的に個人競技だが、多様な戦型に対する対応の競技であるため、練習相手など多くの人の協力が必要であり、見かけ以上に団体競技としての側面が強い。

単板

【たんばん】

ラケットのブレード(P.132参照)の木材の構成で、一枚の木材からなるものを言う。複数の木材を張り合わせる合板(P.45参照)に比べて、割れやすい、品質が不安定、高価という欠点があるにもかかわらず、心地よい打球感(P.82参照)が今もファンを惹きつけて止まない。ラケットの全面が同じ硬さになるように、木曽谷の北側斜面で育った樹齢300年以上の檜だけが使われる製品もある。かつては主流だったが、上記の欠点と合板の品質の向上により、近年ではあまり見られなくなった。

チーム世界ランキング

【ちーむせかいらんきんぐ】

チームとしての世界ランキング。五輪や世界選手権など団体戦がある大会のシードの決定に使う。所属する選手個人の世界ランキング、五輪や世界選手権など特定の団体戦の戦績をもとに決定される。なお、この決定法は2021年から新規に導入されたもの。

チキータ

【ちきーた】

主に台上のボールに対して、バックハンドで横回転を加える攻撃的打法。1990年代にチェコスロバキアのピーター・コルベルが多用して注目された際、バナナのように軌道が曲がることから、アメリカのバナナのブランドから名づけられた。後に張継科(中国)らによって強烈なドライブに改良され、現在では全く曲がらないチキータが主流となっているが、テレビ番組では「チキータは曲がるもの」と思い込んでいる人が「曲がっています」と語る認知の歪みが起こっている。人は見えていなくても見たいものが見える証左である(あるいは見えていなくても台本に書いてあるから言う)。

チャック・ホイ

【ちゃっくほい】(1944〜)

アメリカの卓球収集家、卓球史研究家。ソフトウエアのエンジニアだったが、腰を痛めて趣味の卓球ができなくなったのをきっかけに収集を始めた。ウェブサイトで発表していた膨大なコレクションがITTF(P.15参照)の目に留まり、それらのコレクションを展示する卓球博物館(P.87参照)が作られ、初代館長となった(現在は名誉館長)。今も毎朝アンティークのインターネットオークションで掘り出し物をチェックしている。ITTFが発行する「テーブルテニス・ヒストリー・ジャーナル」(P.94参照)の編集人を務める。類似人物「アラン・デューク」(P.18参照)、「ジェラルド・ガーニー」(P.58参照)、「ティーブ・グラント」(P.67参照)。

チャンボー

【ちゃんぼー】

チャンスボールのこと。省略の仕方が微妙。筆者の母校の非常に熱心かつ新しいもの好きの指導者が、講習会などで仕入れてきたものらしくしきりに使っていたが、東北地方では違和感しかなく、誰一人真似をする者はなかった。その孤立具合があまりに激しいので、その指導者が勝手に言っているのかと思ったほどだったが、本書に取り上げるに当たりツイッターで情報を募ったところ、福井、大阪、福岡、佐賀、長崎の方から使用の報告があった。比較的南の方で使われているものと考えられる。

『中高校生指導講座1』

【ちゅうこうこうせいしどうこうざいち】

荻村伊智朗(P.33参照)が1963年に著した初の書籍。タマス刊。「卓球レポート」(P.88参照)での1959年からの同名の連載をまとめたもの。現役の世界チャンピオンによる連載で、後に「51パーセント理論」(P.47参照)と呼ばれる理論も披露するなど、日本の理屈好きの卓球人に絶大な影響を与えた。「芸術家が画布と絵の具を、楽器と指を素材として自己の凡てを、その時代を、そして全宇宙を表現しようとするように、スポーツマンは自分の肉体と競技用具とを素材として自己を表現し、人間能力の限界を、最高最美の感動を具現しようとする」と始まる序文は読む者の魂を揺さぶらずにはおかない。

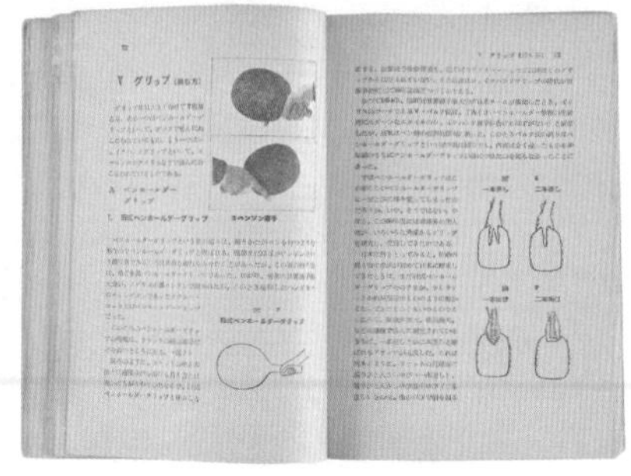

荻村伊智朗著『中高校生指導講座１』
(卓球レポート編集部)より

『中高校生指導講座II』

【ちゅうこうこうせいしどうこうざに】

荻村伊智朗が1967年に著した同名書籍の続編。タマス刊。1963年からの連載分が収録されている。「前陣速攻」(P.76参照)など、日本での戦型の分け方に大きな影響を与えた。「天才はいるか。いる。君だ。」といったフレーズに見られるような青少年への啓蒙、卓球に対する真摯な情熱に溢れている。その表現力は、卓球界には比較する者さえない圧倒的なものだった。なお、荻村は1964年暮れから日本代表選手のコーチに就任しており、その合宿の内容まで紹介されている貴重な資料にもなっている。

中国

【ちゅうごく】

世界一の卓球強国。1953年から世界選手権に参加し、しばらく日本の後塵を拝していたが、1959年に男子シングルスで容国団が優勝したのを皮切りに、1960年代には男女とも世界一となる。その後、何度かタイトルを逃してはいるが、現在も世界最強の地位は揺るぎない。世界選手権で日本が男子団体で中国に勝ったのは1957年、女子団体で勝ったのは1971が今のところ最後となっている。

中国五千年の大和魂

【ちゅうごくごせんねんのやまとだましい】

2006年世界選手権ブレーメン大会の試合を放送したテレビ東京が、中国からの帰化選手の金沢咲希につけた意味不明の秀逸なニックネーム。2008年広州大会でも同じく中国からの帰化選手の韓陽に同じニックネームをつけた。

中国式ペンホルダー

【ちゅうごくしきぺんほるだー】

中国で発展したグリップ(P.43参照)。シェークハンドラケットの柄を短く切ってペンホルダーで握ったのが発祥。そのため、シェークハンドと同様に丸型で、柄が太く、指をひっかける部分がないため鷲掴みをするように持つ。細長い日本式ペンホルダーより体の前で当てて返すショート(P.64参照)に適すると言われる。

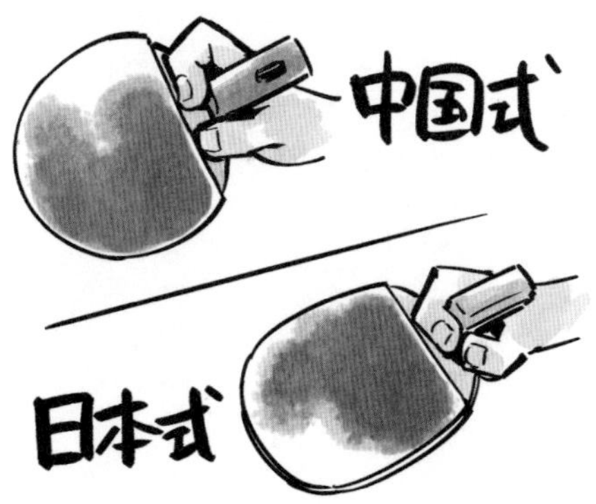

中国人名の呼称

【ちゅうごくじんめいのこしょう】

中国人名の表記については、1953(昭和28)年9月1日にNHKが原則「漢字表記・日本字音読み」を方針に定めて以来、ほとんどの通信社や新聞社がこれに従っている。ところが卓球専門誌が1980年頃から中国人選手に中国語読みの振り仮名をつけるようになったため、卓球ファンと一般のマスコミ報道の間に齟齬を生んでいる。もっとも、中国人名を日本字音読みすると、馬佳、陳幸同、王曼昱などの際どい名前もテレビで読まざるを得ない事態に直面するため、各局とも頭を使って巧妙な読みをするか、なるべくその選手に触れないといった工夫が必要となる。

中国人留学生

【ちゅうごくじんりゅうがくせい】

中国からの留学生。多くは卓球部の強化が目的。1986年、元世界選手権男子ダブルス3位の楊玉華が、ナショナルチーム引退後の25歳で東北福祉大学に入学したのが最初。以後、雨後の筍のように日本卓球界に中国人留学生が溢れ、全国大会の上位で活躍した。野球などでの他県からの助っ人選手のことを指す「外国人選手」という呼称が卓球界では文字通りとなった。対策として、インターハイでは団体戦には外国人留学生のエントリーは1チームに2名まで、団体戦は1試合に出場1回までと制限し、全日学(P.77参照)では外国人選手に出場資格を与えないなどの策が講じられている。近年は少なくなっているが、中国が経済的に豊かになったことと日本選手のレベルが上がったことが関係していると考えられる。

中国製ラバー

【ちゅうごくせいらばー】

中国のメーカーでつくられたラバー。強力な粘着性を持つ粘着ラバー(P.112参照)が有名。スポンジ(P.69参照)が硬く引きつれ(P.119参照)効果が小さいので日本製より回転がかからないが、使用が禁止されているブースター(P.124参照)を塗ることでスポンジの弾性が得られ、回転がかかるようになる。

た

張継科

【ちょうけいか／つぁんじーかー】(1988～)

中国青島市出身の卓球選手。元卓球選手でサッカー好きの父親の影響で、5歳から卓球を始めた。名前はサッカー選手のジーコから。曲がることが特長だったチキータを、破壊力のある前進回転のチキータ(P.93参照)に改良し、2011年世界選手権、2012年ロンドン五輪、2013年世界選手権と男子シングルスを連覇し、現代卓球を根底から変えた。右シェーク裏裏ドライブ型。五輪金メダル3、世界選手権7個を獲得。馬龍とともに現代卓球でもっとも成功した選手の一人である。試合後に着ていたユニフォームを引き裂いたりフェンスを蹴破ったりと暴れん坊としての評価も他の追従を許さない。

頂点ドライブ

【ちょうてんどらいぶ】

相手の打球のバウンドの頂点で打球するドライブ。1980年代当時、ドライブはバウンドの頂点を過ぎてから打つものとされていたため、より攻撃的に早いタイミングで打つドライブに名付けられた。現代では頂点で打つのは当たり前で、バウンドしてすぐに打つ場合さえ珍しくないため、死語。

チョレイ

【ちょれい】

張本智和の試合中の掛け声(P.136コラム「卓球選手の掛け声」参照)。

ツッツキ

【つっつき】

下回転(P.59参照)に対して、比較的小さなスイングで下回転にして打ち返す守備的打法。指で物を突っつくときのような動きになることから。1950年代の卓球雑誌では「突っつき」と書かれている。英語ではpushと言われ、日本の「プッシュ」(P.130参照)と混同しがちで紛らわしい。

ツッツキ打ち

【つっつきうち】

相手のツッツキを攻撃すること。卓球は相手の打法によって返し方が異なるため、相手のどういう打法に対して攻撃するのかがしばしば打法の名称になっている。同様の打法に「カット(P.38参照)打ち」「ショート打ち(P.64参照)」「ロビング打ち(P.157参照)」などがある。ただし、「流し打ち」(P.106参照)、「ミート打ち」(P.140参照)、「角度打ち」は自分の打法そのものを指すので、非常にややこしくて申し訳ない。

粒形状

【つぶけいじょう】

ラバーの粒の形。特に表ソフト(P.34参照)にとって重要とされる。代表的なものに、円筒形、円錐台形(断面が台形)、これらの混合形がある。円筒形は腰が弱く曲がりやすいため回転がかかり難いのに対して、円錐台形は曲がり難く回転がかかりやすいとされる。混合形の性質はその中間。

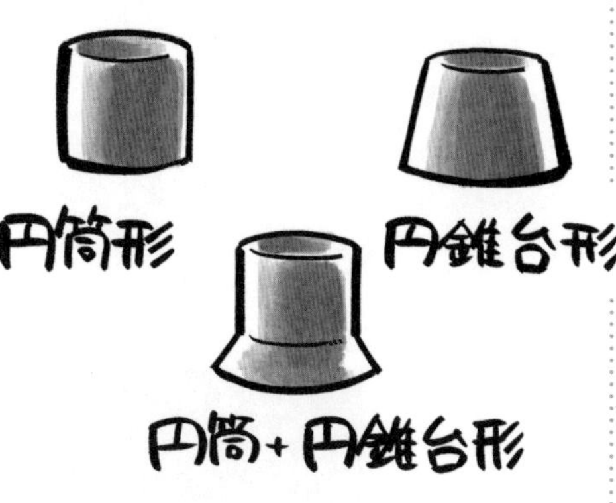

粒高ラバー

【つぶだからばー】

粒が表に出ているラバーのうち、アスペクト比(P.16参照)が0.9以上のラバー。打球時に粒が倒れることによりボールが滑り、相手のボールの回転がそのまま残って返球される。最も普及している裏ソフト(P.26参照)が、相手のボールの回転を反転させるため、それとの対比によって異常なラバーであるかのように扱われる。1950年以前に存在したが、裏ソフトがなかったため威力を発揮できず淘汰されていた。1960年代に中国が再発見して張燮林が極秘に使用し、正体がわからなかった他国の選手に対して猛威を振るった。1975年に中国が秘密を明かし、以来、世界的に普及した。通称「粒高」「粒」。

坪井玄道

【つぼいげんどう】(1852〜1922)

日本の体育教育の創始者であり、日本に卓球を紹介した人物。東京師範学校(現・筑波大)教授であった1902年に体育教育視察のため訪れたロンドンからピンポンセットを持ち帰り、東京・本郷のスポーツ用品店「美満津商店」(P.142参照)に製造・販売を促した。以後、日本に卓球が普及した。

TSP

【てぃーえすぴー】

日本の卓球用具のブランド。1931(昭和6)年創業の鈴木セルロイド工業所が1946(昭和21)年に商標登録した。創業者の鈴木教之(たかし)のイニシャルT.Sと平和のPeaceが由来。同社は1963(昭和38)年にヤマト卓球株式会社に社名を変更し、公認ボールの他、「バーミンガム77」(P.114参照)、「スペクトル」(P.69参照)、「カール」など数々のヒット商品を生み出した。2009年に株式会社スヴェンソンに買収され2017年に株式会社VICTASに社名を変更。2021年にVICTASブランドへ統合されることになり、TSPブランドは消滅した。上記のヒット商品はVICTASブランドで発売されている。参考「YSP」(P.162参照)。

Tリーグ

【てぃーりーぐ】

2018年に発足した日本のプロ卓球リーグ。独自ルールの団体戦で毎年優勝が争われる。元世界選手権男子ダブルス銅メダリストの松下浩二(P.139参照)が、株式会社VICTASの社長職を投げ打って立ち上げた。松下がプロリーグを作りたかった理由は、自身が選手時代に経験したブンデスリーガ(P.133参照)の素晴らしさと、荻村伊智朗(P.33参照)を超えるために、彼ができなかったことをやりたかったためと言う。男女各4チームで発足したが、2021年から女子に「九州アスティーダ」が加わることが発表された。

Tリーグチーム一覧

MEN

- T.T彩たま　埼玉県
- 木下マイスター東京　東京都
- 岡山リベッツ　岡山県
- 琉球アスティーダ　沖縄県

WOMEN

- 木下アビエル神奈川　神奈川県
- トップおとめピンポンズ名古屋　愛知県
- 日本生命レッドエルフ　大阪府
- 日本ペイントマレッツ　大阪府

テイクバック

【ていくばっく】

打法動作のうち、スイングを始める前にラケットを引くこと。バックスイングとも言われる。

丁寧

【ていねい／でぃんにん】(1990～)

中国黒竜江省出身の卓球選手。父親はスピードスケート、母親はバスケットボールのプロ選手というスポーツ一家に生まれ、10歳で親元を離れて卓球に打ち込む。2005年世界ジュニアで3冠を獲得して以後、世界選手権で金メダル8、五輪で金メダル3という現代卓球で最も成功した女子選手。長身の選手としては珍しいしゃがみ込みサービスを使い、長いリーチと身体能力を活かした安定したラリーが持ち味。左シェーク裏裏ドライブ型。女性からの人気が高く、試合会場で丁寧親衛隊とも呼ばれる軍団が黄色い声援を送っている様は、さながら宝塚の人気スターを思わせる。

ティバー

【てぃばー】

ドイツの卓球用具メーカー。1978年創業。ブラディミル・サムソノフ(ベラルーシ)をジュニア時代からサポートし、強固な信頼関係を築いている。2017年に卓球台メーカー、三英(P.55参照)と業務提携を結んだ。

ティモ・ボル

【てぃもぼる】(1981～)

ドイツの卓球選手。中国の強さが際立つ2000年以降の卓球界で、中国に対抗できる数少ない非中国選手。甘いマスクとフェアプレーで絶大な人気を誇り「皇帝」などと称されるが、ドイツのドキュメンタリー映画『アウト・オブ・コントロール』(日本版DVDは「卓球王国」から発売)には、試合中に言い訳や泣き言ばかり言ってコーチに叱られている当時19歳のボルが映っている。

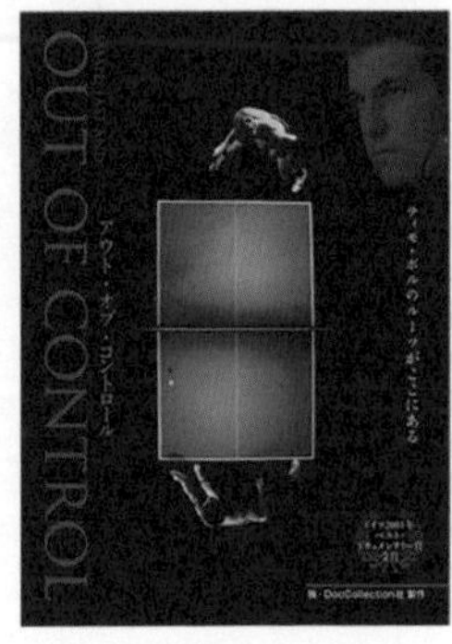

『アウト・オブ・コントロール(DVD)』(卓球王国)

手打ち

【てうち】

フォアハンドを打つときに、体の回転を使わずに腕の振りだけで打つこと。威力も安定性もないため、従来は悪い打ち方とされてきたが、用具の性能が上がりかつ速いタイミングが求められる現代卓球においては、必要な場面もある。幸いにも、ヤクザの和解や麺類の製法と誤解したという話は聞かない。

テーブルテニス

【てーぶるてにす】

卓球を意味する英語。TABLE TENNIS。卓球の誕生とともに使われ始めたと考えられるが、印刷物として残っているものでは、1890年に世界で初めて発売された卓球セット「パーラー・テーブル・ゲームズ」(P.114

参照)の取り扱い説明書が最古。なお、1887年にTABLE TENNISという商品がアメリカで発売されているが、それはサイコロを使ってテニスの真似事をするゲーム盤だった。

『テーブルテニス・ヒストリー・ジャーナル』

【てーぶるてにすひすとりーじゃーなる】

ITTF(P.15参照)が1993年から発行している卓球史研究、卓球グッズコレクターの情報交換の会報。「テーブルテニス・コレクター」が2017年に改名されたもの。年に3回発行されており「アメリカ-ユタ州北部の地中から金属探知機マニアによって1929年世界選手権男子団体の銅メダルが発見された」とか「卓球カードの12枚のセットのコレクションを40年かかって完成させた」とか目も当てられないマニアックな記事で埋め尽くされている。すべて英語だが卓球ファンは必見。

テナジー

【てなじー】

バタフライが2008年に発売したテンション系裏ソフト(P.100参照)ラバー。それまでの最高価格のラバーが5000円だったのに対して6000円という値段をつけてユーザーの反感を買ったが、徐々に性能が認められ、現在はトップ選手の絶大な支持を得ている定番商品。高価かつ人気商品で、2014年には密輸して暴利をむさぼる業者が横行したためオープン価格となった。現在も中国では偽物が大量に出回り本物は10枚に1枚と言われるため、日本で何十枚もテナジーを買いあさる中国人の姿がときおり見られる。他社がどうしても追いつくことができないベンチマーク的存在。

テナリー

【てなりー】

ニッタク(P.108参照)が発売しているラケットのシリーズ。柄が20度ほど傾き、手になじむように湾曲しているのが特徴。商品名は「手成り」から。ARP(アープ)(Axis Rhythm Posture)理論を提唱する1967年世界選手権混合ダブルス優勝の山中教子が開発し1999年にニッタクの特注品として発売が開始され、2005年に商品ラインナップに加えられた。「テナリーにテナジーを貼る」というベタな駄洒落は意外に聞かれない。

テレビ東京

【てれびとうきょう】

2005年世界選手権上海大会の放映権を獲得して以来、毎回世界卓球の放送をしている。それまでは卓球の世界選手権といえばNHKが夜中にひっそりと放送するぐらいだったため、ゴールデンタイムに派手に放送するというテレビ東京の蛮勇に卓球人は狂喜した。同時に、そんなに卓球に入れ込んで大丈夫なのかという不安を覚える向きもあったが、その後、日本選手の活躍とスター選手の切れ目のない登場によって、大成功だったと言える。放映し始めた当初は、卓球の認知度が現在ほどではなかったため、2006年世界選手権では選手に「中国五千年の大和魂」(P.95参照)、「音速のチャイナスマッシュ」「ドライブ魔術師」「ロシアンカッター1号、2号」「スマッシュの鬼」「トップスピン魔女」「サグレブの天井サーブ」「卓球進化論」「ブロンド鉄仮面」「スロバキアの巨神兵」「中国産重戦車(チャイニーズタンク)」「テキサスの熟女学生」「ビクトリア暴走機関車」「ドライブキャノン砲」などのニックネームがつけられ、賛否を呼んだ。現在は落ち着き、「卓球ジャパン!」という卓球専門番組を毎週放送している。

た

テンション系裏ソフト

【てんしょんけいうらそふと】

ゴムに分子レベルで緊張を与えることにより、スピードも回転も優れたボールが打てるとされる、現在最高性能のラバーの種類。1980年代に流行したスピードグルー(P.68参照)の効果を内蔵したラバーを目指して開発されたもので、製品としてはバタフライの「ブライス」が最初。テンション系ラバーは1980年代のスピードグルーの流行から生まれたのだ。

鄧亜萍

【とうあひょう／でんやぴん】(1973〜)

中国河南省出身の卓球選手。1990年代に無敵を誇った。身長150センチと極小の身体ながら、トリッキーなサービスとバック面の粒高ラバー(P.97参照)による変幻自在のプレーで相手を翻弄し、フォアハンドスマッシュで止めを刺した。現在の伊藤美誠(P.23参照)の原型とも言える。1991年から1997年の間の世界選手権と五輪で女子シングルスで金メダル5個獲得。獲れなかったのは1993年世界選手権のみ。2003年に世界卓球殿堂入り。

統一コリアチーム

【とういつこりあちーむ】

1991年世界選手権千葉大会で、韓国と北朝鮮が合同チームとして参加したチーム。当時ITTF会長だった荻村伊智朗(P.33参照)が南北朝鮮に30回以上も足を運んで実現した。合同チームができる条件として、南北とも実力が拮抗していてなおかつ強いことがあげられるが、当時の両国は男女ともに理想的な状態だった。その結果、女子団体の決勝で中国の9連覇を阻んで優勝した。表彰式で上がったのは国旗ではなく朝鮮半島の形を青く染めた旗で、流れたのは国歌ではなく半島に古くから伝わる民謡「アリラン」だった。

東京選手権

【とうきょうせんしゅけん】

東京都卓球連盟が主催するオープン大会。日本国籍がなくても出られるため、しばしば全日本選手権よりもレベルが高くなるという恐ろしい大会。別名「東京オープン」。

『ドゥスポーツシリーズ卓球』

荻村伊智朗が1985年に日本文芸社から出した指導書。徹底的に基本を重視したとされる。基本を重視しすぎて、ラケットの合板の製造方法、読書のし方まで紹介しているため、190ページ中、68ページまで来てもまだ準備体操という恐るべき本。そのためか最後は尻切れトンボになり「二の字フットワーク」で突然終わる。

荻村伊智朗『ドゥ・スポーツ・シリーズ卓球』(日本文芸社)

トーマス・バイカート

【とーますばいかーと】(1953〜)

2014年からITTF(P.15参照)会長の任にあるドイツ人。本職は弁護士。2018年世界選手権ハルムスタッド大会で、女子団体準々決勝開始直前、対戦予定だった韓国と北朝鮮の選手たちがいきなり握手をし始め、戦わずに合同チームを作って準決勝に進むことが発表された。その後のバイカート会長の会見での説明によると、試合前夜にITTFが作る財団のレセプションで急にその話が出て、両国および合同チームと対戦する可能性のある協会の同意を得て決定したという。「これはルールを超えた出来事だ」とバイカート会長は語った。なぜ超えたのかが問題なのだが。

通り魔指導

【とおりましどう】

公共のスポーツ施設などで、面識のない他人に、頼まれもしないのに指導を始める人のこと。年配の男性に多い。迷惑極まりない行為であるにもかかわらず、指導をされた方は礼を言わなければならないという理不尽な状況に追い込まれる。かといって指導を断るのも気まずい。そういう目に遭わなくて済むように上手になるのが唯一の予防策と言えよう。

特殊素材

【とくしゅそざい】

ラケットのブレード(P.132参照)に使われる木材以外の素材。ラケットのブレードは木材であることが1959年に決められたが、後に"合板の接着層の補強"の名目で、厚みの15%までは木材以外も使ってよいことが認められた。初めにカーボン(P.36「カーボンラケット」参照)が採用され、後にアリレート(P.18参照)など、さまざまな素材が使われるようになった。なお、近年、ラケットの素材を完全に自由にする議論があるが、そうなると表面にラバーを貼ったものを"ラケット"と称してその上からラバーを貼ることが可能となり、ラバーの厚み制限(上限4ミリ)が無意味になる危険性を孕んでいる。選手は勝つために何でもする。

ドクトル・ノイバウア

【どくとるのいばうあ】

ドイツの卓球用具メーカー。2002年創業。裏ソフトが主流の現代卓球において、極端な性能を持つアンチラバー(P.18参照)や粒高ラバー(P.97参照)ばかりを無茶苦茶に高価な値付けで発売することで異彩を放つ。日本ではジュイック(P.61参照)が発売。創業者のヘルベルト・ノイバウアは1943年生まれで経済学の博士号を持つ。普通の裏ソフトを使って1967年にドイツランキング8位となったが、45歳から粒高を使い始め、年代別大会で世界チャンピオン6回、ヨーロッパチャンピオン5回を記録しているというなんともやっかいなお方。

トス

【とす】

①サービスのときにボールを投げ上げること。ルールでは「16cm以上ほぼ鉛直に投げ上げる」ことになっているが「ほぼ鉛直」が何度以内なのかは明記されていない。画像判定が導入された場合にこの点をどう判定するのか、行方が注目される。②試合前に最初のサーバーとコートを決める行為。日本ではジャンケン、多くの外国では卓球台の下に隠したどちらの手にボールを持っているか当てる、国際大会ではコインを投げて表裏を当てる方法がとられる。トスに勝った選手は、サービス、レシーブ、コートのうち一つを選択することができ、負けた選手は勝った選手が選択しなかったものを選択することができる。なお、かつては勝った方が相手に選択を強いるという「第4の選択肢」があったが、あまりに無意味なため1995年に廃止された。

TToTT

【とっと】

2020年にイルマソフト株式会社から発売された、史上初の卓球カードゲーム。実際の卓球を可能な限り再現するコンセプトに貫かれている。「ブロック」「ツッツキ」などのカードを出すことが1回の打球に相当し、それらのカードには、相手の何回転に対して使うことができて、自分が打ったボールは何回転になるのかのマークが描かれている。ボールのクオリティやコース、体力の要素もあり、相手のボールを返せなくなったら（出せるカードがなくなったら）相手の得点となる。各プレーヤーが使うカードのセットには、「裏裏」「裏表」「裏粒」「カット」の4種類の戦型があり、それぞれ性質の異なるカードが入っている。例えば、相手の上回転に対して「裏裏」がブロックをすると上回転になるが、「裏粒」がブロックをすると下回転となる。カードゲームとして楽しめるだけではなく、実際の卓球の戦術トレーニングにもなる優れもので、発売以来、好評を博している。

掛丸翔、伊藤条太の両名もイラストを提供している卓球カードゲーム「TToTT」（イルマソフト）

トップシート

【とっぷしーと】

裏ソフト（P.26参照）ラバーや表ソフト（P.34参照）ラバーにおいて、ボールと接する側の層。ボールとの摩擦係数が重要な指標となる。

ドニック

【どにっく】

ドイツの卓球用具メーカー。化学の博士号を持ち、ドイツのブンデスリーガ1部でプレーした経験を持つゲオルグ・ニクラスが1977年に創業。社名はドクター・ニクラスから。スウェーデンのアペルグレン、ワルドナー、パーソンなどと契約し、スウェーデンの黄金時代が追い風となって急成長を遂げた。日本総代理店は長くヤサカ（P.146参照）だったが、2008年にイルマソフト社が引き継いだ。

飛び付き

【とびつき】

フットワークの一種。フォア側に動きながらフォアハンドを打つこと。反対語は「回り込み」(P.140参照)。試合中によく使う動きであるにもかかわらず、疲れるために比較的練習されない傾向にある。その代わり、フォア側に動いて止まってからボールを打つという、実戦でほとんど使わない動きがフットワークの基本とされ、飛び付きの何倍もの時間が費やされている。

ドライブ

【どらいぶ】

相手のボールを上回転(P.25参照)にして打ち返す打法。現代卓球では用具と打法の進化により、得点できるほど速くなおかつ軌道が山なりになることで高い確率で相手のコートに入るドライブが打てるため、特に男子の試合ではラリーの多くがドライブで決まる。卓球の未経験者にとってはスマッシュ(P.70参照)と区別がつきにくく、これらの混同は未経験者の象徴となっている。

ドライブマン

【どらいぶまん】

ドライブを得点源とする戦型(P.75参照)を差す、少し古い言い方。1970年代まではドライブ主戦はペンホルダーがほとんどだったためドライブマンと言っておけばこと足りたが、ペンホルダーもシェークハンドも存在する現在では、それぞれペンドラ(P.134参照)、シェードラ(P.58参照)と呼ばれることが多い。

トレーニングボール

【とれーにんぐぼーる】

公認の基準を満たさないボール。弾みが不均一だったり、全体的に弾みが悪かったり、中心がズレていて回転するとブレるものがあるが、安価であるため、多球練習(P.83参照)をする一般の選手にとっては、なくてはならない製品。

とんねるず

【とんねるず】

1990年代初頭、フジテレビのテレビ番組内で、とんねるずが卓球をしたことが話題となった。特にミュージシャンのアルフィーとの卓球対決は盛り上がりを見せ、1992年３月19日には後楽園ホールで、1992年６月24日には武道館で対戦が行われ、後者では１万４千人を集めた。もちろん人気があったのは卓球ではなくとんねるずやアルフィーであり、卓球人にとっての御利益は特になかった。

ドンマイ

【どんまい】

試合中にミスをしたときに選手本人や応援がかける言葉。英語のdon't mindからきており「気にするな」という意味で使われるが、英語圏ではこのような用法はない。加えて、実戦で選手本人が叫ぶときには「気にするな」とは程遠い絶叫となり、応援の場合には「しっかりしろ！」という選手に対する叱責の意味が込められるという矛盾を孕んでいる。

た

卓球選手の癖

世の中にはさまざまな癖を持つ卓球選手がいる。

知人から聞いた話だが、ある市民大会レベルの選手は、サービスのときに必ず次のような儀式をするのだという。まずボールを短パンの左ポケットに入れて、左手を卓球台に擦りつけて手のひらの汗をぬぐう。ポケットからボールを取り出してサービスの構えに入るがトスはせず、そのまま左手を体から離したり近づけたりをなぜか3往復ほど繰り返す。次にその手はゆっくりと上昇して顔の高さにまで達し、いよいよトスをするかと思いきや、そこから元の位置までゆっくりと下降した後にやっとサービスを出すのだという。そんなサービスを出されたら吹き出しそうなものだが、実際に対戦をする相手にとっては笑いごとではないらしい。「考えてもみてください。これを1ゲームに10回、フルゲームにでもなれば50回やられるんですよ」と知人は力を込める。最初はちょっと変わってるなと思う程度だが、試合が進むにつれてどんどんその動作が遅くなっていくように感じられ、そのうちレシーブのときにお尻をクイックイッと振る癖も気になり出し、ついには腹が立ってどうしようもなくなり、メチャ打ちをして負けてしまうのだという。その選手はとても良い人で、相手を怒らせて勝とうなどと考えるような人ではないそうだ。なんと皮肉な精神と肉体のアンビバレンツであろうか。

これほどの例は希であるが、卓球はメンタルなスポーツなだけに、相手の癖が気になるのはよくあることだ。私の後輩にも、ボールを返すときにいちいち頭上に打ち上げるヤツや、フォア打ちのサービスを出すときにラケットをヒラヒラと扇ぐように動かすヤツがいたが気になって仕方がなく、いっそぶん殴って何もかも終わりにしてやろうかと思ったほどである。

私が市民大会で実際に見た最高（最低？）記録では、鼻が卓球台の表面と同じくらいになるまで低く構える人がいた。ベンチから座って見ると台から目だけが出ているありさまで、ほとんどワニか覗き魔状態である。さすがにそのままではラリーが不可能なので（当然だ）、相手がサービスを出すと同時に普通の高さに直していた。

こうした癖はトップ選手にも見られる。ドイツのオフチャロフがバックサービスの前に異様にしゃがみ込んだり、ボルが尻を突き出して大股開きでラケットを立てて構えるのも一種の癖と言えるだろう。

幸いなことに女子選手には男子選手ほど癖や儀式は見られない。もしも石川佳純や平野美宇がサービスで手を上下左右に何往復も動かす儀式をしたり、レシーブ時に覗き魔状態で構えたりしたのではCM起用はなかっただろう。

ともあれ、卓球は個人の特徴が大きく表れる競技なので、そうした選手の癖を見るのもまた卓球観戦の面白さである。

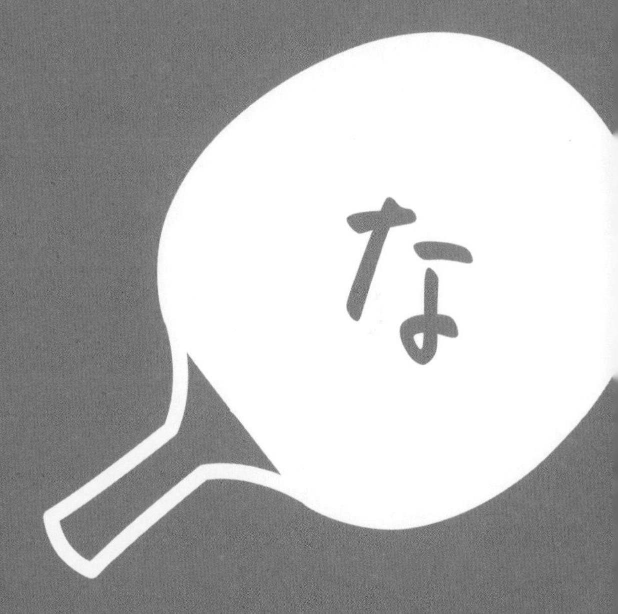
な

永井達四郎

【ながいたつしろう】(1917〜1993)

京都府出身の卓球選手、実業家。世界で初めて裏ラバーを発明した。1948年にそれまで普及していたラバーをラケットに裏返しに貼るとボールとの接触面積が大きいためより多くの回転がかかることを発見、これを使ってマッカーサー元帥杯で活躍した。同じチームにいた西村登美江も永井に裏ラバーの使用を勧められ1952年世界選手権で女子団体、女子ダブルスで優勝した。この発明が後の裏ソフト(P.26参照)ラバーにつながっている。なお、永井は裏ラバーを発明して間もなく選手を引退し、MKタクシーの創業に携わった。

流し打ち

【ながしうち】

フォアハンドなら打者のフォア側に、バックハンドなら打者のバック側に軌道が曲がる弱い横回転をかけた攻撃打法。フォアハンドでバッククロスに打つ場合が多い。

投げ上げサービス

【なげあげさーびす】

トスを高く投げ上げてボールの落下スピードを利用して強い回転をかけるサービス。1960年代半ばに中国が開発して世界中に広まった。

ナックル

【なっくる】

回転量の少ないボールのこと。野球のピッチャーが投げる回転量の少ないボールをナックルボールと呼ぶことからの流用。下回転（P.59参照）に見せかけたナックルで相手のオーバーミスを誘ったり、ループドライブ（P.155参照）に見せかけたナックルでネットミスを誘ったりするのがよくある戦術。福原愛（P.129参照）や伊藤美誠（P.23参照）のように、バック面に回転のかかりにくいラバーを貼って常にナックル気味のボールを送って相手の調子を狂わせる戦術もある。

夏目漱石

【なつめそうせき】

記録が残っているうちでは最も早く卓球をした日本人。漱石（当時、金之助）がロンドンに留学していた1901年3月28日の日記に「夜ロバート嬢トピンポンノ遊戯ヲナス」の記述が見られる。ロンドンでは前年に発売されたピンポンセットにより熱狂的なピンポンブームとなっていた。2003年に卓球ファンかつ文学ファンの高校教師、田辺武夫が発見した。

ナメプ

【なめぷ】

「舐めプレー」の略。相手をバカにした態度で手を抜いてプレーをすること。強くて性格の悪い選手が行う場合と、弱い男子中学生が女子や年下の選手に負ける悔しさからプライドを守るため「本気出していないアピール」として行う場合とがある。どちらにしてもやられた相手にとって不愉快極まりないことだが、やられた方も「ナメプされて頭に来た」と激高したり、ナメプをやり返したりする場合があり、「目クソ鼻クソ」を体現することとなる。

軟式卓球

【なんしきたっきゅう】

日本で国際標準の硬式卓球が導入される前に行われていた卓球。硬式卓球に比べて軽く空中の減速が大きいボールが使われ、卓球台の横幅が16cm狭く、ネットが2cm高いためにラリーが長く続く傾向があった。1936（昭和11）年に全日本選手権に硬式の部が新設された後も並行して大会が続けられたが、2001年の全日本軟式選手権を最後に消滅した。日本でオールフォア（P.32参照）が発達したのは、その基礎に軟式卓球があったことが一因と言われている。なお、日本学生連盟が1937（昭和12）年に硬式に転向した際、軟式の大会に出場した者は連盟を除名するという強硬な措置をとったため、学校教育の場から軟式が徹底的に排除された。そのため、卓球部員でさえも軟式卓球の存在を知る者は少なかった。

21点制

【にじゅういちてんせい】

ITTF創立とともに制定され2000年まで続いたルールで、21点を1ゲームとするもの。世界選手権の団体戦は3ゲーム制、個人戦は5ゲーム制、サービスは5本交代、促進ルールに入るまでの時間は15分だった。2001年から試合時間短縮および盛り上がる回数を増やす目的で11点制に改められた。

ニッタク

【にったく】

日本の卓球用具メーカー、日本卓球株式会社とそのブランド。1920（大正9）年創業のピンポン球メーカーのハーター商会を前身として1947（昭和22）年に設立。ニッタクと聞いて卓球協会か何かだと思う人がいることからも、いかにも公的な雰囲気を醸し出す社名が成功の一因になったと推測される。ラバー、ラケットでもヒット商品が多く、特にボールの信頼は絶大で、世界選手権の使用球になること10回以上。

『ニッタクニュース』

【にったくにゅーす】

ニッタクが1947年に創刊した卓球専門誌。通販のみ。試合の記録の詳細さに定評がある。コロナ禍をきっかけとして2020年6月号を最後に休刊状態となっている。

ニッペン

【にっぺん】

①日本式ペンホルダー（P.134参照）。②大谷アキラによる青春卓球マンガ。『週刊少年サンデー』（小学館）で、2015年から2016年まで連載された。病気で亡くなった少女との約束で、時代遅れと言われる日本式ペンホルダー（ニッペン）でインターハイ出場を狙う高校生、荻村朝日が主人公。作者は卓球未経験だったが、連載前に3つの卓球教室に半年以上も通って卓球の知識を身に付けた。単行本全2巻。

大谷アキラ著『ニッペン！』(小学館少年サンデーコミックス)

二人羽織り

【ににんばおり】

卓球の指導方法の一つ。フォームを教えるために、選手の背後に回って選手の腕や手を持ってボールを打つ。フォーム習得の効果は絶大だが、選手との距離が極めて近いため、特に男性の指導者が女性の選手に行う場合には不自然なまでに腰を引くなど細心の注意が必要。

二本掛け

【にほんがけ】

大正時代まで存在したラケットの握り方。現在の一般的なペンホルダーが柄に人差し指をかける「一本掛け」であるのに対し、中指も一緒にかける。バックハンドがやりやすいがフォアハンドに難があるとされ、一本掛けが定着するとともに消滅した。

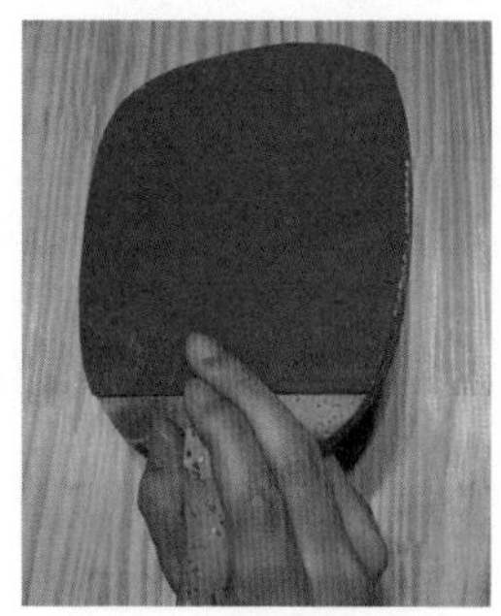

日本式卓球

【にほんしきたっきゅう】

軟式卓球（P.108参照）の別称。反対語は国際式卓球（P.46参照）。

『日本卓球技術史』

【にほんたっきゅうぎじゅつし】

福士敏光（P.129参照）による自費出版の卓球技術書。1982（昭和57）年に発行されたにもかかわらず、当時の世界のトップ選手たちをラバーがなかった昭和13年までの知識だけで解説している。２年後に発売された姉妹本『これからの卓球と卓球哲学』ではさらに後退し、打法の適正は人相で判断できるという持論に基づき、昭和初期までの63人の選手たちの打法と人相にページを割き、当然のようにペンカット（P.133参照）を主張している。

福士敏光著『日本卓球技術史』

日本卓球協会

【にほんたっきゅうきょうかい】

公益財団法人日本卓球協会。選手登録数36万人（2019年度）を誇る日本の卓球界を統括する団体。1931（昭和6）年に、それまで乱立していた全国組織「大日本卓球協会」「大日本卓球連盟」「全国卓球連盟」「帝国卓球協会」などを文部省が解体して統一団体として「日本卓球会」を発足したのに始まる。1937（昭和12）年に「日本卓球協会」と改称して現在に至る。最初から「日本卓球協会」としなかったのは、乱立時代に同名の団体があったため。

日本リーグ

【にほんりーぐ】

日本卓球リーグ実業団連盟が主催するリーグ戦で前期、後期と年に２回行われる。1977（昭和52）年に１部、２部男女合わせて26チームで始まり、現在は31チームが所属。2007年から前後期リーグ戦の上位４チームによる年間総合優勝決定戦「プレーオフJTTLファイナル4」が行われている。最終ゲームを6-6から行う独自ルール、大学チームなども参加できるオープン化、他所属から選手をレンタルできるレンタル制など、前例にとらわれない斬新な改革を行っている。

丹羽ガールズ

【にわがーるず】

丹羽孝希の追っかけをする女性たちに付けられた呼称。試合会場で丹羽のプレーに嬌声を上げる、写真を撮るなどする。

丹羽孝希

【にわこうき】(1994〜)

北海道出身の卓球選手。卓球選手だった父の影響で7歳から卓球を始める。全中(P.77参照)シングルス優勝、インターハイシングルス2連覇、高校3年の全日本選手権で優勝、2016年リオ五輪男子団体銀メダル。2021年東京五輪での団体、シングルスの出場を決めている。左シェークドライブ型。常にポーカーフェイスで闘志を露わにすることはないが、天才的なカウンターやトリッキーなプレーで相手を驚愕させるとともに観客を魅了する。愛称の「コキニワ」はITTFの実況アナウンサー、アダム・ボブロウ(P.17参照)の絶叫から。

人間力

【にんげんりょく】

近年、「人間性」に代わって使われるようになった流行語。一般的に好ましいとされている性格や振る舞い。具体的には「礼儀正しい」「思いやりがある」「責任感がある」などで、卓球選手では「シャツをインする」「ブースターを塗らない」「借りた金を返す」などが該当すると考えられる。当然ながら卓球の実力とは関係がないが、教育的観点と、強い選手は好ましい人間であって欲しいという願望から「人間力がないと強くなれない」と語られることが多い。そのため、好ましい選手が勝ったり気に入らない選手が負けたりしたときには「人間力が出た」と言って溜飲を下げるが、世界チャンピオンがユニフォームを引き裂いたりフェンスを蹴破った場合(P.96「張継科」参照)には人間力の話は一切しない。

布目

【ぬのめ】

表ソフトラバーの粒の表面の細かい凹凸。製造工程で布を使ってつける文字通りの布目だが、この形状によって回転のかかり具合が異なるとされる。

根暗ブーム

【ねくらぶーむ】

1980年代に卓球界を襲った卓球に対する否定的風潮。漫才コンビのB&Bやタレントのタモリがギャグのネタとして卓球を「地味だ」「根暗だ」と揶揄したことが原因で、一般的に広まった。そのため、初対面の相手からも「卓球ですか、暗いですね」と面白くもない「冗談」を言われる場面が頻出した。事態を重く見た日本卓球協会が卓球発展計画プロジェクト（P.87参照）を発足する事態に発展した。なお、タモリが謝罪の意味で日本卓球協会に１千万円の寄付をしたという話が出回っているが、そうした事実はなく、典型的なガセネタである。

猫背

【ねこぜ】

1980年代まで模範とされていた卓球選手の構え。視線をできるだけ低くして構えることが奨励されたため、極端な猫背、さもなくば首が肩にめり込んだような体形の卓球選手が続出した。

ネットプレー

【ねっとぷれー】

台上技術（P.80参照）と同じ。ネットに近いところでのプレーの意から。ネットをどうにかする話ではない。

「粘るよー」

【ねばるよー】

試合中の選手に対してベンチや観客席からかけられる応援。大量にリードされていて勝ち目がなさそうな場合にかけられる。ゲームの序盤や後半の競り合いなど、状況に関係なく叫ぶ中学生もいる。

粘着ラバー

【ねんちゃくらばー】

裏ソフト(P.26参照)ラバーの一種で、表面が粘着性を持つ。強力な摩擦係数で強い回転がかかるというのが売りだが、実際には普通の裏ソフトラバーでも、打球時にボールは滑っていないと思われるため、摩擦係数を上げることは回転量の増加に寄与しない。一方、粘着性を持つためにボールのスピードが抑えられ、フルスイングしても相手のコートに入りやすいという間接的な効果によって普通の裏ソフトより回転がかかることはあり得る。つまり粘着ラバーの本質は弾まないことにあると言える。

ノータッチ

【のーたっち】

相手のボールの速さに間に合わず、ボールに触れずにミスをすること。通常、単なる空振りはノータッチとは言わない。

年齢制限ルール

【ねんれいせいげんるーる】

2008年以降に国籍を変えた選手についてITTFが2008年に制定したルール。新しい国籍の登録時の年齢によって、以下の期間はITTF主催の試合に出られない。

15歳未満：３年間

15歳以上18歳未満：５年間

18歳以上21歳未満：７年間

21歳以上：９年間

強くなってから国籍を変えると歳をとるまで試合に出させないという、あからさまな中国人帰化選手対策。導入時は五輪は年齢制限の対象外だったが、2019年に五輪も対象にとすることが発表された。

のり子

【のりこ】

TSP(P.97参照)が1996年に発売した、ラバーをラケットに貼るための接着剤。1994年にスピードグルー(P.68参照)「ノリコクリーン」を発売していたが、さらに思い切って平仮名にして異彩を放った。

は

ハーフボレー

【はーふぼれー】

シェークハンドの選手が卓球台に弾んですぐのボールをバックハンドで振って弱い前進回転にして打つ打法。本来の意味はノーバウンドで打つボレーと見紛うほど早い打点で打つこと全般のはずだが、上記の打法が登場したときに命名されて以来、限定的に使われている。

ハーフロング

【はーふろんぐ】

2バウンドで卓球台から出るか出ないかギリギリのボール。ドライブ(P.103参照)をしようとするとラケットが卓球台に当たる危険性があるためフルスイングできず、卓球台から出ないボールの内ではもっとも長いためストップ(P.68参照)も難しい。相手の攻撃を防いで自分の攻撃に結び付ける重要な技術。「〜サービス」などと使う。

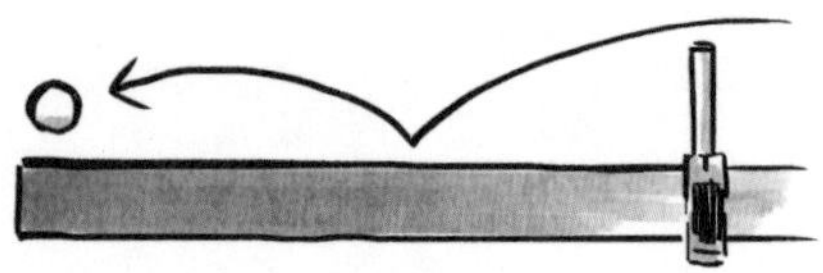

バーミンガム77

【ばーみんがむななじゅうなな】

TSPが1979年に発売したペンホルダー合板ラケット。河野満(P.45参照)が設計した独自の形をしており、1977年世界選手権バーミンガム大会で使用して男子シングルスに優勝したことから売り出された。前陣速攻(P.76参照)選手に絶大な人気を誇った大ヒット商品。

バーミンガム77
現在はVICTASから発売

パーラー・テーブル・ゲームズ

【ぱーらーてーぶるげーむず】

1890年にイギリスで発売された世界最初の卓球セット。セッティングによってサッカー、テニス、クリケットを楽しめるもので(だからゲームズと複数形になっている)、ボールの弾みは悪く、いかにもつまらなそうなゲームだった。ITTFの卓球博物館(P.87参照)に所蔵されている2台以外には現物が見つからず、販売台数は10台程度だったと考えられる。製造販売したデビッド・フォスターの住居跡に人口1万5千人のセルビーの市民団体が「卓球発明の地」のプレートを掲げ気勢を上げている。

パーラー・テーブル・ゲームズ(写真提供『卓球王国』)

敗者審判

【はいしゃしんぱん】

ほとんどのアマチュア大会で行われるもので、個人戦の勝ち抜き試合で負けた選手が、次の試合の審判を行う制度。専任の審判員を確保する財政的余裕のない大会運営側にとって極めて合理的な制度。負けたショックで放心状態にある選手が審判をするため、ミスジャッジの温床ともなる。中学女子の場合は号泣して審判ができず試合が遅滞することも。通称「マケシン」。

背面打ち

【はいめんうち】

フォアハンドのテイクバック(P.98参照)をしたところにバック側に来たボールに対してそのまま背中越しに打つ打法。成功率は低く、ダメ元、あるいは曲芸的な技。まれに成功すると相手はまったく反応できないことが多く、卓球選手がボールそのものだけではなく相手の打ち方でコースを判断していることの証左となっている。

白鵬女子高校

【はくほうじょしこうこう】

神奈川県の私立高校。京浜女子商業高校時代からインターハイ女子団体連続38回出場し、優勝８回で、四天王寺高校の24回に次ぐ２位。佐藤利香など世界選手権日本代表選手を多数輩出している。同校監督の近藤欽司は1993年から2001年まで日本代表女子チームの監督を務めた。

弾く

【はじく】

スピードを重視する、ミート打ち(P.140参照)やスマッシュ(P.70参照)などの当て方を感覚的に表したもの。スピードを重視したドライブに対して言うこともある。対義語に「擦る」(P.47参照)、「当てる」など。

長谷川信彦

【はせがわのぶひこ】(1947〜2005)

愛知県出身の卓球選手。1967年世界チャンピオン。名古屋電気学校(現・愛工大名電高)卓球部初代監督を父に持つが本格的に卓球を始めたのは中学２年から。名古屋電気工業高(現・愛工大名電高)時代にインターハイ優勝、愛知工業大学１年のとき当時史上最年少の18歳９ヶ月で全日本選手権で優勝し一気に世界への階段を駆け上った。全日本選手権優勝６回で、水谷隼(P.141参照)、斎藤清に次ぐ歴代３位。右シェーク一本差しドライブ主戦。2005年、ランニングコースの木を切り倒す作業の際の事故で亡くなった。2001年に世界卓球殿堂入り。

バタフライ

【ばたふらい】

株式会社タマス(P.92参照)が持つ世界一の卓球用品ブランド。ブランド名は、創業者・田舛彦介の「プレーヤーを花にたとえ、花に仕える蝶のように誠実に働こう」という願いから。ブランド最大の危機が1965年のブランド盗用事件だった。オランダのコーデュバイ社が「バタフライ」をヨーロッパの23か国に勝手に商標登録していたことが判明、タマスはそこから10年にもおよぶ裁判でバタフライブランドを守った。裁判の過程で判明したのは、コーデュバイ社は「タマス」まで商標登録していたことだった。

バタンサービス

【ばたんさーびす】

打球時に足で床を打ち鳴らし、打球音を消して出すサービス。異質反転型(P.21参照)が出始めた1970年代半ばに、ラバーによる打球音の違いをかき消すために行われ始めた。後には下回転とナックルの当て方による打球音の違いをかき消すためにも使われるようになったが、特に意味なく気合を入れるため、あるいは単なる癖として行う選手も多い。英語ではフット・スタンピング。1983年に禁止されたが、なぜか1991年に解禁されて現在に至る。おかげでコートサイドから試合を固定カメラで撮影するとサービスの度に画面が揺れて困る。

8の字打法

【はちのじだほう】

1975年世界選手権男子シングルス3位の高島規郎(P.82参照)が提唱する打法。ラケットを数字の8の字のように動かして打つことで威力のあるボールが打てるとされる。

『白球を叩け!』

【はっきゅうをたたけ】

中1から大学4年まで卓球部に所属し淑徳短期大学(現・淑徳大学短期大学部)卓球部初代監督も務めた作家・若桜木虔が、自身の経験を活かして1978年に発表した卓球青春小説。先天性の心臓疾患を持ちながら1960年代末に活躍した韓国の崔正淑が主人公のモデル。1980年に『きらめきの季節』(P.42参照)として映画化された。柿崎普美によってマンガ化もされている(全4巻)。ろうあ者の卓球選手を主人公とした『白球よ輝け！』(1980年)もある。

バックハンド

【ばっくはんど】

腕を外旋しながら打つ打法。両肩の間を回転の中心にすることができるフォアハンド(P.125参照)に比べて回転半径が小さいことから、威力が劣る傾向がある。ただし、台上でのドライブなど、小さい回転半径を余儀なくされる場合には逆にフォアハンドよりも威力のあるボールが打てる。そのため、短いボールに対してはバックハンドで打ち、大きなラリーになったらフォアハンドで打つという矛盾したフットワークの習得が現代卓球の鍵の一つとなっている。

バック前

【ばっくまえ】

バック側のネット際のボール。対義語「フォア前」(P.128参照)。

バッドマナー

【ばっどまなー】

試合中に相手の選手に不当な影響を与えたり、観客に不快感を与えたりする行為や態度。行うと審判にイエローカードで警告をされ、続けると相手選手に1ポイントが与えられ、さらに続けると相手選手に2ポイントが与えられる。なおも続けた場合には審判長に報告し判断を仰ぐ。審判のスキルが期待できない地方の大会などでは対戦相手に「足し算でぎんのがオメェー」と連呼しながら試合をする中学生などが放置されがち(筆者の体験談。あのヤロー今ごろどんな大人になっているだろうか)。

バナナスプリット

【ばななすぷりっと】

下回転が入ったチキータ(P.93参照)を意味する新語。もともとはバナナを切ってアイスクリームをかけたアメリカでポピュラーなデザートの名前。チキータの語源であるバナナと、下回転を意味するスプリット(カット、スライスと同じく切るの意)が含まれていることからアダム・ボブロウ(P.17参照)が使っている。デザートもスプリットの意味もピンとこない日本人には広まりようもない。

「早く負ければいいのに」

【はやくまければいいのに】

大会などで団体戦に出られなかったり、個人戦で早々に負けた選手が、勝ち進んでいるチームやチームメイトに対して思っているが口に出せない台詞。ごくまれに口に出す強者もいて周りから袋叩きに合う。

早田ひな

【はやたひな】（2000～）

福岡県出身の卓球選手。伊藤美誠、平野美宇と同じ学年で、黄金世代と言われる一人。姉の影響で4歳から卓球を始めた。生来は右利きだが、卓球は左手で行う。全中で2連覇、インターハイ優勝、2019年世界選手権で伊藤美誠との女子ダブルスで銀メダル。伊藤とのダブルスは「みまひな」と呼ばれ、長らくダブルスに突出した定評があったが、2020年全日本選手権の女子シングルスで伊藤、石川佳純を破って優勝し、実力を不動のものとした。左シェーク裏裏ドライブ型。長いリーチを生かしたパワフルなドライブ、チキータの多用など、女子選手の枠を超えた卓球が持ち味。

払い

【はらい】

フリック(P.132参照)の古い言い方。ゴミなどを払うような動きから。「払い」の英語がフリック(flick)なので、もともと日本語で言っていたのが英語に代わっただけである。

パワードライブ

【ぱわーどらいぶ】

スマッシュのように速い強烈なドライブ。1970年代に主にハンガリーの選手たちのドライブに対して命名された。実は彼らは当時、後にスピードグルー(P.68参照)として普及する接着剤を使っており、パワードライブの正体の一部は接着剤だったことが判明している。速いわけだ。

ハンガリー三銃士

【はんがりーさんじゅうし】

ハンガリーの3人の卓球選手のこと。古くは1930年代に活躍したビクター・バルナ(P.119参照)、ミクロシュ・サバドス(P.141参照)、ラズロ・ベラクを指したが、後に1970年代に活躍した、イストバン・ヨニエル(1975年世界チャンピオン)、ティボー・クランパ、ガボー・ゲルゲリーを差すようになった。どちらにしても古すぎてもはや話題に出ることもあるまい。

半粒

【はんつぶ】

粒高ラバー（P.97参照）と表ソフト（P.34参照）ラバーの中間の粒形状のラバー。当然ながら性能もこれらの中間的なものとなる。福原愛（P.129参照）が使っていたアタック８（P.16参照）が有名。

ハンドソウ

【はんどそう】

ラケットの一種。ペンホルダー、シェークハンド以外で、ある程度普及した唯一のラケット。新潟大学職員であった川又宏司が1973年に発明した。ブレードの一部に穴が開いており、中指を差し込むのが特徴。手のこぎり（hand-saw）を持つように握ることから命名された。ピストルグリップ（P.120参照）とも。ヤサカ（P.146参照）が2012年まで発売していた。現在は専門店「卓球家840」が類似形状の特注ラケットを販売中。

東山高校

【ひがしやまこうこう】

京都市の私立高校。智将、今井良春の監督時代に男子団体でインターハイ50年連続出場、優勝７回を記録した。今井の引退後も2015年にインターハイ66年連続出場を果たした。田阪登紀夫、大島祐哉ら日本代表選手を輩出している。

引きつれ

【ひきつれ】

ボールがラケットに斜めに当たったときに、ラバーがボールに押されて横方向に変形する現象。裏ソフト（P.26参照）で顕著に見られ、変形したラバーが元に戻る過程でボールを押し返すことにより回転がかかる。裏ソフトはどれもインパクトでボールが滑らないので、裏ソフト同士の回転量の差は、摩擦係数ではなく、引きつれが戻る速さによる。これを増す効果があったのが、かつてのスピードグルー（P.68参照）やブースター（P.124参照）であり、それを内蔵したのがテンション系ラバーである。

飛距離

【ひきょり】

近年、ラバーやラケットの性能として語られるようになった指標。ドライブやスマッシュなど攻撃的打法を想定したもの。飛距離はスピードと回転で決まる（スピードが出るほど飛距離が大きく、回転が多いほど高く打っても入るので飛距離が大きい）ので、スピードと回転の他に飛距離を付け加えることは蛇足でしかないはずだが、視覚的にイメージしやすいことと、スピードでも回転でも説明がつかない飛距離という独立した性能があるような気がする人たちが好んで使うものと思われる。

ビクター・バルナ

【びくたーばるな】（1911～1972）

ハンガリーの卓球選手。「もっとも成功した卓球選手」「ミスターテーブルテニス」と言われた。1929年から1939年までの世界選手権で男子シングルス５個を含む史上最多の22個の金メダルを獲得。バックハンドで手首を使ってコースを打ち分ける「バックハンドフリック」を開発したと言われる。1993年に世界卓球殿堂入り。

樋口竣一

【ひぐちしゅんいち】(1916〜1994)

静岡県出身の卓球指導者。熱海のホテル経営者。「ひぐちシーサイドホテル」の大浴場の入り口に置いた卓球台で田中利明(P.89参照)、高島規郎(P.82参照)、小野誠治(P.33参照)ら歴代の日本代表選手を指導した。しばしば練習中に寝るため、「止め」の声がかからず延々と練習が続けられ、急に目を覚ましては「それだよ。音を聞けばわかる」と語ったとされる。その結果、高島は3人を相手に6時間ぶっ続けでスマッシュとストップを返し続け、その間に3回気絶した。ホテルは中国革命のとき亡命者たちの隠れ家ともなったため、周恩来の死に際の言葉は「熱海の風呂にもう一度つかりたい」だったと徳丸壮也著『スポーツ界の教祖たち 魔力の男』で樋口は語っている。本当だろうか。

『ヒストリー・オブ・USテーブルテニス』

【ひすとりーおぶゆーえすてーぶるてにす】

ITTF副会長経験もあるティム・ボーガンがアメリカ卓球協会の歴史をまとめた全23巻で1万ページにもおよぶ常軌を逸した大著。もともとは紙で発行されたが、現在はアメリカ卓球協会のウエブサイトで無料で閲覧できる。

ピストルグリップ

【ぴすとるぐりっぷ】

ラケットの一種であるハンドソウ(P.119参照)の俗称。グリップに空いた穴に中指を入れるのが本式なので、ピストル(拳銃)の持ち方とは異なる。

左利き

【ひだりきき】

左利きの割合は世界の人口のおよそ10%と言われるが、卓球のトップ選手での割合はたとえばTリーグ2020年の選手では20%、歴代の全日本チャンピオン、世界チャンピオンを見ても15〜28%となり明らかに多い。これは卓球が対応のスポーツであり、左利きの希少価値によるやりにくさのためと思われる。そのため、水谷隼(P.141参照)、早田ひな(P.118参照)のように、本来右利きだったが左手で卓球をやって成功した選手もいる。なお、左利きのカットマンがほとんど見られない理由は、比較的左右対称なスタイルであるカットマンでは左利きのアドバンテージが減るために、指導者が勧めないためと考えられる。

左左

【ひだりひだり】

左利き同士のダブルス。通常、プレー領域が重ならない右利きと左利きがダブルスを組むことが理想的であり、比較的希少な左利きは重宝される。これに対して左利き同士のダブルスは、上記の利点を活かせない

ため、ダブルスを組める右利きの選手がいないなど、よほどの事情がない限り組まれることはない。左左のペアはそうした「よほどの事情」を推測させる現象と言える。

引っ掛ける

【ひっかける】

ループドライブなどで回転をかける動作を感覚的に表したもの。ボールを打ち上げることから。

『必殺卓球人』

【ひっさつたっきゅうにん】

いとう杏六による卓球ギャグマンガ。週刊少年チャンピオン(秋田書店)で1996年から1997年まで連載された。破天荒で卑怯な必殺技を連発して勝利を狙う極悪な中学生、六袋岩男が主人公。単行本は全4巻。

いとう杏六『必殺卓球人』(少年チャンピオンコミックス)

『ビデオ卓球チャンネル』

【びでおたっきゅうちゃんねる】

タマス(P.92参照)が1992年から1994年まで「ビデオ定期便」として不定期に発売したVHSビデオ作品。時間表示はなく定価は3,500円。vol. 0～vol. 7の8巻が確認できる。大会報道、練習方法、ニュース、科学分析結果などが収められている。

『ビデオで見る卓球教室』

【びでおでみるたっきゅうきょうしつ】

タマス(P.92参照)が1982～1986年に順次発売したVHSビデオ作品。①素振り、②フットワーク、③カット、④カット打ち、⑤前陣速攻、⑥異質反転型、⑦ドライブ強打(基本編)、⑧ドライブ強打(応用編)の8巻が発売された。各60～100分で12,000～15,000円と高価だった。中でも素振りだけで60分も持たせる①は、卓球史に残る衝撃的作品として燦然と輝く。

百メートル走をしながらチェス

【ひゃくめーとるそうをしながらちぇす】

荻村伊智朗(P.33参照)が卓球を形容したとされる表現。高度なゲーム性とアスレチック性を兼ね備えていることを表現したもの。実際の荻村の著作「卓球・勉強・卓球」(P.87参照)では、チェスではなくブリッジが用いられている。ブリッジとはトランプを使った高度なゲームであり、日本人にはなじみが薄いため、後に荻村本人または他の人がチェスに変更したものと思われる。

平野早矢香

【ひらのさやか】(1985～)

栃木県出身の卓球選手、スポーツキャスター。卓球をしていた両親の影響で5歳から卓球を始めた。小中と全国大会で優勝できない時期が続いたが、社会人1年目の18歳のとき全日本選手権女子シングルスで逆転に次ぐ逆転で初優勝し、以来同種目で5回優勝した。粘り強いプレースタイルで逆転が多く、世界選手権および五輪では6個のメダルを獲得し2000年代の日本女子を牽引した。2012年ロンドンオリンピック銀メダル。右シェークドライブ型。引退後はスポーツ解説者となり、抜群の安定感で人気を博している。

平野美宇

【ひらのみう】(2000〜)

山梨県出身の卓球選手。卓球をしていた両親の影響で3歳から卓球を始めた。小学校時代から全国優勝するなど頭角を現す。2016年リオ五輪に出場できなかった悔しさをバネに奮起し、同年10月に女子ワールドカップで日本人初かつ史上最年少優勝、翌年1月の全日本選手権女子シングルス決勝で石川佳純(P.20参照)を破って史上最年少の16歳9ヶ月で優勝した。4月のアジア選手権では女子シングルスで中国選手を3連覇して日本人として21年ぶりに優勝。あまりの凄まじいプレーに「ハリケーンヒラノ」とアナウンサーが絶叫した。右シェークドライブ型。相手のスピードドライブのバウンド直後をとらえ許容タイミング誤差0.02秒(筆者の概算)の精度で振り抜くバックハンドカウンタードライブは強烈。2021年東京五輪出場予定。

ピンポン

【ぴんぽん】

1900年にロンドンの玩具メーカー、ジェイクス・アンド・サン社(P.57参照)が発売した卓球セットに使われた名前。同年9月20日に商標登録された。あまりにもヒットしたため、ほどなく卓球を表す一般名詞となってしまった。

『ピンポン』

【ぴんぽん】

松本大洋による青春卓球マンガ。『週刊ビッグコミックスピリッツ』(小学館刊)で1996年から1997年まで連載された。ペンホルダー攻撃型のペコ(星野裕)と、カットマンのスマイル(月本誠)がインターハイを目指す青春を描き、絶大な人気を博した。単行本は全5巻。2002年に曽利文彦監督、窪塚洋介主演で劇場映画化、2014年に湯浅政明監督によってTVアニメが制作され、いずれも高い評価を得ている。特に映画は青春映画の最高傑作の呼び声が高い。

松本大洋『ピンポン』(小学館ビッグコミックスペシャル)

『ピンポン』

【ぴんぽん】

1902(明治35)年にスポーツ製造業者の美満津商店(P.142参照)ら発行された、日本で最初の卓球本。著者は同社社長の伊東卓夫。定価の表示がないことから、同年に同社が発売したピンポンセットに付属していた説明書である可能性が高い。38ページからなり、ピンポンの紹介、ルールの説明、ラケットの持ち方や回転球の打ち方が解説されている。

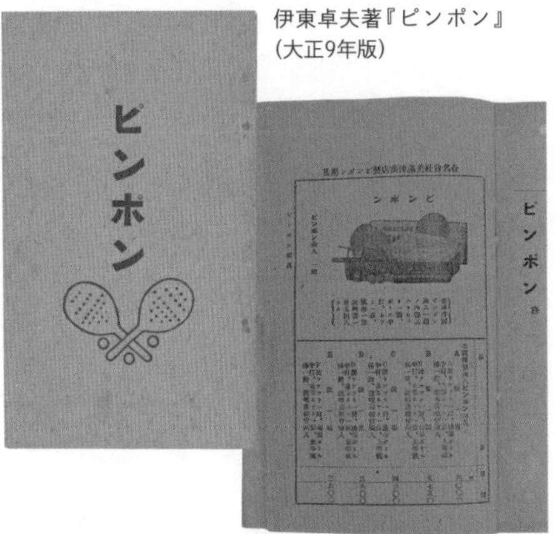

伊東卓夫著『ピンポン』（大正9年版）

巻末に掲載された美満津商店製ピンポンセットの広告

ピンポン外交

【ぴんぽんがいこう】

1971年世界選手権名古屋大会でアメリカの青年グレン・コーワンが間違えて中国選手団のバスに乗り込み、元世界チャンピオン荘則棟（P.78参照）から織物をプレゼントされたことをきっかけとして、中国が当時国交のなかったアメリカの卓球チームを招待し、米中国交回復に繋がった歴史的大事件。コーワンと荘の交流は偶然のように見えたが、実はコーワンは招かれて中国選手団のバスに乗ったと語っていること、荘はアメリカ人に渡すために織物を中国から持ってきたことを認めていることから、周恩来によって仕組まれたことだった可能性が高い。

『ピンポンさん』

【ぴんぽんさん】

ノンフィクションライター城島充が武蔵野卓球場（P.143参照）主人の上原久枝と荻村伊智朗（P.33参照）の交流を描いたノンフィクション。2007年講談社刊。2011年に角川文庫版が出た。上原の献身と荻村の孤独を見事に描き切った傑作。

城島充『ピンポンさん』（KADOKAWA／角川文庫）

ピンポン世界選手権

【ぴんぽんせかいせんしゅけん】

World Championship of Ping Pong
サンドペーパーラケット（P.56参照）だけの世界選手権。ITTFは関与していない。Matchroomという会社の主催で、ラスベガスやロンドンで2011年から毎年開催されており、ライブ放送をされるなど盛り上がりを見せている。過去の決勝戦をYouTubeで見ることができるが、とてもサンドペーパーラケットで打っているようには見えない現代的なプレーである。

ファインプレー

【ふぁいんぷれー】

成功する確率の低い難しい技術を成功させること。観客からは賞賛される傾向にあるが、選手にとっては必ずしも褒められたことではない。難しい技術は当然のことながら成功する確率が低い。ファインプレーをしなくても勝てるように実力を高めるのが選手の目標である。

ファルケンベリフットワーク

【ふぁるけんべりふっとわーく】

スウェーデンのファルケンベリというクラブチームが始めたフットワーク練習。「バックハンド→回り込みフォアハンド→飛び付きフォアハンド→バックハンド」を繰り返す。今ではどうということもない練習方法だが、1990年代に日本に紹介された当時、フォアハンドだけで左右に動くことを繰り返すフットワークしか知らなかった卓球人に衝撃を与えた。

①バックハンド
②回り込みフォアハンド
③飛びつきフォアハンドで1セット、これを繰り返す

フィッシュ

【ふぃっしゅ】

卓球台から離れて、ロビング(P.156参照)とドライブ(P.103参照)の中間の適度に高く遅いボールを送ること。名称は、その軌道が釣り糸を投げるように見えることから。あまり使われない言葉。

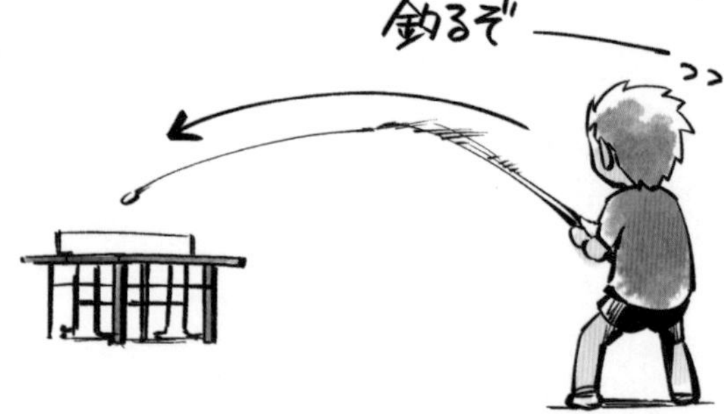

フィンガースピンサービス

【ふぃんがーすぴんさーびす】

1930年代に流行したサービスで、指でボールに回転をかけてからラケットに当てて出す。相手は回転の方向がまったくわからないため、破壊的な威力を発揮し、卓球史上最凶のサービスと言われる。1937年世界選手権バーデン大会でアメリカの選手たちが特に強力なフィンガースピンサービスを出して男子団体に優勝したため、翌年から禁止された。当時の使い手としてはソル・シフが有名。現在の日本ではアンドロ(P.19参照)社員の濱川明史が余興で行う。

ブースター

【ぶーすたー】

使用するとラバーの性能を高めるとされる液体。ラケットに貼る前のラバーに浸み込ませて使う。人体に有害な揮発性溶剤を含んだスピードグルー(P.68参照)が禁止された2007年に登場した。2008年に後加工禁止ルール(P.17参照)が制定されたため表向きはわずか1年で禁止となったが、ITTFが試合での検査を実施しないため、国際的には使い放題となっている。検査をしないのにルールを守る日本選手との間で軋轢を生み、2012年には水谷隼(P.141参照)が約半年間国際大会のボイコットをしたが、現在は話題にする者もなくなった。どうなっているのかは誰も知らない。

フェアプレー

【ふぇあぷれー】

ルールに則った正々堂々としたプレー。卓球では特に自分の失点を申告する行為を賞賛して言われることが多い。有名な例では1967年世界選手権の男子シングルス4回戦で、シェル・ヨハンソン(P.58参照)がスタニスラフ・ゴモスコフ(ソ連)との対戦で、19-19から20-19と追いついたにもかかわらず「今のは自分の得点ではない」と主審に申告し19-20とし、20-22で敗れた。ヨハンソンのこの行為に対して、ユネスコ(国際教育科学文化機関)から国際ファプレー賞が贈られた。

『FAKE MOTION 卓球の王将』

【ふぇいくもーしょんたっきゅうのおうしょう】

2020〜2021年に日本テレビほかで放送された連続ドラマ。第1部が8話、第2部「たったひとつの願い」が6話からなる。空前の卓球ブームで高校生同士の優劣が卓球の実力で決まる世界を舞台に恵比寿長門学園で繰り広げられる学園スポーツドラマ。舞台、ライブ、ゲームにも展開している。

©汐留ヱビス商店街·高橋伸輔
『FAKE MOTION-卓球の王将-』
(秋田書店.2020.)

フォア打ち

【ふぉあうち】

フォアハンド攻撃の基本となる練習。弱い前進回転をかけながらフルスイングの半分程度のイメージでスイングし、正しいフォームとフットワーク、ボールコントロールを身につけるのが目的。試合では使わない打法であるため、ある程度身につければ不要な練習だが、日本代表レベルの選手でもフォア打ちを千本ノーミスで打ち合う練習が1970年代まで見られた。参考「千本ラリー」(P.78参照)

フォアハンド

【ふぉあはんど】

腕を内旋しながら打つ打法。身体の回転も使って打つことで回転の中心を両肩の間にとることができるため、腕の外旋だけで打つバックハンド(P.117参照)に比べて回転半径が大きい。そのため攻撃ボールの威力と安定性に優れ、できるだけ多くのボールをフォアハンドで打つことが勝利の鍵となる。それを実現すべくすべてのボールをフォアハンドで打つのがオールフォア(P.32参照)という考え方である。

フォアハンドグリップとバックハンドグリップ

【ふぉあはんどぐりっぷとばっくはんどぐりっぷ】

スウェーデンの、シェークハンドグリップに関する理論。ブレードが人差し指と親指の付け根の真ん中に当たるのをスタンダードグリップとしたとき、親指側に当てるようにズラして握るのがフォアハンドグリップで、人差し指側に当てるように握るのがバックハンドグリップ。前者はフォアハンドドライブとバックハンドスマッシュに適し、後者はバックハンドドライブとフォアハンドスマッシュに適するとされる。ドライブとスマッシュを分けて論じた点が画期的であり、『スウェーデン卓球最強の秘密』(P.66照)で初めて日本に紹介され、多くの卓球人に衝撃を与えた。現在では打法の改良により、ほとんどの選手がスタンダードグリップですべての打法をこなすようになっており、あまり語られなくなった。

は

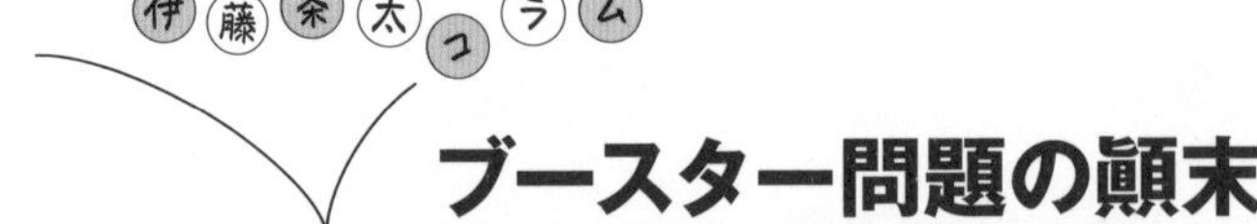

ブースター問題の顛末

卓球のルールには、市販されているラバーに対して「物理的処理や化学処理などをほどこすことなく使用されなければならない」というルールがある。通称「後加工禁止ルール」と言われるものだ。卓球のラバーはITTFに公認されたものしか使用してはならないことになっている。競技の公平性や普及を考えて、構造や厚みなどが細かく決められているのだ。メーカーはその規定の中でユーザーに訴求するよう商品を開発し、ITTFに提出して認可を受ける。こうして認可されたラバーだけがITTFの公認マークをつけて売ることができ、審判はラバーにその公認マークがついていることをもって正規のラバーであることを確認する。

もしも選手が市販されているラバーを勝手に加工して使ったら、競技の公平性がなくなるし、何よりも公認制度の意味がなくなってしまう。そのためにあるのが「後加工禁止ルール」だ。

一見、当然に思えるルールだが、実はこのルールはそれほど前からあったものではない。1980年代から、ラバーに浸み込ませるとスピードや回転が増す接着剤「スピードグルー」が卓球界に蔓延していたが、人体に有害な有機溶剤の蒸気を出すとして、健康被害の観点から2007年に禁止された。薬物のドーピングが禁止されているのと同じ理屈だ。国際大会などでは、ラケットから有機溶剤の蒸気が出ていないかの検査がされる。よく世界選手権などで、審判が袋からラケットを出して選手に渡す場面があるが、あれは検査のために一時預ったラケットを選手に返す場面だ。

そして、このスピードグルーが禁止された年に発売されたのがブースターだ。当時は、スピード増強剤、スピード補助剤などとも呼ばれた。ブースターは、人体に有害な蒸気を出すことなく、ラバーに浸み込ませるとむしろスピードグルー以上にとんでもないスピードや回転が得られる魔法の液体だ。それはITTFの想定を超える威力だった。この使用を阻止するために、翌2008年に制定されたと思われるのが「後加工禁止ルール」だ。

ところが後加工は検査が難しい。禁止されているのは選手による「後加工」であって、ブースターそのものではないからだ。メーカーが製造過程でブースターを使用することは何の問題もない。実際、そうしている。そのようにして製造しているのが、いわゆるテンション系ラバーだ。

禁止されているのは、選手がラバーの性能をさらに上げようとして塗り込むことなのだ。これが検査を難しいものにしている。もともと製品に含まれているものの量の問題でしかないし、仮にメーカーが試合直前に工場でたっぷりとブースターを塗り込んで、契約している選手に渡せばそれは後加工にはならないわけだが、これを検査で判断するは実質不可能だ。

ほかにも事情があるのかもしれないが、ともかくITTFは、国際大会で「ブースターの後使用」を検査していないのが実態である。検査をしない以上、使っても罰則はない。罰則がないルールには従わないのが国際標準なので、外国選手はブースターを使い放題だ。ただ、ルールで禁止されていることは知っているので、使っていると公言する選手はいない。しかし、卓球ショップでは普通に売っているし、プライベートな場面では特に隠すこともなく使っている。「後加工禁止ルール」とは、日本における「賭け麻雀禁止」のようなものになっているのが実態なのだ。

そんな中、ルールを破れないのが日本人だ。結果、世界中で誰も守っていないルールを日本選手だけが守っている状態となった。国内の試合はそれで何の問題もないが、日本代表として国際大会に出るときに大きな不利を被ることになる。

こうした不公平な状態を告発したのが水谷隼だった。水谷は2012年に、国際大会におけるブースターの使用常態化と、使用していない日本選手との不公平さに抗議して約半年間、国際大会への出場のボイコットを行った。

当時、この問題について『卓球王国』誌が2012年12月号でアダム・シャララITTF会長にインタビューを行った。そのコメントにはルールを守っている日本選手への敬意のようなものは一言もなく「ルールを守るかどうかは選手の道徳観による」というもので、あとは「中国選手は使わなくても強い」「スポーツに完全な平等はない」「ブースターを使うと逆に不利になる点もある」「柔道の考えを取り入れて勝つ努力をしたらどうか」と、論点を反らすことに終始した。「面倒なこと言ってないで日本選手も使えばいい」と言いたいことは明らかだった。

当時、私は『卓球王国』誌上で「検査されないなら日本代表選手も使うべき」と主張して、各方面から批判を受けた。本来、スポーツにおけるルールは公平性のためにあるものだが、この場合はルールと公平性が矛盾するという異常な状態にある。ルールと公平性のどちらかを取るのなら、当然公平性を取るべきだ。ルールの目的が公平性なのだから、公平性はルールよりも重要だというのが私の論拠だった。その考えは今も変わっていない。

「後加工禁止ルール」は今も生きているし、外国選手がブースターを使い放題な状況も変わっていないが、最近ではブースター問題を公に口にする者はいなくなった。実態がどうなっているのかは知る由もない。

フォア前

【ふぉあまえ】

フォア側のネット際のボール。対義語「バック前」(P.117参照)。

フォアミドル

【ふぉあみどる】

ラケットを持った手の肩付近のコース。速いボールを打たれた場合にフォアハンドとバックハンドのどちらで打つか迷うため対応が難しい。単にミドル(P.142参照)と言うことも多い。

フォーム

【ふぉーむ】

打球をするときの動きや形。フォームによってボールの威力や安定性、対応力が決まる。一度身につけたフォームを後で変えることは難しいため、初級者ほど正しいフォームの習得に時間を割くべきとされる。

フォールト

【ふぉーると】

サービスミスのこと。サービスには非常に多くのルールがあり、違反すると失点になるので注意が必要。主な違反としては、トスの前にボールを卓球台より下げる、斜め方向にトスする、打つときにボールを身体で隠すなどがある。一見、何のためにあるのかわからないルールもあるが、いずれも過去に存在した凶悪なサービスを封じるために制定されているもので、撤廃すると必ずそれらをやり始める選手が出てくるので仕方がないと言える。

フォロースルー

【ふぉろーするー】

打球動作における、インパクト(P.24参照)の後のこと。テイクバック(P.98参照)と同様に、選手や指導者が比較的視認しやすいため、フォームを論じる際のポイントとなる。会話の例「切れた下回転をドライブするためには〜を頭の後に持っていかないといけない」

深津尚子

【ふかつなおこ】(1944〜)

愛知県出身の卓球選手。1965年世界チャンピオン。中学1年から卓球を始め、当時女子では珍しかった裏ソフトを使い、高校3年でインターハイ女子シングルス優勝、慶應大2年で全日本学生女子シングルス優勝し、翌年世界チャンピオンとなった。林慧卿(中国)との決勝では、大会前の合宿で行ったカット打ち千本ラリー(P.78参照)を心の支えとして徹底的に粘り倒した。右ペンホルダードライブ型。結婚後は夫の実家である香川県高松市の料亭「二蝶」の大女将を長く務めた。

負荷練習

【ふかれんしゅう】

練習効率を上げることを目的に負荷を加えた練習。特に日本で多く行われてきた。腰に砂袋(P.47参照)をつけてのフットワーク練習(P.85参照)、卓球台を2台横に並べてのフットワーク練習、卓球台から10mほど離れた位置から動いてネット際のボールを打つ練習、真夏にストーブ(P.140参照)を焚いての練習、打球の間に一回素振りを入れてのラリーなど、書いているだけで恐ろしくなってくる。

福士敏光

【ふくしとしみつ】(1907〜1985)

青森県出身の卓球選手、指導者、理論家。全日本選手権の男子シングルスで1932(昭和7)年を始め、3度にわたってベスト4となる。東京大学法学部を卒業し『卓球』(P.83参照)、『日本卓球技術史』(P.109参照)、『これからの卓球と卓球哲学』などの理論的な本を著し、荻村伊智朗(P.33参照)らに大きな影響を与えた。1977年世界選手権で強化本部長兼総監督、1983年世界選手権で日本選手団団長を務めたが、いずれも昭和13年以前の知識だけで指揮を執る離れ業をやってのけている。

福原愛

【ふくはらあい】(1988〜)

宮城県出身の卓球選手。卓球選手だった両親の影響で3歳から卓球を始め、一日4〜8時間もの過酷な練習で4歳にして小学2年以下の部で全国ベスト16に入り「泣き虫愛ちゃん」として全国的に有名になった。以後、数々の最年少記録を出し続け、中3で初出場した2003年世界選手権で女子シングルスベスト8、2004年アテネ五輪でベスト16に入り日本のトップ選手の地位を不動のものにし、幼少期からの英才教育の成功例として日本卓球界に絶大な影響を与えた。2012年ロンドン五輪では日本卓球史上初となる女子団体銀メダルを獲得。五輪出場4回、五輪および世界選手権で獲得したメダルは8。全日本選手権では、一般女子シングルスの2回を含め、出場可能な全ての個人種目(女子ダブルス、混合ダブルス、ジュニア、カデット14、カデット13、カデットダブルス、ホープス、カブ、バンビ)で優勝を飾る史上初のグランドスラムを達成。2018年の引退後は試合の解説などを務め好評を博している。右シェーク裏表異質攻撃型。

藤井則和

【ふじいのりかず】(1925〜1992)

京都府出身の卓球選手。長く日本史上最強と言われた。幼少時から大学生と卓球に親しみ、京都三商中4年(現在の高1)だった1940(昭和15)年全日本選手権で2連覇中の今孝(P.49参照)を破ってベスト4となり頭角を現す。戦後に出場した全日本選手権の5回すべてで優勝し、戦争と替え玉受験事件(P.37参照)がなかったら全日本を11連覇しただろうと言われた。日本が初参加した1952年世界選手権では林忠明と組んだ男子ダブルスで優勝し世界を驚愕させた。上記スキャンダル、日英対抗戦のドタキャンなどトラブルも多く、最後は自分の名前の入ったラケットをメーカーから発売したのがアマチュア規定に反したことで引退を余儀なくされた。引退後はショー卓球、プロ卓球などにも参加した。極端に無口で書籍なども残さなかったため、今なおその人間像が謎に包まれた天才選手。右ペンホルダー一枚ラバー。

藤井基男

【ふじいもとお】(1933〜2009)

岩手県出身の卓球選手、卓球歴史研究家、著述家。1956年世界選手権混合ダブルス3位。日本で最初のシェークハンドのカットマン。選手引退後は岩手県庁に5年勤めた後、田舛彦介(P.92参照)に請われて「卓球レポート」(P.88参照)の編集に携わる。日本代表コーチ、サウジアラビアのナショナルチームコーチ、日本卓球協会専務理事を歴任。『卓球物語』『卓球知識の泉』『卓球まるごと用語事典』など卓球史にかかわる数々の貴重な資料を残した。

藤井基男著『卓球知識の泉』(卓球王国ブックス)

藤井基男著『卓球まるごと用語辞典』(卓球王国ブックス)

不純正オールラウンド

【ふじゅんせいおーるらうんど】

福士敏光(P.129参照)が著書『卓球』(P.83参照)で批判した概念。福士の考える真のオールラウンドプレーとは、ロング、ショート、カットのいずれか1つの打法だけで試合ができるほど技術を高めた後に、複数の打法を併用して試合をするもの。これに対して最近の選手(昭和17年当時)は最初から複数の打法を併用するので個々の打法の完成度が低く、これを「不純正オールラウンド」として批判した。ラバーがなかった時代ならではの理論と言える。

ぶち切り

【ぶちぎり】

回転量の多い下回転。「ぶち切れ」「ぶつ切り」とも。

プッシュ

【ぷっしゅ】

主にペンホルダーのバックハンドで、ラケットの角度を固定して前に押し出すようにして打つ打法。スイングする打法より威力では劣るが、安定した角度が出しやすく、短い時間で行えるため強打されたときのカウンターなどに有効。

ぶっつけサービス

【ぶっつけさーびす】

ボールをラケットに投げつけて強烈な回転をかけるサービス。ボールを投げつけることがラケットを振るのと同等の効果になる原理を使ったもの。1960年代中頃に日本で流行した。ラケットに対してさまざまな方向から投げつけ、同時にラケットを動かすことにより、多彩で判別しにくい回転がかかった。より強力な回転をかけるためにあえて利き手の反対側にラケットを持ち、利き手でボールを投げつける選手もいた。1967年に「ボールが下降を始める前に打ってはならない」ルールとなり禁止された。ルール内で同じ原理を応用したのが同時期に中国が開発した投げ上げサービス(P.106参照)である。

フットワーク

【ふっとわーく】

ボールに対して、打ちやすい位置に足を使って体を移動すること。卓球は競技領域が狭く、ほとんどのボールには腕を伸ばせば届くため、初心者は動くことを軽視しがちだが、速いスイングを正確に行うためには極めて重要。サービス以外の練習のほとんどが本質的にはフットワーク練習だと考えても間違いではない。

踏み込み

【ふみこみ】

主にフォアハンド(P.125参照)を打つときに利き腕の反対側の足を前に踏み出すこと。日本では昔から、ラケットの速さを増す効果があると考えられ奨励されてきた。中には、相手を驚かす目的で大きな足音をたてさせる指導者もいる。筆者など中学生のとき先輩から足を鳴らす練習だけさせられたほど。

そのため、テニスやバドミントンなど、類似のラケット球技をするときに、つい足を鳴らして奇妙がられる卓球選手が後を絶たない。

ブライス

【ぶらいす】

写真は現行の「ブライスハイスピード」

バタフライが1997年に発売した世界初のテンション系裏ソフトラバー。当時大流行していたスピードグルー(P.68参照)が将来禁止となることを見越し、数年がかりで開発した、スピードグルー効果を内蔵したラバー。ラバーの最高価格が2,800円だった当時、いきなり5,000円の値をつけてラバー市場単価を引き上げ、業界を潤した。上半身裸の男性の写真を使ったパッケージも衝撃的だった。

プラスチックボール

【ぷらすちっくぼーる】

2015年から公認球として採用されたボール。1900年にピンポンが誕生して以来、セルロイド製ボールが使われてきたが、セルロイドは発火性があり危険であることと、原材料の入手が年々難しくなっていることから導入された。選手の間ではプラスチック製にしたことで回転量が落ちたと言われているが、『卓球王国』2014年10月号での西田薫(工学博士)の報告によれば、打球直後は同等、空中ではプラスチックボールの回転量が少なく、バウンド後はプラスチックボールの回転量が大きい傾向(いずれも速度によって異なる)となり、一概に回転が少ないとは言えない結果だった。なお、科学的にはセルロイドもプラスチックの一種であるため、プラスチックボールとは正しくは「セルロイド以外のプラスチック製のボール」のことである。また、セルロイド製ボールはルール上、現在も有効である。

フリーハンド

【ふりーはんど】

ラケットを持っていない方の手や腕。サービスのときにボールをトスするのに使う他、ラリー中でも体のバランスをとる重要な役割がある。かつてアームハイドサービス(P.14参照)が合法だったときには、ボールを隠すためにも使われた。

フリック

【ふりっく】

台上のボールに対して弱い前進回転をかける打ち方。ゴミなどを払う(flick)ような動作から。古くは「払い」(P.118参照)。

古川フェイント

【ふるかわふぇいんと】

卓球台より下の相手に見えないところでフェイントを入れながら打球し、バウンド後に相手が予期しない方向に曲げる打法。1970年代に日本代表として活躍した古川敏明が開発した。

ブレード

【ぶれーど】

ラケットの、ボールを打球する面を構成する板状の部位。大きさや形に制限はなく、厚みが均一で平坦であること、連続した面であること(複数に分かれていたりしない)、剛体であること、厚みの85%以上が木材からなることとされている(P.101「特殊素材」参照)。

フレデリック・グッド

【ふれでりっくぐっど】(1876〜?)

1902年に世界で初めてラバーを使ったとされる「E.C.グッド」(P.20参照)伝説のモデルになったと思われる人物。ロンドン郊外のパットニーに住み、1902年に複数の卓球大会で優勝し当時の新聞に「ラバーラケットの先駆者」と紹介されている。

フロアマット

【ふろあまっと】

卓球の大会などで床に敷かれるマット。卓球のカラー化(P.39参照)の際に、オレンジボール、スカイブルーの卓球台に合わせてワインレッドのフロアマットが標準化され1991年世界選手権から使用された。その後、色を様々に変えながら使われている。それ以前の世界選手権では、体育館の床そのままで、他の球技の線が引いてある上でプレーをすることもあり、フロアマットの使用によって、各段に見栄えがよくなった。

プロ卓球

【ぷろたっきゅう】

1969年に「国際オープン卓球選手権大会」と銘打ち、讀賣新聞社が主催した賞金大会。1月18日の東京・後楽園ホールを皮切りに、全国9都市で行われた。参加選手は藤井則和(P.130参照)、星野展弥、河原智、シュルベク(ユーゴ)、マイルズ(米国)ら8名。1ゲーム5分の時間制で3ゲームの合計点数を競った。3ゲーム目は1ポイントで3点が入る「インフレ勘定」となる。2月2日の最終戦は千駄ヶ谷の東京体育館で行われ、決勝で河原がシュルベクに対し、63―65の劣勢から、終了2秒前にサービスを出したラリーで一気に3得点し、66―65で劇的逆転優勝を遂げた。大変な盛り上がりとなり、その日の夜8時から日本テレビで放送された。まるでプロレスを思わせる素晴らしい盛り上がりだったが、なぜかその後消滅した。

ブロック

【ぶろっく】

相手の強打に対してラケットをあまり動かさずに当てるだけで返す技術。技術的にはペンホルダーのショート（P.64参照）と同じだが、シェークハンドが主流になるとともに言われ始めたため、シェークハンドに対して言うことが多い。

ブンデスリーガ

【ぶんですりーが】

ドイツのプロ卓球リーグ。1966年から行われており、世界中のトップ選手が参戦している。１部と２部があり、１部は男子12チーム、女子９チームで総当たり戦を行い、最後に上位チーム間で優勝決定戦を行う。日本からも参戦して腕を磨く若手が多い。

平行足

【へいこうあし】

オープンスタンス（P.32参照）と同じ。

ペンカット

【ぺんかっと】

ペンホルダーグリップによるカットマン（P.38参照）。1938（昭和13）年までシェークハンドが存在しなかった日本でよく見られた。シェークハンドに比べてリーチが短く守備範囲が狭いため、シェークハンドの登場により徐々に駆逐されたが、現在も極まれに存在する。かつての名選手に今孝（P.49参照）、田舛彦介（P.92参照）、佐藤博治（P.54参照）がいる。

変化ラバー

【へんからばー】

粒高ラバー（P.97参照）、アンチラバー（P.18参照）など、摩擦係数の小さいラバーに対する俗称。相手のボールの回転をそのまま残して返すため、物理的にはもっとも素直なラバーだが、相手の回転を反転する裏ソフトラバー（P.26参照）が主流となっているため、それとの比較で変化ラバーと言われる。

変形ラケット

【へんけいらけっと】

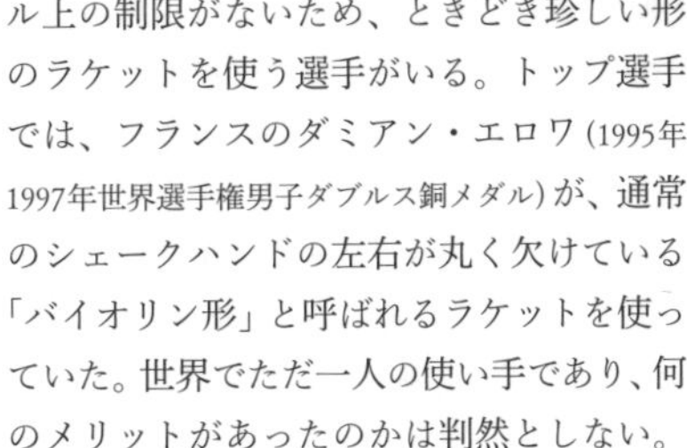

ラケットのブレード（P.132参照）の形にはルール上の制限がないため、ときどき珍しい形のラケットを使う選手がいる。トップ選手では、フランスのダミアン・エロワ（1995年、1997年世界選手権男子ダブルス銅メダル）が、通常のシェークハンドの左右が丸く欠けている「バイオリン形」と呼ばれるラケットを使っていた。世界でただ一人の使い手であり、何のメリットがあったのかは判然としない。

ベンチコーチ

【べんちこーち】

試合の際にコートサイドで選手にアドバイスを行うコーチ。かつてはゲームの合間以外はアドバイスが禁じられており、石川佳純（P.20参照）の応援が日本語のわからない審判からアドバイスと疑われて退場させられたことがあったが、2016年10月から解禁となり、ラリー中でなければアドバイス自由となった。ただし日本国内の高校生以下の試合では、選手の自立を促し育成するため、引き続きアドバイスが禁止されており、密かにブロックサインを操る指導者が跋扈している。

は

ペン粒

【ぺんつぶ】

ペンホルダーラケットに粒高ラバー(P.97参照)を貼った戦型。サービスでは、反対面に貼った裏ソフトラバーで回転をかけ、ラリーになると持ち替えて粒高ラバーで打つ。卓球台の近くに陣取り、相手の回転をそのままに返す粒高ラバーの希少価値によるやりにくさでミスを誘う前陣守備型とも言える特殊な戦型。初中級においては絶大な威力を発揮するが、慣れられると勝ちにくいためレベルが高くなるほど少なくなり、テレビに映ることはほとんどない。

ペンドラ

【ぺんどら】

ペンホルダードライブ型。ペンホルダーラケットに裏ソフトラバーを貼ってフォアハンドドライブを得点源とする日本古来の戦型。シェークハンドの場合はシェードラ(P.58参照)。

ペンホルダー

【ぺんほるだー】

ペンを握るような形で握るラケット。1980年代までアジアで主流であり、その理由は箸を持つ文化のためと言われたが、あまり説得力はない。アジア人だからといって一日中箸を持っているわけではないし、欧米人も文字を書くときはペンを握っているからだ。

ボールの飛び方で回転を判断

【ぼーるのとびかたでかいてんをはんだん】

ボールの回転量を軌道の違いで判断するもの。昔から言われてきたが、1960年代の粒高ラバー(P.97参照)の張燮林、1980年代の同色異質反転の蔡振華の無敵さぐあいは、それができる人間がトップ選手の中にもほとんどいなかったことを示している。中高生がいくらコーチにシバかれてもできなかったのも無理からぬことと言える。

ボールの継ぎ目を打つ

【ぼーるのつぎめをうつ】

サービスで回転をかけるコツとして昔から言われている方法。ボールは2つの半球形を接着して製造するため、接着部分がわずかに厚く硬くなっている。その部分を打球することでボールの変形が少なく回転がかかるというもの。特に柔らかいラージボール(P.152参照)で言われている。真偽は不明。

ボールのマークを見る

【ぼーるのまーくをみる】

飛来してくるボールのマークを見ることで回転量を判断する方法。以下、「ボールの飛び方で回転を判断」の項と同じ。

ホカバ

【ほかば】

全日本選手権の年代別大会であるホープス(小学6年生以下)、カブ(小学4年生以下)、バンビ(小学2年生以下)をまとめて言うときの俗称。ホープスが1981年、カブが1984年、バンビが1986年に始まった。バンビだけ正規の卓球台より高さが10cm低く66cm。これらの大会の存在によって卓球開始年齢の低年齢化およびシェークハンド化が進んだと言われる。身長が低い子供にとってペンホルダーよりもシェークハンドの方がラケットの角度を出しやすいため。

ポケット

【ぽけっと】

フォアミドル(P.128参照)を意味するスウェーデンでの言い方。1990年頃に日本に紹介され、一部で使われている。服のポケットがついている部分のコースであるためこの言い方になったと想像される。

星野美香

【ほしのみか】(1965～)

群馬県出身の卓球選手。自宅の卓球台で小学3年から卓球を始めた。徐々に実力を上げ、高校2年からインターハイ女子シングルスで2連覇を達成。高校3年のとき1983年世界選手権東京大会に初出場し女子団体銀メダル。同年の全日本選手権から女子シングルス5連覇を含む7回の優勝を達成。1988年ソウル五輪女子ダブルス4位。左ペンホルダードライブ型。優れた記憶力と緻密な戦術構築を活かし、2016年リオ五輪後から日本代表女子監督(現姓・馬場)を務めている。

ボディハイドサービス

【ぼでぃはいどさーびす】

打球点を身体で隠して相手に回転を判断させないように打球点を身体で隠して出すサービス。1980年頃から中国、ヨーロッパを中心に流行した。代表的な使い手にヤン・オベ・ワルドナー(P.146参照)、蔡振華(中国)がいる。あまりの威力のため1983年に禁止されたが、ほどなく腕で隠すアームハイドサービス(P.14参照)が流行した。

ボフミル・バーニャ

【ぼふみるばーにゃ】(1920～1989)

チェコスロバキアの卓球選手。小柄ながら電光のように動いて打って打って打ちまくるプレースタイルで史上最も強い選手と言われた。試合中に相手の目を見すえっ放しの鬼気迫る様子が荻村伊智朗(P.33参照)に「異常な目の輝き」と失礼スレスレの形容をされた。世界選手権で男子シングルスの2個を含む金メダル13個で史上第3位。右シェーク一枚ラバー、オールラウンド型。1993年に世界卓球殿堂入り。

ボランティアの指導者

【ぼらんてぃあのしどうしゃ】

金銭的利益を目的としない指導者。そうした指導の目的が自己実現や自らの承認欲求を満たすことにあるにもかかわらず「教えることは他人に対する奉仕」との固定観念にとらわれ、選手のために指導をしていると思い込んでいる者が多い。その結果、ありがたいと思っていない選手に感謝を強要するといった狂態が全国各地で繰り広げられている。「只より高いものはない」という格言は卓球の指導にこそ当てはまる。

凡ミス

【ぼんみす】

簡単なボールをミスすること。不注意によるミス。本人が凡ミスだと思っていても実は相手が仕組んだことによる必然的なミスの場合もあるが、それに気づかないと不思議な凡ミスを何度も繰り返すことになる。

は

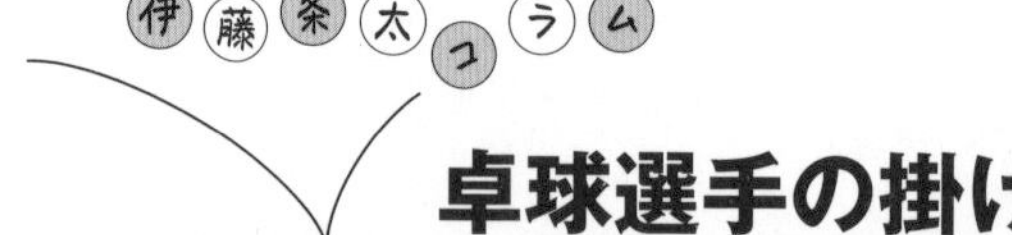

卓球選手の掛け声

卓球選手は自らの気持ちをコントロールするために、試合中に大きな声を出すことが習慣になっている。出す声には特に意味はなく、周り（多くは強い選手）の影響を受けて自然に身につき、各自の個性や偶然によって変化していったものだ。しかし、歴史を俯瞰して見れば、およそのルーツを推測することができる。

古くは、1954年の世界選手権で日本選手が得点したときに「ヨシ」と発したことでバッドマナーとして失点にされた記録がある。このことから、卓球で声を出す習慣は日本から始まったと考えられる。その後、日本が世界を制覇し、日本の選手が各国で指導に当たった。そのため、1980年代には日本の選手や指導者が使う「ヨーシ」「ヨッシャー」などが世界中に広まった。現在では、それらがさらに変形した「ヨー」「シャー」「ショー」が世界共通で使われている。

ときどき話題になる張本智和選手の「チョレイ」も、日本語の「ヨシ」が長い時間をかけて変化したものだ。それはかつて世界を制覇した卓球ニッポンのかすかな名残りなのだ。

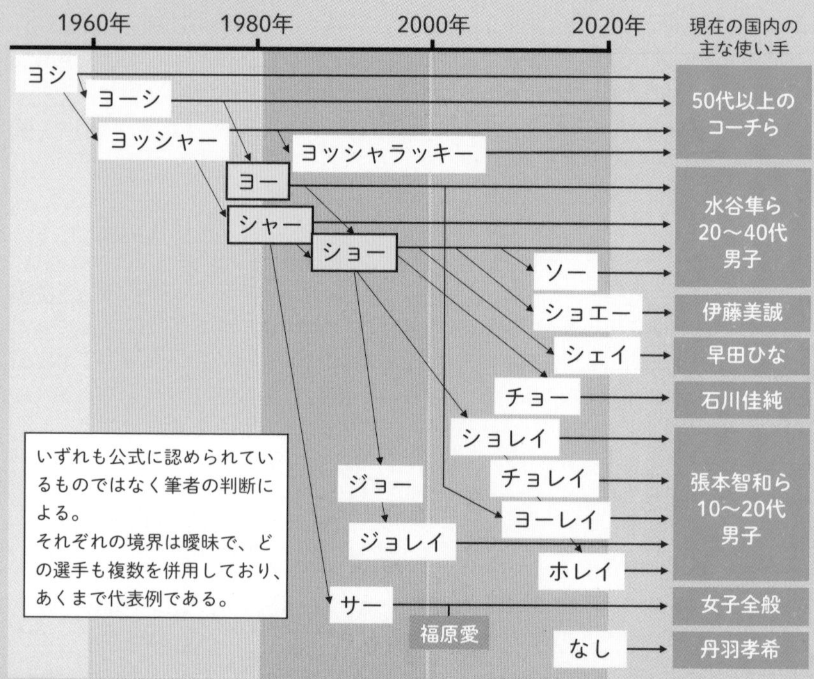

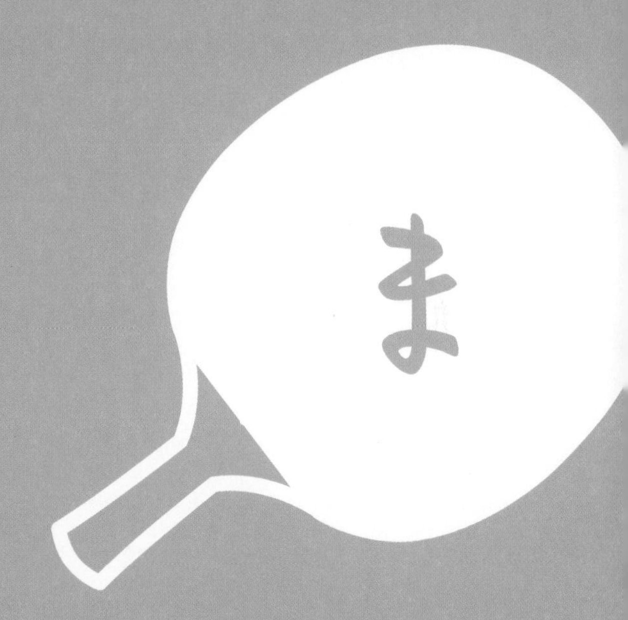
ま

マークV

【まーくふぁいぶ】

ヤサカ(P.146参照)が1969年に発売した高摩擦高弾性裏ソフトラバー。発売当初は弾みすぎると不評だったが、1971年世界選手権名古屋大会で、ステラン・ベンクソン(P.67参照)が使って男子シングルスで優勝したことから世界的ヒットラバーとなった。テンション系ラバーが主流となった現在でも初心者用などとして売れ続けており、2019年までの累計で1,100万枚を売り上げたモンスターラバーである。

曲がるボール

【まがるぼーる】

テレビ放送などで卓球の凄さを表現するのに使われる誤解。卓球のボールは軽いために回転でよく曲がるが、卓球選手は曲がる方向は相手の打ち方からわかるし、徐々に曲がるために対応でき、勝負を左右するカギとはならない。

巻き込みサービス

【まきこみさーびす】

相手に対して横を向いた体勢でフォアハンドで腕を前に突き出すようにラケットを動かし横回転(P.148参照)をかけるサービス。通常の横回転サービスと逆の方向に曲がるが、ポイントは曲がる方向にあるのではなく、打球直前までラケットが身体に隠れているためにスイングが見えず、回転の上下方向の判断が難しいことにある。1990年代に劉国梁(中国)がペン裏面で行ったのが同じ原理であり、日本では2000年代に女子選手が使い始めて広まったと考えられる。

巻き込みドライブ

【まきこみどらいぶ】

フォアハンドのカーブドライブ(P.36参照)。巻き込みドライブをすることを単に「巻く」などとも言う。

マグヌス効果

【まぐぬすこうか】

回転するボールが空中で曲がる理由を説明する物理学の原理。ボールの周りの空気が、ボール表面が動くことによって引きずられて流れが乱れることによって曲がる。

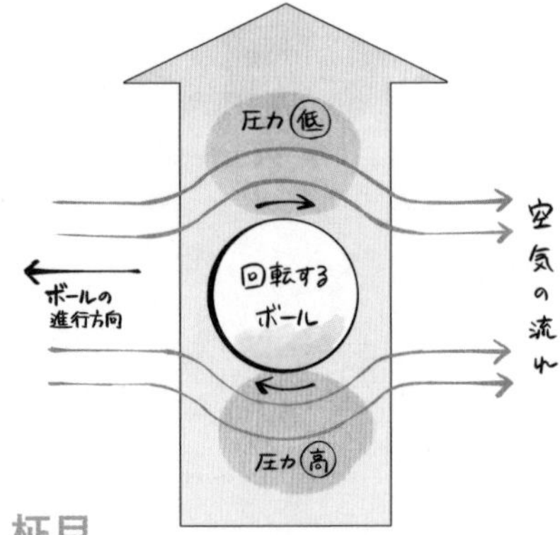

柾目

【まさめ】

木目が平行に走っている木材。ペンホルダー単板ラケットとして、等間隔で打球面に垂直な柾目のラケットが良いとされる。

マスターズ

【ますたーず】

全日本選手権の年代別大会で、全日本社会

人選手権にあった年代別種目が1998年から分離して独立したもの。男女各サーティ、フォーティ、フィフティ、ローシックスティ、ハイシックスティ、ローセブンティ、ハイセブンティ、エイティの８種目。エイティは80歳以上で、都道府県予選はない。卓球の試合ができる状態にあることが予選だと言える。

松﨑キミ代

【まつざききみよ】（1938〜）

香川県出身の卓球選手。1959年、1963年世界チャンピオン。中学１年から卓球を始め中３で香川県中学校大会優勝、高３でインターハイ２位、専修大２年で全日本選手権優勝、３年で世界チャンピオンとなった。家の手伝いで卓球をさせてくれなかった両親に中学２年の誕生日に、「何もいらないから一日卓球をさせてほしい」と願ったほどの卓球好き。勝っておごらず負けてもくじけず笑みを絶やさない風格は周恩来総理をも感服させ「松﨑に学べ」が当時中国で有名になった。日本卓球史上、２度世界チャンピオンになった唯一の女子選手。右ペンホルダー表ソフト攻撃型。1997年に世界卓球殿堂入り。

松下浩二

【まつしたこうじ】（1967〜）

愛知県出身の卓球選手、実業家。小学２年から兄の影響で卓球を始めた。全中（P.77参照）で２回、インターハイで２回、決勝に進出するも渋谷浩に敗退。1993年に日本初のレジスタード・プロとなった。全日本選手権4回優勝。渋谷と組んだダブルスで1997年世界選手権銅メダル。同年、日本人として初めてブンデスリーガに参戦。選手引退後の2010年にヤマト卓球の社長となるが、2017年に辞任し日本初のプロリーグTリーグ（P.97参照）を立ち上げる。荻村伊智朗（P.33参照）を越えたいとの思いから実現したリーグだった。2020年にチェアマンを辞任しヤマト卓球を改名したVICTASの社長に就任。日本卓球界のパイオニア的存在。右シェークバック粒高カット主戦。

松平健太

【まつだいらけんた】（1991〜）

石川県出身の卓球選手。卓球一家に生まれ、５歳からラケットを握る。2006年世界ジュニアの決勝で徐克（中国）を破って優勝。ジュニアとはいえ、1979年の小野誠治以来の世界選手権での日本選手の優勝だった。2015年世界選手権では丹羽孝希との男子ダブルス銅メダル。男子では珍しいしゃがみ込みサービスを使い、飛び付きざまのバックハンドなど、ファンタスティックなプレーでファンを魅了している。卓球界随一のイケメンとしても知られ、芸能事務所ホリプロに所属していたこともある異色の存在。右シェーク裏裏ドライブ型。愛称マツケン。兄の松平賢二と妹の松平志穂も卓球選手で、2013年世界選手権には史上初の３兄弟妹での出場を果たしている。

真夏にストーブ

【まなつにすとーぶ】

神奈川・京浜女子商業高が1959（昭和34）年に行った負荷練習（P.129参照）。名古屋でのインターハイ対策として、7月に締め切った練習場で練炭と石油ストーブを焚いて練習し、見事女子シングルスに優勝した。1978（昭和53）年にも青森・三本木高校が山形県新庄市でのインターハイ対策として、練習場にストーブ8個を持ち込み、40℃にもなる中で腰に砂袋をつけて練習（P.47参照）をして男子団体で優勝した。これらの成功例を聞いて、県大会に出るのがやっとの高校まで真似をし始め、全国の練習場が阿鼻叫喚の地獄絵図と化した（はずだ）。死人が出なかったのが不思議なほどだ。

マリオ・アミズィッチ

【まりおあみずぃっち】（1954～）

クロアチア出身の卓球指導者。卓球一家に生まれ8歳から卓球を始める。旧ユーゴスラビア代表選手になるも24歳でプロ指導者となる。プリモラッツ（クロアチア）、ロスコフ（ドイツ）、サムソノフ（ベラルーシ）、水谷隼などを育てる。世界有数の指導者として名高い。2000年から日本ジュニア男子コーチを務め、日本の卓球を変えるのに貢献した。

馬龍

【まりゅう／まろん】（1988～）

中国遼寧省出身の卓球選手。ジュニア時代から注目されていたが、優勝候補に挙げられながら、世界選手権男子シングルスで敗れること3度で、精神面の甘さを指摘されていたが、2015年に初優勝すると3連覇、2016年リオ五輪でも優勝し、中国卓球界史屈指の選手となった。世界選手権金メダル11個、五輪3個。右シェーク裏裏ドライブ型。近年、悟りを開いた仏像を思わせる風情になり、ますます人間離れした佇まいを見せている。2013年に世界卓球殿堂入り。

回り込み

【まわりこみ】

バック側に来たボールをフォアハンドで打つために移動すること。オールフォア卓球の象徴と言えるフットワーク。反対語「飛び付き」（P.103参照）。

ミート打ち

【みーとうち】

主に「下回転」（P.59参照）に対して、回転をあまりかけずに強打をする打法。回転をかける「ドライブ」（P.103参照）と対比される。「角度打ち」とも言われる。これを全力で行うのが「スマッシュ」（P.70参照）である。

みうみま

【みうみま】

平野美宇（P.122参照）と伊藤美誠（P.23参照）のダブルスにつけられた愛称。ともに中1だった2014年3月のドイツオープンでプロツアー初優勝した際に、賞金額が50万円以上と聞いて目を丸くする様子がITTFから世界中に配信されて話題になった。同様に「みまひな（伊藤美誠と早田ひな）」「かすみう（石川佳純と平野美宇）」などがある。

ミクロシュ・サバドス

【みくろしゅさばどす】(1912～1962)

ハンガリーの卓球選手。世界選手権での金メダルの数は歴代2位の15個を誇る名選手。選手として下り坂だった26歳の昭和13(1938)年に、チームメイトのイスティバン・ケレンとともに来日し「日洪対抗戦」を行った。外国選手の卓球を見たことがない日本卓球界にとって黒船来襲とも言える大事件だった。サバドスはラバーを貼らずに木面でボールを打つ日本選手を見て「これは初心者だ」と喜んだが、今孝(P.49参照)、渡辺重五らは短時間でサバドスらのラバーによる回転球に対応し、初戦こそ敗れたものの第2戦以降3連勝して日本の卓球が世界レベルにあることを内外に示した。「日洪対抗戦」によってラバー貼りラケットおよびシェークハンドラケットが日本人の知るところとなり、以後、急速に普及した。1993年に世界卓球殿堂入り。

ミス交代

【みすこうたい】

ミスをすると交代する練習方法。大会会場で試合が始まる前の練習などで、選手の人数に対して卓球台が少ない場合に行われる。なるべく多く練習するには、ミスが多そうな選手のいる台を選ぶのがポイントで、上手な選手のいる台に入ると、延々と待たされた挙句、やっと自分の番になったと思ったらすっかり体が冷えていてサービスミスで終わりなどという光景が見られる。近年「3本ミスしたら交代」が流行しているが、球拾いに行っている間台を空けることになり、トータルの練習時間が減ることに気がついている人はほとんどいない。

ミスターカットマン

【みすたーかっとまん】

高島規郎(P.82参照)につけられた異名。

ミスター卓球

【みすたーたっきゅう】

ビクター・バルナ(P.119参照)、荻村伊智朗(P.33参照)につけられた異名。

ミスターフットワーク

【みすたーふっとわーく】

木村興治(P.41参照)につけられた異名。

水谷隼

【みずたにじゅん】(1989～)

静岡県出身の卓球選手。父の影響で5歳から卓球を始める。幼少期より天才的なセンスを発揮し、中学2年からドイツに留学し、バックハンドを自在に使う現代卓球を身につけた。2006年度全日本選手権で当時史上最年少の17歳7ヶ月で男子シングルスに初優勝、2010年度に日本卓球史上初の5連覇を達成。2018年度に10回目の優勝、13回連続決勝進出を成し遂げた。2016年リオ五輪では日本男子初のメダルとして男子団体銀メダル、日本選手初の個人種目のメダルとして男子シングルス銅メダルを獲得した。世界選手権と五輪のメダル総数は9個。疑う余地のない日本卓球史上最高の選手である。2021年東京五輪出場予定。本来右利きだが、左シェークドライブ型。

ま

水を飲むな

【みずをのむな】

1960年代まで言われていた練習中の常識。水を飲むと汗と一緒に体に必要なものまで出るためかえって疲れるという理屈だった。そのため、暑い中フラフラになりながら練習が続けられた。今では間違った行為とされているが、うっかりすると「俺たちの頃は水を飲まずに練習したからそのうち汗も出なくなって終いにはユニフォームが乾いてきた」などと返事に困る武勇伝を披露してくるジイさんがいるので注意が必要。

ミドル

【みどる】

①卓球台のセンターライン付近のコース②競技者がフォアハンドとバックハンドのどちらで打つか迷うコース。②の意味の場合はフォアミドル(P.128参照)とも言う。

『ミックス。』

【みっくす】

2017年のコメディ映画。監督は石川淳一。主人公のＯＬ(新垣結衣)が卓球場再建のため、元プロボクサーの青年(瑛太)と混合ダブルス(P.149参照)を組む。元ヤンキーの主婦(広末涼子)がカットマンのくせに「私だよ私、バックドライブの弥生だよ」と語る異常心理も見られて楽しい。水谷隼、石川佳純ら本物の卓球選手も一瞬だが登場する。

ミックスゾーン

【みっくすぞーん】

大きな大会で、選手が簡易的にインタビューに答える場所。選手の行動領域と、取材陣の行動領域の重複する場所であることから。卓球では試合が残っている選手には試合への影響を考慮してインタビューをしないことが多く、結果、負けた直後の半泣き状態の選手にインタビューすることがほとんどとなる。

みまじゅん

【みまじゅん】

伊藤美誠(P.23参照)と水谷隼(P.141参照)の混合ダブルス(P.49参照)につけられた愛称。11歳差ではあるが、ともに静岡県磐田市出身で幼少期からの知り合いのため、遠慮のない間柄であることも強み。2021年東京五輪でもっとも活躍が期待される。

美満津商店

【みまつしょうてん】

1902(明治35)年に、坪井玄道(P.97参照)の勧めで日本で最初に卓球セット「ピンポン」を製造販売したスポーツ製造業者。東京・本郷の東大赤門前にあり、テニスや野球用具なども販売していた。1882年に伊東卓夫が創業し第二次世界大戦を機に廃業。社名

は伊東が津藩(現・津市)出身だったことと、家紋の三階松から。

美満津商店の目録に掲載された1902年当時の店舗写真

みまパンチ

【みまぱんち】

伊藤美誠(P.23参照)独特の打法に自らつけた愛称。相手の強打に対してフォアハンドで手だけで押し込むもので、ブロックの延長の打法。相手の決め球に対するカウンターであるためリスクが高く、好んで使うべき技ではないが、特徴的な動作のためマスコミ受けが良い。試合中に見られることは希なため(あるいは本当に見分けがつかないのか)、しばしば普通のフォアハンド攻撃まで「みまパンチ」として紹介される「みまパンチインフレ」が起きている。

宮﨑義仁

【みやざきよしひと】(1959〜)

長崎県出身の卓球選手、指導者。強烈なバックサービスを武器に、1985年世界選手権男子シングルスで強豪を次々と破ってベスト8に入り、ミヤザキ旋風を巻き起こした。ソウル五輪日本代表。2001年から2012年まで男子日本代表監督。2017年から強化本部長。指導書の著書多数、わかりやすい話とユーモアでテレビ解説者としても人気を博し、日本卓球界の顔的存在。右ペンホルダードライブ型。

ミユータ

【みゆーた】

逆チキータ(P.41参照)と同じ。加藤美優が幼少期に独自に考案して使い始め、チキータ(P.93参照)と美優をもじって自ら命名した。その後、他の選手にも広まり、逆チキータの呼び名が定着した。

昔の選手の方が強かった

【むかしのせんしゅのほうがつよかった】

卓球界で昔から繰り返されてきた与太話。「今の選手よりも齋藤清の方が強かった」「斎藤清より長谷川信彦の方が強かった」「長谷川信彦など荻村伊智朗に敵わない」「史上最強は藤井則和」「今孝の全盛期の方が強かった」「今孝など中島正郎の足下にも及ばない」など。これらすべてを真に受けると、明治35年の日本伝来時が最強ということになる。卓球の進化を理解できないことと、自分が影響を受けた選手に対する身贔屓の心理が原因。

武蔵野卓球場

【むさしのたっきゅうじょう】

東京・吉祥寺に存在した伝説的卓球場。1950年に上原久枝が開業した。卓球台が3台しかなかったにもかかわらず、上原の求心力により、久保彰太郎(P.43参照)、荻村伊智朗(P.33参照)、今野昇(P.50参照)ら、後に卓球界を動かす若者たちが汗を流した。(P.123「ピンポンさん」参照)

明治大学

【めいじだいがく】

東京に本部を置く私立大学。男子卓球部が名門であることで知られ、2019年までのインカレの団体優勝回数は16回で、専修大学の18回に次ぐ2位。水谷隼(P.141参照)、丹羽孝希(P.110参照)ら、五輪や世界選手権の日本代表選手を多数輩出している。2011年から2020年の10年間の世界選手権の男子日本代表選手の延べ64人のうち、25人(39%)が同校出身者で占められる。

メンタル

【めんたる】

メンタル・ストレングスの略。「精神力」(P.71参照)と同じだが、何らかの理由で「精神力」を使いたくない人たちや、とにかく英語を使いたい西洋かぶれの人たち、従来からある概念を新しく見せかけたい人たちによって広められた。同様の空疎な言い換えに「体力」→「フィジカル(フィジカル・ストレングス)」がある。

盲人卓球

【もうじんたっきゅう】

「サウンドテーブルテニス」(P.54参照)の旧称。

『燃えよ！ ピンポン』

【もえよぴんぽん】

卓球を題材とした2007年のアメリカのアクション・コメディ映画。ロバート・ベン・ガラント監督。カンフー映画のパロディ仕立てとなっている。卓球曲芸師として身を立てている中年男性が、盲目の卓球達人の指導を受けて、裏社会で行われている卓球デスマッチに参戦するという非の打ち所のないバカバカしい映画。卓球と言いながら、ボールを床に突きながらつり橋を渡るなど、そもそも何を競っているのかすらわからない場面も目白押しだ。

『燃えよ！ ピンポン(DVD)』(東北新社)

戻り

【もどり】

移動やスイングをした後に、元の位置や姿勢に戻ること。卓球のプレーにおいて極めて重要だが、初心者の習得が難しいことの一つ。卓球はボールが軽く競技領域が狭いため、どんなに破壊的なボールを打っても常に打ち返される可能性があるため、いかなる動作にも戻りまでを一連の動作として組み込んでおく必要がある。テレビなどでトップ選手の試合を見ると、打ち抜いた場合でも、返ってくるはずのない返球に備える動きをしていることからそれがわかる。

森沢幸子

【もりさわさちこ】(1944〜)

熊本県出身の卓球選手。1967年世界チャンピオン。中学１年から卓球を始め、インターハイではベスト16が最高だったが、専修大学(P.75参照)で気絶するほど激しいフットワーク練習などで力をつけ、４年の全日本選手権で初優勝し、２年後に世界チャンピオンとなった。負けず嫌いが激しく、高校時代は大会で負けると悔しさの余り思わずラケットを叩き割ってしまっていた。右ペンホルダー裏ソフト攻撃型。

や

ヤサカ

【やさか】

日本の卓球用具メーカー。株式会社ヤサカ。日本大学卓球部の監督であった矢尾板弘が卓球仲間の坂本鎌蔵と1947年にボールメーカーとして「ヤサカ商会」を創業した。社名は二人の姓から。1953年に世界で初めて裏ソフト（P.26参照）ラバーを開発し「ソフトラバー」の名称で発売したが、あまりの普及で商品名が普通名詞化した。後の「マークV」（P.138参照）の世界的成功により、ラバーメーカーとしての地位を揺るぎないものとした。

山田耕筰

【やまだこうさく】（1886～1965）

童謡「赤とんぼ」で有名な作曲家。日本で最初に卓球をしたと目される日本人。『自伝　若き日の狂詩曲』には、山田は15歳のとき、姉と結婚した英国人、エドワード・ガントレットに迎えられて岡山に移り住み、そこで音楽の手ほどきを受けたことが書かれている。そのくだりに「ついでながらピンポンも義兄が日本へ伝えたもので、したがってまた義兄の相手役をつとめ、その方面でも日本最初のプレイヤァたるの光栄を要求することが出来るだろう」とある。同書巻末の年表によれば、山田が義兄と同居していたのは1901年５月から翌年の秋までであるため、坪井玄道（P.97参照）が日本にピンポンセットを持ち込んだ1902年６月より前に卓球をしていた可能性が高い。なお、同書には、ガントレットが収入の半分を購入に充てるほど玩具が大好きで、英米の雑誌の広告を見ては目新しいものがあると取り寄せていたとも書かれており、信憑性は高い。

山田耕筰著『自伝　若き日の狂詩曲』（中公文庫）

ヤン・オベ・ワルドナー

【やんおべわるどなー】（1965～）

スウェーデンの卓球選手。1983年世界選手権から2004年アテネ五輪まで22年にわたってトップ選手であり続けた。1989年、1997年世界チャンピオン、1992年バルセロナ五輪金メダル、2000年シドニー五輪銀メダル、2004年アテネ五輪４位。高い身体能力とリラックスした動きに加え、ボールが来るところがわかっているとしか思えない「ワルドナータイム」と呼ばれる余裕のある動きで、打球ぎりぎりまで相手を見て逆を突くプレーで強豪を手玉に取った。ラケットの柄から３本の指を外すことによるペンホルダー並みの複雑なモーションのサービス、フォアハンド、バックハンドともにカーブドライブ、シュートドライブ、ナックルドラ

イブ、スマッシュと、すべての回転を操るプレーで多くの選手に影響を与え、現代卓球を変えた。「100年に1人の天才」「卓球界のモーツァルト」「キング」と称される。右シェークドライブ型。2003年に世界卓球殿堂入り。

柳承敏

【ゆすんみん】（1982〜）

韓国の卓球選手。2004年アテネ五輪金メダル。中学時代、朝6時から夜1時までという死線スレスレの練習量で、目を疑うようなフットワークを身につけ、当時すでに主流だったシェーク両ハンド卓球を世界卓球史上最速のオールフォアのドライブで粉砕した。効率や合理性を無視したプレーによって、卓球が単なる競技を越えた芸術、自己表現であることを卓球人に再確認させた。右ペンドライブ型。2019年から韓国卓球協会会長。

劉南奎

【ゆなむきゅ】（1968〜）

韓国の卓球選手。1988年ソウル五輪金メダル。左ペンドライブ型。以下、柳承敏の項と同じ。それにしても韓国の卓球はどうしてこうも激しいのだろうか。

ユニフォーム

【ゆにふぉーむ】

試合で使用する着衣。日本卓球協会が主催する大会では上下とも、公認マーク（P.45参照）のワッペンがついたものだけが使用を許される。

「良い物を食べさせて、良いホテルで休ませて、地獄の練習」

【よいものをたべさせてよいほてるでやすませてじごくのれんしゅう】

1970年代から2000年代前半まで韓国卓球を支えてきたカリスマ指導者、千栄石（チュンユンスク）の指導方針。「競馬でも、馬には良い物を食べさせてよく休ませて訓練させるが、卓球も同じ」と語る（『卓球王国』2005年3月号）。競技人口が日本の3分の1、中国の100分の1とも言われる40万人ながら、たびたび中国を破ってきた韓国卓球の根幹と言える。「毎日朝の6時から夜中の1時まで練習した」「24時間練習する合宿がある」など、耳を疑う話が漏れ伝わってきている。こんな人たちになら負けても仕方がないと諦めがつくというものだ。

用具制限

【ようぐせいげん】

1959年にITTF総会で決定された用具に関するルール。それ以前はラケットもラバーもほとんどルールがなく、何を使ってもよかった。この会議で、ラケットは木製に限定され（後に厚みの15%まで他材料可となる）、ラバーは日本が使って活躍した「スポンジラバー」（P.69参照）、スポンジなしの「裏ラバー」、厚み4ミリを超えるラバーが禁止となり、現在もこのルールが生きている。4ミリとなった理由は、制限案が可決されるのに必要な75%の賛成票を得られるギリギリの厚みだったというだけであり、合理的な根拠はない。

用具選手

【ようぐせんしゅ】

「異質反転型」（P.21参照）など、粒高ラバーやアンチスピンラバーによる希少価値によるやりにくさを武器に戦う選手の俗称。

用具展示会

【ようぐてんじかい】

日本の卓球用具メーカーが、毎年3月に合同で行う、卓球ショップ経営者らに対する新商品の展示会。一般愛好者には案内されないが、何かのツテで紛れ込んだ用具マニアにとってはこの世の極楽となる。

用具マニア

【ようぐまにあ】

卓球への情熱が高じて、練習よりも用具を選んだり論じることに多くの時間を費やし、結果的に競技よりも用具を重視する生活を送っている卓球ファン。多くは自身が用具マニアであることを認めず「用具はあくまでも手段。目的は勝つことで、理想的な用具を探しているだけ」と語るが、自らに上達する機会を与えないほど頻繁に用具を変えるのが実態。(P.54「佐藤祐」参照)

「ヨー」

【よー】

卓球界で定着している試合中の掛け声。P.136参照。

ヨーラ

【よーら】

JOOLA

ドイツ発祥の卓球用品メーカー。1952年創業。1998年に小川貿易株式会社が日本代理店としてヨーラ・ジャパンを設立。テンション系ラバー「ゴールデンタンゴ」シリーズ、ラージボール用ラバー「アレグロ」で存在感を示している。

横入れ

【よこいれ】

卓球台の横に大きく出るボールに対して、ネットの上ではなく横から相手のコートに入れること。卓球台より下で打ち、軌道の頂点が卓球台の高さになるように入れると、コートでまったく弾まず返球不可能なボールとなる。2020年のあるスポーツバラエティーテレビ番組では「物凄い回転をかけているために弾まない」というデタラメな解説が見られた。卓球の知識以前の問題である。

横回転

【よこかいてん】

ボールの回転の一種で、回転軸が鉛直方向の回転。軌道が横に曲がり、ラケットに当たると横方向に跳ね返る。回転軸が傾くと跳ね返る方向が変わるが、斜め下に跳ね返るのを「横下回転」、斜め上に跳ね返るのが「横上回転」と言う。古い人はそれぞれ「斜め下回転」「斜め上回転」とも。

横回転ブロック

【よこかいてんぶろっく】

相手の攻撃球に対して横回転を加えるブロック。カットブロック(P.38参照)ほどではないが、空振りのリスク、球速を抑えないと入り難いという難しさの割に必ずしも得点できない効率が悪い打法。相手を混乱させるため、あるいは器用さをアピールするためにすることが多い。丹羽孝希(P.110参照)のように、逆を突かれてバック側にラケットを突き出すと自然に横回転ブロックになる選手もいる。

吉田安夫

【よしだやすお】(1933〜2019)

埼玉県出身の卓球指導者。中学3年から卓球を始め、立教大学時代に高校生の指導に目覚める。熊谷商業高に赴任するとインターハイ男子団体優勝9回、埼玉工業大学深谷高(現・正智深谷高)では同3回、青森山田高(P.15参照)では同14回の優勝を成し遂げた。教え子に齋藤清、水谷隼(P.141参照)、丹羽孝希(P.110参照)ら7人の全日本チャンピオンが名を連ね、世界選手権の日本代表選手は数知れない。まさに1980年代以降の日本男子の卓球を牽引した名指導者である。

四元奈生美

【よつもとなおみ】(1978〜)

東京都出身の卓球選手、タレント。母と姉の影響で小学1年から卓球を始める。中学1年で全日本カデット(13歳以下)で優勝し、その後、淑徳短期大学、淑徳大学でプレー。2001年、大学卒業と同時にプロ選手となり、2004年には中国の超級リーグに参戦し北京チームでプレーした。全日本選手権に自らデザインした奇抜なユニフォームで参戦し、審判長から注意を受けるも女子シングルスで4回戦まで進み、混合ダブルスで準優勝の記録を持つ。卓球界のジャンヌ・ダルクの異名を持つ。

ヨルゲン・パーソン

【よるげんぱーそん】(1966〜)

スウェーデンの卓球選手。右シェークドライブ型。1991年世界チャンピオン。186センチと大柄ながら手首を柔らかく使って左右に打ち分ける「広角打法」(P.44参照)のフォアハンドドライブと、一撃で打ち抜く「コブラ」と呼ばれるバックハンドスマッシュで、ヤン・オベ・ワルドナー(P.146参照)とともにスウェーデンの黄金時代を築いた。33歳で迎えた2000年世界選手権の男子団体決勝では同年シドニー五輪金メダルの孔令輝と、1996年アトランタ五輪金メダルの劉国梁を粉砕、スウェーデンに7年ぶりの優勝をもたらした。2008年北京五輪では41歳にして4位に入る(銅メダル決定戦で敗れた)化け物ぶりを発揮した。2020年よりスウェーデン男子監督。2003年に世界卓球殿堂入り。

40ミリボール

【よんじゅうみりぼーる】

2001年世界選手権から採用された直径が40ミリのボール。76年間続いた38ミリ(P.56「38ミリボール」参照)からの変更だった。目的は、観客やテレビの視聴者から見やすくすることと、スピードを抑えてラリーが続くようにすることだった。空中での減速が大きくなったというトップ選手の感想が聞かれたが、実際には空気抵抗が大きくなった分をちょうど相殺するように重さも増えているので空中での減速は理論上も測定上も38ミリと変わらない。しかし、打球直後の初速が遅くなっており、ラリーの低速化には成功した。トップ選手の感覚もアテにならないことを示す好例。

卓球大会の魔物

卓球界では「全日本には魔物が棲んでいる」などと言われることがある。日本最高権威の大会であるため、強い選手がプレッシャーに飲み込まれて負けるなど、意外な試合結果を指してのことだが、実は卓球の大会には別の意味の魔物も棲んでいる。

それは、選手がサービスの体勢に入って会場が静まり返った瞬間に「がんばれっ！」などと叱りつけるように叫ぶオヤジだ。卓球の場合、会場が水を打ったように静かになるので、こういうことが起きてしまうのだ。魔物が登場するのは決まって人気女子選手の試合で、特に石川佳純の試合がアブない。中には「がんばろう」などという、まるで幼児を諭すような掛け声もある。もっとひどいのが「あきらめるなっ！」という応援だ。自分があきらめているもんだからそんなことを言うのだ。あきらめた覚えのない選手にとってこれほど癪に障る掛け声もないだろう。

なんと迷惑な話だろうか。こうしたノイズに耐えるのもトップ選手の力量とは言えるが、ないに越したことはない。日本での国際大会だと、これらの応援が日本語がわかる日本選手だけを狙い撃ちするので理不尽きわまりない。2015年に女子ワールドカップが仙台で行われたときは、困ったことに準決勝で石川佳純になんと二人の魔物が取り憑いた。よりによってリードされて苦しい状態のときに（当然、そういう状態のときの出現頻度が高い）、会場の両側から「がんばれっ！」「まだまだっ！」などとステレオ状態だったのだ。勝ったからよかったようなものの、負けていたら石川があまりにも不憫だった。

魔物たちは自分たちの応援のおかげで勝ったと思っているので、次からますます応援に力がはいるという悪循環だ。

考えてみれば、一般人が石川佳純に直接語りかける機会などない。それが誰にも邪魔されることなく語りかけられるのだから、その快感たるや変態、いや大変なものだろう。

魔物を駆除する方法としては「おしゃべり作戦」がある。そのオヤジの隣に座り、ときどき話しかけて事前に親しくなっておくのだ。そしていよいよ大会も終盤にさしかかり、お目当ての女子選手が登場してオヤジが応援したくてムラムラしてきたタイミングを見計らい「ところで先輩、お生まれはどちらですか？　それにしてもいい物お召しでんなあ」などと切れ目なくムチャクチャに話しかけるのだ。関西弁なら違和感なく続けられるはずだ。会話に自信のある関西弁の方に挑んで欲しい。

しかし確実なのは、フルフェイスのヘルメットを頭からすっぽりと被せてやることだろう。怒り狂ったオヤジはもはや応援どころではなくなるだろう。暴れるようならその上から座るとか除夜の鐘みたく108回たたくとか二重三重の作戦が必要となる。命知らずの方に挑戦してほしい。

と、いうわけにもいかないだろうから、実際にはこうした魔物も卓球大会の風物詩として楽しむしかなさそうである。

ら

ラージボール

【らーじぼーる】

直径44ミリのボールを使うレクリエーション用に開発された卓球。ラバーは表ソフトのみで、ネットは通常の卓球より2センチ高い18.25センチで、12-12以後はジュースがなく13点取った方が勝ち。日本卓球協会が、1988年にリクリエーション用卓球として考案した（当時は「新卓球」）。ボールの初速も空中の減速も非常に大きく、回転もかかり難いため、ラリーが続きやすい。年配の初心者でも敷居が低く親しまれており、全国大会が開かれている。その反面、若者が行うとラリーが続きすぎて、逆に過酷極まりない競技になるという皮肉を孕んでいる。

ラケット交換

【らけっとこうかん】

試合前に相手選手の求めに応じてラケットを見せ合うこと。「異質反転型」（P.21参照）などの用具選手が増えたため、1979年に義務化された。

ラケットコントロール

【らけっとこんとろーる】

ラケットやラバーがルールに合致しているかどうかを試合前または試合後に検査するシステム。違反していると失格になる。近年流行しているオイル系ブースターの使用については検知できていないと考えられる。

ラケット失格事件

【らけっとしっかくじけん】

1995年世界選手権男子シングルス準々決勝で金擇洙（韓国）が王涛（中国）を破ったが、試合後にラケットコントロールで失格となり、王涛が準決勝へ進んだ。2006年世界選手権女子団体準々決勝で、福岡春菜がハンガリーのポータを破ったが、試合直後にラケットコントロールで失格となりポータの勝ちとなった。いずれも、選手には心当たりがなく、ラバーの製造工程で入っていた違反物質が検出されたものと考えられている。

ラケットミス

【らけっとみす】

かつてあった、相手のボールが卓球台に触れる前にラケットに当てるとミスになるルール。明らかにオーバーミスをしたボールでも、床に落ちる前にラケットに触れるとミスとなる。まれに、スマッシュにラケットが直撃されてミスになる事故があった。もともとは台上でボレーするなど、審判が判断に迷うケースを避けるためだったと思われるが、あまりにも不合理なルールであったため1994年に廃止された。

ラバーウォーマー

【らばーうぉーまー】

試合前にラバーを温める装置。2017年にイルマソフトが発売した。冬場などラバーが

冷たくて弾みが悪い場合や、梅雨時にラバー表面が結露する場合に絶大な効果を発揮するもので、携帯バッテリーで加熱したアルミ板をラバーに当てて均一に温める仕組み。

ラバー貼りラケット

【らばーばりらけっと】

両面にハイエンドラバーの「テナジー05」が貼られた状態で販売されている「ティモボルALC」。

ラバーがラケットに貼られて売られている商品。通常は、ラバーを貼り換えられるように、ラケットとラバーは別売りされるため、ラバー貼りラケットは初心者ラケットの象徴となっている。その常識に慣れたままアメリカの卓球用品店に行くと「ティモボルALC」に両面「テナジー」というラバー貼りラケットが売っていて腰を抜かすこととなる。

ランク決定戦

【らんくけっていせん】

全日本選手権におけるベスト16決定戦のこと。ベスト16以上の選手に日本ランキングがつき、なおかつ次年度の16シード権が得られるため、参加選手にとっては選手人生の分かれ目の重要な試合となり、毎回、熱いドラマが繰り広げられる。

ランダム練習

【らんだむれんしゅう】

試合のようにコースを不規則にして行う練習。現代では当たり前の練習だが、日本では長い間コースを一定にするかまたは規則的に変化させての練習が主流だった。何十球、何百球と反復練習することによって一つの打法を高めることを重視したのがその理由。そのため、不規則なボールに対する対応力が身につかず、世界から取り残される原因となった。1991年に書籍『スウェーデン卓球最強の秘密』(P.66参照)でランダム練習が紹介されたとき、「こんな練習は難しすぎてできません」という声が名門高で聞かれたのが、当時の日本の卓球の遅れを物語っていた。

リチャード・バーグマン

【りちゃーどばーぐまん】(1919〜1970)

オーストリア出身(後にイングランドに移住)の卓球選手。13歳で卓球を始め1937年世界選手権で史上最年少の17歳で世界チャンピオンとなった。男子シングルスの4回を含む7個の金メダルを獲得。人類史上最高と言われた守備範囲と強烈なフォアハンド攻撃、ボール選びにわざと30分もかけて相手をじらすなどの策略で、日本が登場する直前の卓球界で最も偉大な選手。いやしくも卓球ファンならば、リンドバーグやハンバーグと聞いた場合でもリチャード・バーグマンを思い出すようにしたい。1993年に世界卓球殿堂入り。

リフレックススポーツ社

【りふれっくすすぽーつしゃ】

アメリカのスポーツ映像制作会社。世界で初めて卓球の試合をエンターテインメント作品として制作した。特に1991年に発売したスーパープレー集『ザ・ワンダフル・アンド・ワッキー・ワールド・オブ・テーブルテニス』は卓球界に衝撃を与えた。カメラ位置、効果音、編集の見事さにおいて、今でもこの作品を越えるものは少ない。

『ザ・ワンダフル・アンド・ワッキー・ワールド・オブ・テーブルテニス(VHS)』(リフレックススポーツ)

劉国梁

【りゅうこくりょう／りゅうぐぉりゃん】
（1976～）

中国河南省出身の卓球選手、指導者。1996年アトランタ五輪金メダル、1999年世界チャンピオン。中国が低迷期にあった1990年当時、復活策として命じられたペンホルダーの裏面でドライブをかける「裏面打法」（P.27参照）を一早く習得し復活に寄与した。男女を通じて表ソフトを使った最後の世界チャンピオン。右利き。指導者としても優れ、2003年から中国ナショナルチーム総監督を10年以上にわたって務めた。その指導方法はエグく、選手が大差で勝った後でも延々と説教をしたり、団体戦で「何番に出てもいい」と言った選手に対して「なぜ1番に出たいと言わない？　何か不安でもあるのか？」とれを“問題視”して対策会議を行うほどの完璧主義者。2018年には中国卓球協会会長となった。中国卓球界のドン。1999年に世界卓球殿堂入り。

劉詩雯

【りゅうしぶん／りゅうしえん】（1991～）

中国遼寧省出身の卓球選手。身長150センチそこそこの小柄な体格ながら、持ち前の運動能力で体格を感じさせないプレーをする。世界選手権で金メダル8個を獲得しながら、女子シングルスのタイトルが獲れずに涙を飲むことが多かった。特に2015年大会の決勝では、相手の丁寧が途中で足をくじいて引きずるようにして試合を始めたところから崩れて敗れ、あまりの悔しさに表彰台でも涙が止まらなかった。2019年大会で、準決勝、決勝と同士討ちで11-0の完封ゲームを含む勝利で念願のタイトルを手にした。右シェーク裏裏ドライブ型。

リュブリアナ大会強化合宿

【りゅぶりあなたいかいきょうかがっしゅく】

1965年世界選手権での打倒中国を目的に、男子監督兼選手の荻村伊智朗（P.○参照）、女子監督の児玉圭司を中心として、1964年12月から約3ヶ月間にわたって断続的に行われた強化合宿。1週間程度の合宿が8回、延べ56日間行われた。朝6時のランニングに始まり、1日平均10時間、腰に5kgの砂袋（女子は3kg）を巻いてのフットワーク練習、カット打ち千本ノーミス練習など体力、持久力面に比重が置かれた過酷なものだった。2月1日から岐阜・柳津小学校で行われた第4次合宿では、野平孝雄（後に日本代表監督）がツッツキ千本ノーミスの課題を完遂するため、夜中の2時まで練習が続けられた。リュブリアナ大会で高橋浩（P.82参照）が荘則棟（P.78参照）、張燮林を破り、深津尚子（P.129参照）が世界チャンピオンとなったのはこの合宿の成果と言われる。

両者失格で優勝者なし

【りょうしゃしっかくでゆうしょうしゃなし】

1937年世界選手権女子シングルスの決勝で、ルース・アーロンズ（アメリカ）とガートルード・プリッツィ（オーストリア）が対戦したが、当時のルールの1時間45分の制限時間を越えたため両者失格とされ優勝者なしとなった。前年の世界選手権で長時間の試合が続出したために制定されたルールだった。男子シングルス決勝では「悪意ある引き延ばし戦法ではないから」という理由で制限時間が適用されなかったため、前年に史上最年少の17歳で世界チャンピオンになった天才少女アーロンズは激怒し、卓球界を去った。64年後の2001年、ITTFはこの試合の裁定が誤りだったと公式に認め両者優勝として名誉を回復したが、2人とも世を去っていた。

両ハンド

【りょうはんど】

フォアハンド(P.125参照)とバックハンド(P.117参照)の両方を使うこと。「両ハンドスマッシュ」「両ハンドドライブ」などと言う。

両面アンチ

【りょうめんあんち】

ラケットの両面にアンチラバー(P.18参照)を貼る戦型。あり得ない戦型としてギャグのネタとして語られる。アンチラバーは回転がかからずスピードも抑えられているため、サービスでの得点が期待できない上に、チャンスボールが来ても攻撃できない。相手の不注意によるミス以外に得点の方法がないという絶望的プレースタイル。もっとも、水谷隼がこれを行えば、ほとんどの卓球愛好者は問題なく負けることは言うまでもない。

ループドライブ

【るーぷどらいぶ】

極端に薄く当てる(P.26参照)ことで、ボールのスピードを抑えて回転を猛烈にかけるドライブ。名称、概念ともに戦前の木ベラの時代からあるものだが、現代のような裏ソフト(P.26参照)ラバーによる強烈なループドライブは1959年に中西義治が始め、瞬く間に広がった。ループの語源は、ボールの軌道が輪を描くように山なりになるからと言われているが、今孝著『卓球その本質と方法』(昭和16年)にはラケットの動かし方として「極端に近い円形を描く」とあり、雑誌『卓球人』(昭和22年)には「おもに庭球で使用されるが、ドライブに一層輪をかけた回転で打たれる」とある。輪をかけたから「ループ」では単なる駄洒落だが、卓球史は魑魅魍魎だらけなので油断はならない。

レーティング

【れーてぃんぐ】

対戦競技の競技者の実力を数値で表す方法。数値が大きいほど強い。もともとは1950年代にチェスで考えられたものだが、他のさまざまな競技に広まった。ITTFでも使われており、ポイントが大きい方から並べたのが世界ランキングである。レーティングは、愛好者レベルにおいても、選手間の実力の指標となるため、拮抗する相手との試合の企画ができる、ポイントの増減を選手活動の励みにできるなどのメリットがある。デメリットとしては選手のデータベースへの登録、照合、試合結果の記録の手間などがある。アメリカ、ドイツでは協会に選手登録する選手はすべてレーティング制に組みこまれ、日本でも2011年に「JTTA公式レーティング」が日本卓球協会によって導入されたが、選手登録が任意だったために広まらず2016年に終了した。また、日本卓球協会とは独自に2000年から「日本卓球レイティング推進協議会」が活動しており、現在も関西を中心に大会を実施して好評を博しているが全国には広まっていない。

レシーブ

【れしーぶ】

サービス(P.52参照)を打ち返すこと。テニスでも同じ用法だが、バドミントンとバレーボールでは相手の攻撃球を返球すること全般をレシーブと言うため、注意が必要。参考「サービスレシーブ」(P.52)。

レット

【れっと】

ノーカウント。やり直し。サービスがネットに触れてからコートに入った場合、他のコートのボールが飛び込んできた場合などに適用される。

連係プレー

【れんけいぷれー】

異なる打法を連続して行うこと。ツッツキをした後にドライブをし、次のボールをスマッシュするなど。異なる動きであるためミスになりやすく、習得が難しい。

ローター

【ろーたー】

バタフライの反転用ペンホルダーラケット。「異質反転型」(P.21参照)が流行し始めた1977年に発売された。反転しても握りやすいように柄の部分が上下対称になっており、ラバーを２枚貼っても重くならないよう軽い素材でできている。

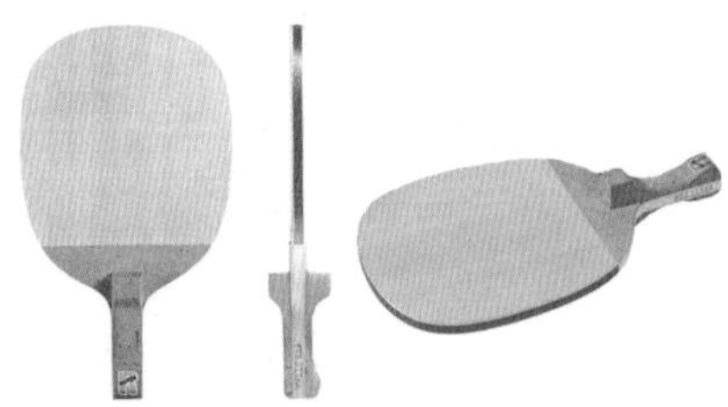

ローランド・ヤコビ

【ろーらんどやこび】(1891〜1951)

ハンガリーの卓球選手。1926年第１回世界選手権の男子シングルスチャンピオン。当時35歳の弁護士だった。技術的には特筆すべきものはないが、記念すべき初代チャンピオンなので知っておいて損はないだろう。革靴を履き、長ズボンにベストに蝶ネクタイでプレーしたと言われる。

ロビング

【ろびんぐ】

卓球台から離れて高いボールを打ち上げて入れる打法。守備技術の一つだが、回転がよくかかったロビングを打ち抜くことは難しい。田中利明(P.89参照)、長谷川信彦(P.115

参照)、ジャック・セクレタン(フランス)、ミカエル・アペルグレン(スウェーデン)、ヤン・オベ・ワルドナー(スウェーデン)、マイケル・メイス(デンマーク)、水谷隼(P.141参照)などが名手として知られる。

ロビング打ち

【ろびんぐうち】

ロビングされたボールをスマッシュすること。相手が返しにくいように、片足を上げたりジャンプしたりして高いところからコートに叩きつけることもある。2017年に放送されたあるスポーツニュースで、ロビング打ちをしている水谷隼の映像に「水谷のロビング技術に注目！」とナレーションが入った。卓球関係者から「ロビング打ち」と聞いたのを脳内変換してしまったものと思われる。無理もない。卓球用語は難しい。

ロング

【ろんぐ】

比較的大きなスイングで緩い前進回転をかけたボールを送る打法。自分のコートに弾んでから打つまでの距離が長いことから。大正時代に「ショート」(P.64参照)との対比で生まれた言葉。初心者の練習や、中級以上の者がフットワークに特化した練習をする場合に用いる。

ロングサービス

【ろんぐさーびす】

相手のコートのエンドライン近くに弾むサービス。長いサービス。ただし、長いサービスであっても、横回転やナックルなど回転に特徴がある場合はそれぞれ「横回転の長いサービス」「スピードナックルサービス」などと言い、単に「ロングサービス」と言う場合は前進回転がかかった速くて長いサービスを指すことが多い。

ロングマン

【ろんぐまん】

ロングを主用する戦型。ドライブもロングに含まれるため、ドライブマン(P.103参照)はロングマンの一種と言える。ドライブが流行して以降は、ドライブを使わないロングマンはほとんどいなくなったため、ドライブマンと同じ意味で使われることが多い。カットマン(P.38参照)以外の攻撃選手全般を指すこともある。他にそれを表す言葉がないため、それなりに便利な言葉ではあるが、ドライブマンもろとも死語になりつつある。若年層は、背の高い人と誤解しないよう注意が必要。

卓球レディース

編集長 西村友紀子 インタヴュー

卓球で「レディース」といえば30歳以上の
女性選手のこと。仕事に育児にと忙しい毎日を送りながら、
好きな卓球に打ち込むそんな女性たちにエールを送るWEBメディア
「卓球レディース」(伊藤条太もお気に入り)の西村友紀子編集長は、
自身も小学生の子供を育てるレディースの一人である。
おそらく世界で唯一のレディース向け専門メディアを立ち上げるなど、
ユニークな視点の秘密に迫るインタヴューをどうぞ！

——2021年4月にサイトを立ち上げたとのことですが、短期間のうちにかなりの数のコンテンツが揃いましたね。とくに特集は、「もったいない精神を問うサステナブルラバー考！」「禁断のダブルス相性占い」「美肌と疲労回復が一度に叶うボディケアでしなやかなフォームを手に入れろ」など、異色の卓球情報が目白押しです。アイデアはどこから生まれたのですか？

「卓球は高校の時に部活で3年間やっていましたが、その後はずっと封印していました。でも、結婚して子供が小学生になったのを機にPTAの卓球部に入ると、これが思いのほかはまってしまったんです。一緒に卓球をするママさんたちもまったくの初心者からどんどん上達し、いまではプライベートで教室のレッスンを受けるほどの気合いの入れようです。私自身を含め、そういう人たちに向けた卓球情報メディアがあればいいなというのが、動機でした。女性は子育てや介護など、卓球を続けていくのが困難な生活環境にある人が多く、そういう人たちがずっと続けようと思えたり、しばらく離れていても心のどこかでは楽しんでいられたりするような情報を発信しようと考え、いまのスタイルになりました。最初は女性向けという大きな括りで考えていたのですが、起業塾のコンサルタントからもっとニッチな層に絞った方がいいというアドバイスを受けたのもレディースに特化した理由

西村友紀子【にしむらゆきこ】

元卓球選手の母から「卓球だけは絶対にやったらアカン」との家訓を仰せつかり、守ること16年。反抗期の勢いで高校の卓球部に入り三年間、汗を流す。それから30年後、現在はPTAの卓球部に在籍。親が認知症になり、掟が無効になったタイミングで眠らせていた卓球愛を爆発させる。2021年4月ウェブメディア「卓球レディース」公開。私の卓球熱のありったけがココに存在する。(本人筆)

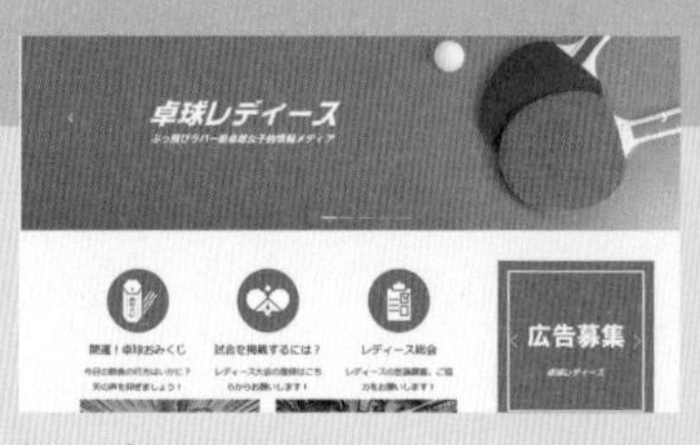

卓球レディース

本ページで紹介した特集のほか、グルメ情報「反省会で使える旨い店」、動画コンテンツ「一夜漬けで1点ゲット！」、地方別に情報をまとめた「全国の卓球場」など、さまざまなコンテンツを用意。語り口も面白い。
https://takkyuu-ladies.com

「卓球レディース」のコンテンツを一部紹介！

写真は「もったいない精神を問うサステナブルラバー考！」より一部を抜粋したもの。
最近のラバーは値段が高い、という嘆きに端を発し、使用済みラバーの再利用法を
賢く考える検証記事に目からうろこが落ちるのは、決してレディースだけではないはず？

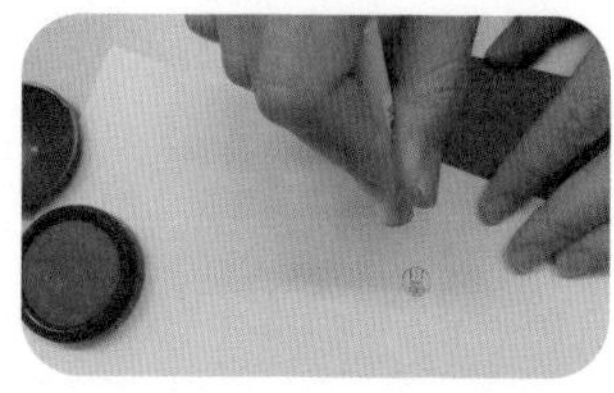

裏ソフトラバーを捺印マット代わりに

上級者向けの硬めのラバー（トクアツ）の方が「紙が逃げない、捺印マットよりも押しやすい」そうだ

ヒールの靴底の滑り止め

裏ソフトと表ソフトの各ラバーを比較検討した結果、表の方が指の付け根が滑らないため快適だとか

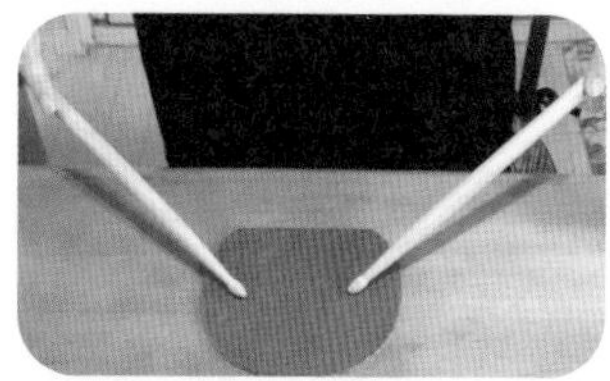

自宅でドラムの練習用に

消音効果があるラバーをドラム代わりに使用。跳ね返りは程よいが面積が小さいのが難点

マウスパッド

見たまま。滑りが良くてマウス操作がしやすいのはアンチラバーという検証結果が出た

の一つです」

――ユニークなアイデアは実体験に基づく大人の女性のニーズを素直に形にしたものなのですね。そう考えると、反響の大きさに納得できますし、レディースでない読者にとってもリアルな話として、いっそう発見の喜びが増します。

「コンサルからは最初の1か月で500ページビューもあれば上々と言われていたのですが、蓋を開ければその10倍近くですから、私自身が驚いています。本当に自分が欲しいと思う情報を、周囲の卓球仲間たちとの経験も交えながら記事にしているだけなんですけどね」

――「卓球レディース」の今後の夢は？

「卓球界全体が盛り上がるには、潜在的な顧客としての伸びしろがあるレディースに、もっともっと卓球を楽しんでもらうことが必要だと思います。私が高校生だった頃と現在とでは、卓球に関する情報量に大きな差があり、いまではYouTubeにもいろんな動画が上がっています。ただ、それゆえに足りないものがはっきりしてきたとも言えるでしょう。今後は、卓球を楽しむ大人の女性向けの商品開発など、いろんな方面に企画を広げながら、さらに情報を充実させていきたいと思っています」

卓球の臭い

卓球の臭いといえば、やはり用具だろう。買ったばかりのラケットはなんともいえない芳醇な木の香りがする。ペンホルダーのちょっと腐ったようなコルクの臭いにさえも心躍らされる。グリップを削ったりすると香りは一段と鮮烈さを増し、そのかぐわしさにほとんど目まいさえ覚える。もう卓球がしたくてしたくてたまらなくなる。

はやる気持ちをおさえてラバーのパッケージを開けると化学技術の粋である加硫ゴムの臭い（ホントかよ）が一挙に部屋中に広がり、自らが卓球の主役であることを高らかに宣言する。たまらず鼻に近づけてクンと嗅ぎ「こりゃあ回転かかるぞ」などと胸を高鳴らせ、ラバーの気体成分を胸いっぱいに吸い込む。鋏で切りながらあれこれとインパクトを想像し、脳内ではすでに卓球が始まっている。

練習場にもそれぞれに特有の臭いがある。古い卓球場のカビ臭さと異常に臭いトイレ、日焼けした暗幕の臭い、公共施設のトイレの塩素臭といったものまでが、卓球の思い出となって記憶に残る。

昔はスピードグルーの有機溶剤の臭いもあった。臭ければ臭いほどスピードが出るという明らかに間違った信念のもと、シンナーやトルエン、はては灯油やガソリンまで塗るバカ者がいたものだった。まったくもって不健康なスポーツもあったものだ。

このように、臭いというのは卓球競技につきまとうものだが、意外なことにこれを意識した卓球用品はまだない。

そこで、臭いつきラバーなんかどうだろうか。臭いつき消しゴムがあるくらいだから技術的には可能なはずだ。普通の発想であれば芳香剤でも入れるところだろうが、ここでは一歩踏み込んで、悪臭を発して相手の集中力を殺ぐ必勝ラバーを提案したい。悪臭といっても、アンモニア臭とか腐乱臭とか、いかにもの悪臭では審判から退場させられるから、ギリギリさりげないものでなくてはならない。

たとえば、カメムシの臭いだ。世界選手権の女子団体決勝、日本対中国。日本選手がコートに入ると、甘いような生臭いような臭いがかすかに漂う。この時点では選手も審判もまだ半信半疑だ。試合が進んで打球するほどに活性化されたラバーから臭気が放出されてその輪郭を増し、終盤にさしかかるころにはボールばかりか鼻が曲がるほどの臭気となる。警告のタイミングを逸した審判もどうしようもない。そもそも誰に何を警告するのかさえわからないのだ（下手すると自分が退場になる）。もちろん日本選手は数ヶ月におよぶ合宿で鼻をバカにしてあるので、高い集中力を維持して中国を圧倒するのだ。

しかし、次の大会からはお互いに猛烈な悪臭の応酬となり、さらに、これ幸いとばかり何日も風呂に入らない奴はいるわ、どさくさに屁をこく奴がいるわ本物を出す奴がいるわで、もう卓球の試合会場には臭くて誰も近寄れなくなるだろう。それはすなわち卓球の滅亡を意味する。やはりこんなことを考えてはいけない。

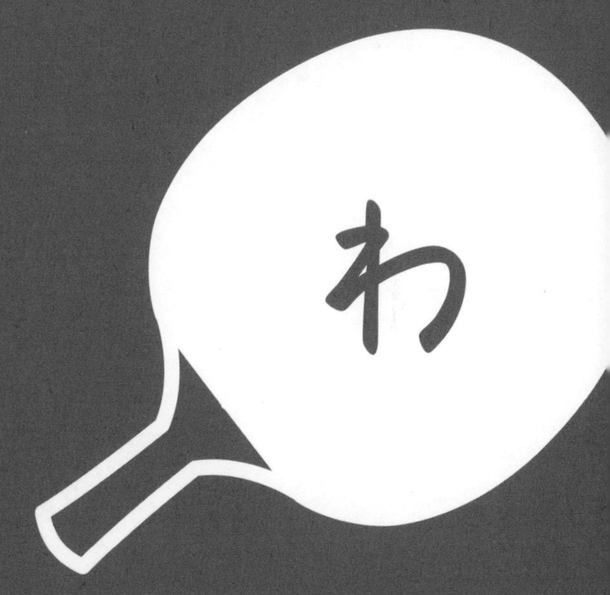
わ

YSP

【わいえすぴー】

かつて存在した日本の卓球用具メーカー。東京にあった鈴木セルロイド工業所を1938(昭和13)年に大阪に移転した際、経営者の鈴木教之(たかし)が兄の頼一(よりいち)に関東での仕事を譲って作られた。社名は教之の戸籍上の名前である鈴木祐二郎の頭文字Y.Sからだそうだが、頼一もY.Sなのでなぜわざわざそんな説明が残っているのかは謎。1984年に廃業した。

YGサービス

【わいじーさーびす】

ヤング・ジェネレーション・サービス。フォアハンドで、上げた肘を支点にしてラケットを身体から遠ざけるように振って横回転をかけるサービス。横下回転と横上回転の判別がしにくいため威力を発揮する。1990年代にヨーロッパの若い世代の選手が始めたことから。現在では、チキータ(P.93参照)封じのためにチキータをしにくいフォア前(P.128参照)に曲げて出されることが多い。

ワイパースイング

【わいぱーすいんぐ】

主にフォアハンドで体の前で自動車のワイパーのように肘を中心として振る打法。ボールに横回転がかかる、強打しにくいミドルのボールを強打できるなどの利点があるが、強烈な前進回転はかからないので効果は限定的。

鷲掴みサービス

【わしづかみさーびす】

1970年代に日本で発明されたサービス。手のひらを開いてブレードの縁を鷲掴みにして出すサービス。極めて異常な持ち方であるため、初見では過去の経験が参考にならず、ほとんどの選手が回転を見誤る。ラケットのスイング速度が上がらないため、回転量はそれほどではない。

『私のスタンディングオベーション』

【わたしのすたんでぃんぐおべーしょん】

荻村伊智朗(P.33参照)が1991年に出したエッセイ集。月刊誌『ニッタクニュース』(P.108参照)で1987年から4年間連載した「世界の人々」に加筆修正してまとめたもの。ITTF(P.15参照)の会長になった余裕のためか、自慢話が“ときどき出る程度”にまで抑えられ、純粋な卓球愛に満ちた名著。「天才に錬金術はない。ダイヤモンドの原石を持った人だけが、その才能を磨いて、磨いて、磨き抜いて、輝かしい光を競いあうことを許される。その場が世界選手権大会なのだ」「例外は人の心を迷わせる。田中がやれるんだから、鄧がやれるんだからこの子もやれないことはないという思い込みがそれだ。例外は普通の例にはならない。例外は例外の前例になるだけだ」といった名フレーズが目白押し。

荻村伊智朗著『私のスタンディングオベーション』(日本卓球)

『笑いを忘れた日』

【わらいをわすれたひ】

無名時代の荻村伊智朗が、1952(昭和27)年の全日本選手権で腕試しをして卓球を止めようと参戦した東京都予選で惨敗した際に、奮起を決意して日記に書きつけたとされる有名なフレーズ。荻村はことあるごとにこのフレーズに言及していたが、なぜか現在まで、遺品のノートにそのフレーズを見た者はいない。没後の2006年に卓球王国から出された荻村の著書をまとめた書籍の題名にも使われている。

荻村伊智朗著『笑いを忘れた日』(卓球王国ブックス)

テレビに映らない卓球「ペン粒」とは

卓球には、一般市民の目に決して触れることのない特異なプレースタイルがある。「ペン粒」という前陣守備型だ。

攻撃選手以上に卓球台にぴったりと張り付いてラケットを体の前におき、ひたすらポコポコと返し続けて相手のミスを待つという、事情を知らない人が見たら「一体何をしているのか」と言いたくなるような卓球だ。テニスやバドミントンで言えば、常にネット際に立ってブロックし続けるようなものだし、サッカーで言えば相手ゴールの近くで全員がディフェンスを……ともかく他の競技では有り得ない、絶対に卓球でしか成立しないスタイルだ。

ペン粒が一般市民の目に触れないのは少ないからではない。中学校の卓球部員でいえば、指導者がいる場合には5～10人にひとり、学校によっては部員の半分以上がペン粒という場合すらある。それにもかかわらず、なぜ一般の目に触れないかと言えば、決してテレビに映らないからだ。テレビに映るほど勝ち進まないのだ。

にもかかわらず、なぜ多くの指導者がペン粒を育成するのかと言えば、ある程度のレベルまでは絶大な威力を発揮するからだ。そのため、水谷隼にあこがれて卓球部に入ったはいいが、顧問やコーチから水谷とは似ても似つかないどころか見たことも聞いたこともない「ペン粒」を命じられ、応援に来た保護者が愕然とする光景が全国で見られる。

中一の時に、顧問の先生から「背が低い子はペン粒が向いてる」との真偽不明のアドバイスをされるがままにペン粒になったという春原大紫さん（datapingpong）。撮影：斎藤工

「ペン粒」とは「ペンホルダー粒高」の略で、「ペンホルダー」ラケットに「粒高」というラバーを貼るスタイルのことだ。このラバーは、スピードは出ないが普通のラバーと逆の回転がかかる特殊なラバーだ。逆の回転がかかることなど物理的に有り得なさそうだが、卓球ではある。現在主流の「裏ソフト」は、打球の瞬間に相手のボールの回転によってラバーが変形し、その変形が戻ることで回転を反転する性質がある。

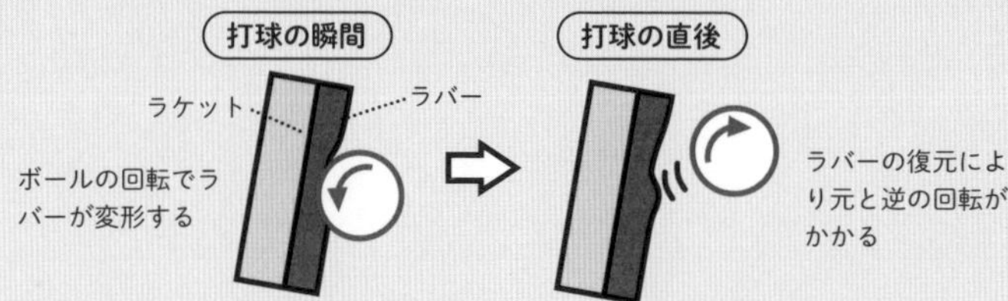

裏ソフトラバーと表ソフトラバーの回転の原理

これに対して粒高ラバーは、相手のボールの回転を反転せずそのまま返すため、結果的に裏ソフトと逆の回転になる。本来、相手の回転を反転する裏ソフトの方が異常なのだが、それが普通になっているために、粒高ラバーが特殊なラバーの位置づけになっているのだ。

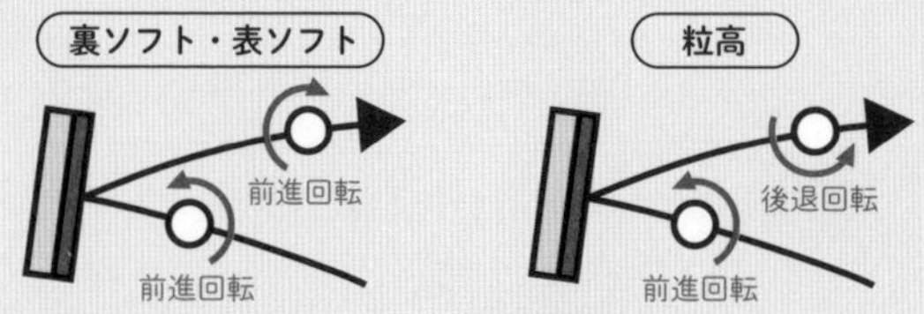

裏ソフト・表ソフトラバーと粒高ラバーとでは、
同じ打ち方をしても回転が逆になる

相手の回転に対する反応の珍しさが武器なので、できるだけ相手の回転を残すように勢いがあるうちにそっと打つのが良い。そのため卓球台に張り付いて当てるだけで返すことになる。したがって前陣守備型となる。

また、「粒高」は、サービスで自分からは回転をかけられない。そのため、ラケットの反対面に普通の裏ソフトを貼り、サービスのときだけ持ち替えて回転をかけ、ラリーになったら「粒高」で打つ戦略をとる。このようなことができるのは、自分の意思で使う面を決められるペンホルダーだけだ。「ペン粒」こそは、粒高ラバーとペンホルダーの特性が絶妙にマッチして成立しているプレースタイルなのだ。

しかし、「ペン粒」の武器はあくまでもやりにくさであり、スピードや回転量といった絶対的なものではない。慣れられてしまえば勝ち進むことはむずかしい。それがこのスタイルの限界ではあるが、卓球界の一大勢力として存在していることは厳然たる事実なのだ。

資料編

大会記録

世界卓球選手権

国際卓球連盟が主催するなかでもっとも権威のある大会。各国・地域から選出される代表選手の数がオリンピックより多く、それに比例して選手層の厚い強豪国からのエントリー数が多いことがレベルの高さにつながっている。通称、世界卓球。1957年ストックホルム大会まで毎年開催されていたが、1959年から隔年開催となった。
更に2003年からは個人戦と団体戦が分離されて、毎年交互に開催されている。1940〜1946年にかけては第二次世界大戦のため中断。第50回釜山大会は新型コロナウイルスの影響により中止された。

個人戦　男子シングルス

年	開催地	金	銀	銅
1926	ロンドン	ローランド・ヤコビ **ハンガリー**	ゾルタン・メクロビッツ **ハンガリー**	ムニオ・ピリンガー **オーストリア**
				S.R.G. スッピア **イギリス領インド**
1928	ストックホルム	ゾルタン・メクロビッツ **ハンガリー**	ラズロ・ベラク **ハンガリー**	アルフレッド・リーブスター **オーストリア**
				パウル・フルスマン **オーストリア**
1929	ブダペスト	フレッド・ペリー **イングランド**	ミクロシュ・サバドス **ハンガリー**	ゾルタン・メクロビッツ **ハンガリー**
				エイドリアン・ヘイドン **イングランド**
1930	ベルリン	ビクター・バルナ **ハンガリー**	ラズロ・ベラク **ハンガリー**	イストヴァン・ケレン **ハンガリー**
				ラヨシュ・レオポルド・ダーヴィト **ハンガリー**

年	開催地	金	銀	銅
1931	ブダペスト	ミクロシュ・サバドス **ハンガリー**	ビクター・バルナ **ハンガリー**	ニキータ・マジャログロウ **ドイツ** フェレンツ・コバチ **ハンガリー**
1932	プラハ	ビクター・バルナ **ハンガリー**	ミクロシュ・サバドス **ハンガリー**	イストヴァン・ボロス **ハンガリー** エルヴィン・コーン **オーストリア**
1933	バーデン	ビクター・バルナ **ハンガリー**	スタニスラフ・コラー **チェコスロバキア**	サンドル・クランツ **ハンガリー** エイドリアン・ヘイドン **イングランド**
1934	パリ	ビクター・バルナ **ハンガリー**	ラズロ・ベラク **ハンガリー**	ミクロシュ・サバドス **ハンガリー** ティボル・ハジ **ハンガリー**
1935	ウェンブレー	ビクター・バルナ **ハンガリー**	ミクロシュ・サバドス **ハンガリー**	アロイズィ・エーリッヒ **ポーランド** エルヴィン・コーン **オーストリア**
1936	プラハ	スタニスラフ・コラー **チェコスロバキア**	アロイズィ・エーリッヒ **ポーランド**	リチャード・バーグマン **オーストリア** フェレンツ・スース **ハンガリー**
1937	バーデン	リチャード・バーグマン **オーストリア**	アロイズィ・エーリッヒ **ポーランド**	フェレンツ・スース **ハンガリー** ハンス・ハーティンガー **オーストリア**
1938	ウェンブレー	ボフミル・バーニャ **チェコスロバキア**	リチャード・バーグマン **オーストリア**	ビクター・バルナ **ハンガリー** ティボル・ハジ **ハンガリー**
1939	カイロ	リチャード・バーグマン **イングランド**	アロイズィ・エーリッヒ **ポーランド**	ザルコ・ドリナー **ユーゴスラビア王国** ボフミル・バーニャ **チェコスロバキア**
1947	パリ	ボフミル・バーニャ **チェコスロバキア**	フェレンツ・シド **ハンガリー**	ルイス・パリアーロ **アメリカ合衆国** ジョニー・リーチ **イングランド**
1948	ウェンブレー	リチャード・バーグマン **イングランド**	ボフミル・バーニャ **チェコスロバキア**	ギー・アムレッティ **フランス** イヴァン・アンドレアディス **チェコスロバキア**
1949	ストックホルム	ジョニー・リーチ **イングランド**	ボフミル・バーニャ **チェコスロバキア**	フェレンツ・スース **ハンガリー** マーティン・リースマン **アメリカ合衆国**
1950	ブダペスト	リチャード・バーグマン **イングランド**	フェレンツ・スース **ハンガリー**	フェレンツ・シド **ハンガリー** イヴァン・アンドレアディス **チェコスロバキア**
1951	ウィーン	ジョニー・リーチ **イングランド**	イヴァン・アンドレアディス **チェコスロバキア**	フェレンツ・シド **ハンガリー** ヴァーツラフ・テレバ **チェコスロバキア**
1952	ボンベイ	佐藤博治 **日本**	ヨーゼフ・コチアン **ハンガリー**	ルネ・ルーソフ **フランス** ギー・アムレッティ **フランス**
1953	ブカレスト	フェレンツ・シド **ハンガリー**	イヴァン・アンドレアディス **チェコスロバキア**	ヨーゼフ・コチアン **ハンガリー** ラディスラフ・ラディスラフ・スティペク **チェコスロバキア**
1954	ウェンブレー	荻村伊智朗 **日本**	ターゲ・フリスベリ **スウェーデン**	リチャード・バーグマン **イングランド** イヴァン・アンドレアディス **チェコスロバキア**

年	開催地	金	銀	銅
1955	ユトレヒト	田中利明 **日本**	ザルコ・ドリナー **ユーゴスラビア社会主義連邦共和国**	フェレンツ・シド **ハンガリー** ステファン・カフィエロ **フランス**
1956	東京	荻村伊智朗 **日本**	田中利明 **日本**	野平明雄 **日本** 富田芳雄 **日本**
1957	ストックホルム	田中利明 **日本**	荻村伊智朗 **日本**	イヴァン・アンドレアディス **チェコスロバキア** ハインツ・シュナイダー **東ドイツ**
1959	ドルトムント	容国団 **中国**	フェレンツ・シド **ハンガリー**	荻村伊智朗 **日本** ディック・マイルズ **アメリカ合衆国**
1961	北京	荘則棟 **中国**	李富栄 **中国**	張燮林 **中国** 徐寅生 **中国**
1963	プラハ	荘則棟 **中国**	李富栄 **中国**	張燮林 **中国** 王志良 **中国**
1965	リュブリアナ	荘則棟 **中国**	李富栄 **中国**	徐寅生 **中国** エバハルト・シェラー **西ドイツ**
1967	ストックホルム	長谷川信彦 **日本**	河野満 **日本**	木村興治 **日本** エバハルト・シェラー **西ドイツ**
1969	ミュンヘン	伊藤繁雄 **日本**	エバハルト・シェラー **西ドイツ**	田阪登紀夫 **日本** 笠井賢二 **日本**
1971	名古屋 （愛知県体育館）	ステラン・ベンクソン **スウェーデン**	伊藤繁雄 **日本**	ドラグティン・シュルベク **ユーゴスラビア社会主義連邦共和国** 郗恩庭 **中国**
1973	サラエボ	郗恩庭 **中国**	シェル・ヨハンソン **スウェーデン**	アントン・ステパンチッチ **ユーゴスラビア社会主義連邦共和国** ドラグティン・シュルベク **ユーゴスラビア社会主義連邦共和国**
1975	カルカッタ	イストヴァン・ヨニエル **ハンガリー**	アントン・ステパンチッチ **ユーゴスラビア社会主義連邦共和国**	河野満 **日本** 高島規郎 **日本**
1977	バーミンガム	河野満 **日本**	郭躍華 **中国**	梁戈亮 **中国** 黄亮 **中国**
1979	平壌	小野誠治 **日本**	郭躍華 **中国**	梁戈亮 **中国** 李振持 **中国**
1981	ノビサド	郭躍華 **中国**	蔡振華 **中国**	ステラン・ベンクソン **スウェーデン** ドラグティン・シュルベク **ユーゴスラビア社会主義連邦共和国**
1983	東京	郭躍華 **中国**	蔡振華 **中国**	江加良 **中国** 王会元 **中国**
1985	イエテボリ	江加良 **中国**	陳龍燦 **中国**	ロ・チェンチュン **香港** 滕義 **中国**

個人戦　男子シングルス

年	開催地	金	銀	銅
1987	ニューデリー	江加良 **中国**	ヤン=オベ・ワルドナー **スウェーデン**	陳新華 **中国** 滕義 **中国**
1989	ドルトムント	ヤン=オベ・ワルドナー **スウェーデン**	ヨルゲン・パーソン **スウェーデン**	干沈su童 **中国** アンジェイ・グルッバ **ポーランド**
1991	千葉 （幕張メッセ）	ヨルゲン・パーソン **スウェーデン**	ヤン=オベ・ワルドナー **スウェーデン**	金擇洙 **統一コリア** 馬文革 **中国**
1993	イエテボリ	ジャン=フィリップ・ガシアン **フランス**	ジャン=ミッシェル・セイブ **ベルギー**	ゾラン・プリモラッツ **クロアチア** ヤン=オベ・ワルドナー **スウェーデン**
1995	天津	孔令輝 **中国**	劉国梁 **中国**	丁松 **中国** 王涛 **中国**
1997	マンチェスター	ヤン=オベ・ワルドナー **スウェーデン**	ブラディミル・サムソノフ **ベラルーシ**	閻森 **中国** 孔令輝 **中国**
1999	アイントホーフェン	劉国梁 **中国**	馬琳 **中国**	ヴェルナー・シュラガー **オーストリア** ヤン=オベ・ワルドナー **スウェーデン**
2001	大阪 （大阪市中央体育館）	王励勤 **中国**	孔令輝 **中国**	蔣澎龍 **チャイニーズタイペイ** 馬琳 **中国**
2003	パリ	ヴェルナー・シュラガー **オーストリア**	朱世爀 **韓国**	カリニコス・クレアンガ ギリシア 孔令輝 **中国**
2005	上海	王励勤 **中国**	馬琳 **中国**	マイケル・メイス **デンマーク** 呉尚垠 **韓国**
2007	ザグレブ	王励勤 **中国**	馬琳 **中国**	王皓 **中国** 柳承敏 **韓国**
2009	横浜	王皓 **中国**	王励勤 **中国**	馬琳 **中国** 馬龍 **中国**
2011	ロッテルダム	張継科 **中国**	王皓 **中国**	ティモ・ボル **ドイツ** 馬龍 **中国**
2013	パリ	張継科 **中国**	王皓 **中国**	許昕 **中国** 馬龍 **中国**
2015	蘇州	馬龍 **中国**	方博 **中国**	樊振東 **中国** 張継科 **中国**
2017	デュッセルドルフ	馬龍 **中国**	樊振東 **中国**	許昕 **中国** 李尚洙 **韓国**
2019	ブダペスト	馬龍 **中国**	マティアス・ファルク **スウェーデン**	梁靖崑 **中国** 安宰賢 **韓国**

個人戦　女子シングルス

年	開催地	金	銀	銅
1926	ロンドン	マリア・メドニアンスキー **ハンガリー**	ドリス・エヴァンス・ガビンズ **ウェールズ**	アナスタシア・フルスマン **オーストリア** ウィニフレッド・ランド **イングランド**
1928	ストックホルム	マリア・メドニアンスキー **ハンガリー**	エリカ・メッツガー **ドイツ**	ドリス・エヴァンス・ガビンズ **ウェールズ** ジョーン・イングラム **イングランド**
1929	ブダペスト	マリア・メドニアンスキー **ハンガリー**	ゲルトルード・ヴィルダム **オーストリア**	アンナ・シポス **ハンガリー** マグダ・ガル **ハンガリー**
1930	ベルリン	マリア・メドニアンスキー **ハンガリー**	アンナ・シポス **ハンガリー**	ヨゼフィーネ・コルベ **オーストリア** ゲルトルード・ヴィルダム **オーストリア**
1931	ブダペスト	マリア・メドニアンスキー **ハンガリー**	モナ・ルュスター **ドイツ**	アンナ・シポス **ハンガリー** マグダ・ガル **ハンガリー**
1932	プラハ	アンナ・シポス **ハンガリー**	マリア・メドニアンスキー **ハンガリー**	マリエ・シュミードヴァー **チェコスロバキア** マグダ・ガル **ハンガリー**
1933	バーデン	アンナ・シポス **ハンガリー**	マリア・メドニアンスキー **ハンガリー**	アストリッド・クレープスバッハ **ドイツ** マグダ・ガル **ハンガリー**
1934	パリ	マリー・ケトネロヴァ **チェコスロバキア**	アストリッド・クレープスバッハ **ナチスドイツ**	ドーラ・エムディン **イングランド** マグダ・ガル **ハンガリー**
1935	ウェンブレー	マリー・ケトネロヴァ **チェコスロバキア**	マグダ・ガル **ハンガリー**	マルセル・ドゥラクール **フランス** マリエ・シュミードヴァー **チェコスロバキア**
1936	プラハ	ルース・アーロンズ **アメリカ合衆国**	アストリッド・クレープスバッハ **ナチスドイツ**	マリー・ケトネロヴァ **チェコスロバキア** マリエ・シュミードヴァー **チェコスロバキア**
1937	バーデン	ルース・アーロンズ **アメリカ合衆国** ガートルード・プリッツィ **オーストリア** （両者優勝）	—	ヒルデ・ブスマン **ナチスドイツ** マリー・ケトネロヴァ **チェコスロバキア**
1938	ウェンブレー	ガートルード・プリッツィ **オーストリア**	ヴラスタ・デペトリソヴァー **チェコスロバキア**	ベティ・ヘンリー **アメリカ合衆国** ヴェラ・ヴォトルブコヴァー **チェコスロバキア**
1939	カイロ	ヴラスタ・デペトリソヴァー **チェコスロバキア**	ガートルード・プリッツィ **ナチスドイツ**	マリー・ケトネロヴァ **チェコスロバキア** サミハ・ナイリ **エジプト**
1947	パリ	ギゼラ・ファルカス **ハンガリー**	エリザベス・ブラックボーン **イングランド**	ガートルード・プリッツィ **オーストリア** ヴェラ・デイス **イングランド**
1948	ウェンブレー	ギゼラ・ファルカス **ハンガリー**	ヴェラ・デイス **イングランド**	アンジェリカ・ロゼアヌ **ルーマニア** ヴラスタ・デペトリソヴァー **チェコスロバキア**
1949	ストックホルム	ギゼラ・ファルカス **ハンガリー**	クヴィエタ・フルスコヴァ **チェコスロバキア**	ガートルード・プリッツィ **オーストリア** テルマ・タール **アメリカ合衆国**
1950	ブダペスト	アンジェリカ・ロゼアヌ **ルーマニア**	ギゼラ・ファルカス **ハンガリー**	サリ・サース・コロスヴァリー **ルーマニア** ロシ・カールパーティ **ハンガリー**

個人戦 女子シングルス

年	開催地	金	銀	銅
1951	ウィーン	アンジェリカ・ロゼアヌ **ルーマニア**	ギゼラ・ファルカス **ハンガリー**	レア・ニューバーガー **アメリカ合衆国**
				ガートルード・プリッツィ **オーストリア**
1952	ボンベイ	アンジェリカ・ロゼアヌ **ルーマニア**	ギゼラ・ファルカス **ハンガリー**	ロザリンド・ロー **イングランド**
				エルメリンド・ヴェルトル **オーストリア**
1953	ブカレスト	アンジェリカ・ロゼアヌ **ルーマニア**	ギゼラ・ファルカス **ハンガリー**	ロザリンド・ロー **イングランド**
				ダイアン・シェラー・ロー **イングランド**
1954	ウェンブレー	アンジェリカ・ロゼアヌ **ルーマニア**	田中良子 **日本**	江口冨士枝 **日本**
				エヴァ・コチアン **ハンガリー**
1955	ユトレヒト	アンジェリカ・ロゼアヌ **ルーマニア**	エルメリンド・ヴェルトル **オーストリア**	渡辺妃生子 **日本**
				エヴァ・コチアン **ハンガリー**
1956	東京	大川とみ **日本**	渡辺妃生子 **日本**	エラ・ツェラー **ルーマニア**
				江口冨士枝 **日本**
1957	ストックホルム	江口冨士枝 **日本**	アン・ヘイドン **イングランド**	エラ・ツェラー **ルーマニア**
				渡辺妃生子 **日本**
1959	ドルトムント	松崎キミ代 **日本**	江口冨士枝 **日本**	邱鐘恵 **中国**
				エヴァ・コチアン **ハンガリー**
1961	北京	邱鐘恵 **中国**	エヴァ・コチアン **ハンガリー**	松崎キミ代 **日本**
				王健 **中国**
1963	プラハ	松崎キミ代 **日本**	マリア・アレキサンドル **ルーマニア**	エラ・ツェラー **ルーマニア**
				孫梅英 **中国**
1965	リュブリアナ	深津尚子 **日本**	林慧卿 **中国**	山中教子 **日本**
				李莉 **中国**
1967	ストックホルム	森沢幸子 **日本**	深津尚子 **日本**	ゾーヤ・ルドノワ **ソビエト連邦**
				山中教子 **日本**
1969	ミュンヘン	小和田敏子 **日本**	ガブリエレ・ガイスラー **東ドイツ**	マリア・アレキサンドル **ルーマニア**
				濱田美穂 **日本**
1971	名古屋 (愛知県体育館)	林慧卿 **中国**	鄭敏之 **中国**	李莉 **中国**
				イロナ・ボストワ **チェコスロバキア**
1973	サラエボ	胡玉蘭 **中国**	アリス・プロフォア **チェコスロバキア**	張立 **中国**
				朴美羅 **韓国**
1975	カルカッタ	パク・ヨンスン **北朝鮮**	張立 **中国**	タチアナ・フェルドマン **ソビエト連邦**
				葛新愛 **中国**
1977	バーミンガム	パク・ヨンスン **北朝鮮**	張立 **中国**	葛新愛 **中国**
				張徳英 **中国**

個人戦　女子シングルス

年	開催地	金	銀	銅
1979	平壌	葛新愛 **中国**	リ・ソンスク **北朝鮮**	童玲 **中国** 張徳英 **中国**
1981	ノビサド	童玲 **中国**	曹燕華 **中国**	李寿子 **韓国** 張徳英 **中国**
1983	東京	曹燕華 **中国**	梁英子 **韓国**	斉宝香 **中国** 黄俊群 **中国**
1985	イエテボリ	曹燕華 **中国**	耿麗娟 **中国**	斉宝香 **中国** 戴麗麗 **中国**
1987	ニューデリー	何智麗 **中国**	梁英子 **韓国**	管建華 **中国** 戴麗麗 **中国**
1989	ドルトムント	喬紅 **中国**	リ・ブンヒ **北朝鮮**	玄静和 **韓国** 陳静 **中国**
1991	千葉 （幕張メッセ）	鄧亜萍 **中国**	リ・ブンヒ **統一コリア**	喬紅 **中国** 陳丹蕾 **香港**
1993	イエテボリ	玄静和 **韓国**	陳静 **チャイニーズタイペイ**	オティリア・バデスク **ルーマニア** 高軍 **中国**
1995	天津	鄧亜萍 **中国**	喬紅 **中国**	劉偉 **中国** 喬雲萍 **中国**
1997	マンチェスター	鄧亜萍 **中国**	王楠 **中国**	李菊 **中国** 鄔娜 **中国**
1999	アイントホーフェン	王楠 **中国**	張怡寧 **中国**	李楠 **中国** 柳智恵 **韓国**
2001	大阪 （大阪市中央体育館）	王楠 **中国**	林菱 **中国**	キム・ユンミ **北朝鮮** 張怡寧 **中国**
2003	パリ	王楠 **中国**	張怡寧 **中国**	タマラ・ボロシュ **クロアチア** 李菊 **中国**
2005	上海	張怡寧 **中国**	郭焱 **中国**	郭躍 **中国** 林菱 **香港**
2007	ザグレブ	郭躍 **中国**	李暁霞 **中国**	張怡寧 **中国** 郭焱 **中国**
2009	横浜	張怡寧 **中国**	郭躍 **中国**	李暁霞 **中国** 劉詩雯 **中国**
2011	ロッテルダム	丁寧 **中国**	李暁霞 **中国**	劉詩雯 **中国** 郭躍 **中国**

個人戦　女子シングルス

年	開催地	金	銀	銅
2013	パリ	李暁霞 **中国**	劉詩雯 **中国**	朱雨玲 **中国** 丁寧 **中国**
2015	蘇州	丁寧 **中国**	劉詩雯 **中国**	李暁霞 **中国** 木子 **中国**
2017	デュッセルドルフ	丁寧 **中国**	朱雨玲 **中国**	平野美宇 **日本** 劉詩雯 **中国**
2019	ブダペスト	劉詩雯 **中国**	陳夢 **中国**	丁寧 **中国** 王曼昱 **中国**

男子ダブルス

年	開催地	金	銀	銅	
1926	ロンドン	ローランド・ヤコビ ダニエル・ペクシ **ハンガリー**	ゾルタン・メクロビッツ ベラ・フォン・ケーリング **ハンガリー**	パウル・フルスマン ムニオ・ピリンガー **オーストリア**	ヘドリー・ペニー シリル・モスフォード **ウェールズ**
1928	ストックホルム	アルフレッド・リープスター ロバート・サム **オーストリア**	チャールズ・プル フレッド・ペリー **イングランド**	ラズロ・ベラク サンドル・クランツ **ハンガリー**	ローランド・ヤコビ ゾルタン・メクロビッツ **ハンガリー**
1929	ブダペスト	ミクロシュ・サバドス ビクター・バルナ **ハンガリー**	ラズロ・ベラク サンドル・クランツ **ハンガリー**	チャールズ・プル フレッド・ペリー **イングランド**	ジェルジ・ヤゲディ イストヴァン・レティ **ハンガリー**
1930	ベルリン	ミクロシュ・サバドス ビクター・バルナ **ハンガリー**	アルフレッド・リープスター ロバート・サム **オーストリア**	ラズロ・ベラク サンドル・クランツ **ハンガリー**	ヒレ・ニルソン ヴァルタル・コルモディン **スウェーデン**
1931	ブダペスト	ミクロシュ・サバドス ビクター・バルナ **ハンガリー**	イストヴァン・ケレン ラヨシュ・レオポルド・ダーヴィト **ハンガリー**	マンフレート・フェーヘル アルフレッド・リープスター **オーストリア**	カレル・スヴォボダ インドリフ・ローターバッハ **チェコスロバキア**
1932	プラハ	ミクロシュ・サバドス ビクター・バルナ **ハンガリー**	ラズロ・ベラク サンドル・クランツ **ハンガリー**	デビッド・ジョーンズ チャールズ・プル **イングランド**	イストヴァン・ボロス ティボル・ハジ **ハンガリー**
1933	バーデン	ビクター・バルナ サンドル・クランツ **ハンガリー**	イストヴァン・ケレン ラヨシュ・レオポルド・ダーヴィト **ハンガリー**	マンフレート・フェーヘル アルフレッド・リープスター **オーストリア**	エルヴィン・コーン パウル・フルスマン **オーストリア**
1934	パリ	ミクロシュ・サバドス ビクター・バルナ **ハンガリー**	サンドル・クランツ ティボル・ハジ **ハンガリー**	ミロスラフ・ハムル **チェコスロバキア** エルヴィン・コーン **オーストリア**	イストヴァン・ボロス ベラ・ニトライ **ハンガリー**
1935	ウェンブレー	ミクロシュ・サバドス ビクター・バルナ **ハンガリー**	アルフレッド・リープスター **オーストリア** エイドリアン・ヘイドン **イングランド**	ラウル・ベドック ダニエル・ゲラン **フランス**	ラズロ・ベラク Iイストヴァン・ケレン **ハンガリー**
1936	プラハ	ロバート・ブラットナー ジェームス・マックルーア **アメリカ合衆国**	スタニスラフ・コラー オクテル・ペトリセク **チェコスロバキア**	ティボル・ハジ フェレンツ・ソオス **ハンガリー**	アドルフ・スラー カレル・フライシュナー **チェコスロバキア**
1937	バーデン	ロバート・ブラットナー ジェームス・マックルーア **アメリカ合衆国**	リチャード・バーグマン ヘルムート・ゲーベル **オーストリア**	ヴァーツラフ・テレバ フランチシェク・ハネック・ピヴェク **チェコスロバキア**	アドルフ・スラー ミロスラフ・ハムル **チェコスロバキア**
1938	ウェンブレー	ソル・シフ ジェームス・マックルーア **アメリカ合衆国**	ビクター・バルナ ラズロ・ベラク **ハンガリー**	スタニスラフ・コラー ヴァーツラフ・テレバ **チェコスロバキア**	ハイマン・ルーリー エリック・フィルビー **イングランド**
1939	カイロ	ビクトル・バルナ リチャード・バーグマン **イングランド**	ミロスラフ・ハムル **チェコスロバキア** ジョゼフ・タルタコワー **ルクセンブルク**	ラウル・ベドック ミシェル・アグノエル **フランス**	ハイマン・ルーリー ジェフリー・ハイド **イングランド**
1947	パリ	ボフミル・バーニャ アドルフ・スラー **チェコスロバキア**	ジョニー・リーチ ジャック・キャリントン **イングランド**	ラディスラフ・シュチーペク ヴァーツラフ・テレバ **チェコスロバキア**	ビクター・バルナ エイドリアン・ヘイドン **イングランド** ビクター・バルナ
1948	ウェンブレー	ボフミル・バーニャ ラディスラフ・スティペク **チェコスロバキア**	エイドリアン・ヘイドン **イングランド** フェレンツ・スース **ハンガリー**	ヘルベルト・ブンシュ ハインリッヒ・ベドナー **オーストリア**	リチャード・バーグマン **イングランド**

男子ダブルス

年	開催地	金	銀	銅	
1949	ストックホルム	イヴァン・アンドレアディス フランティセク・トカール **チェコスロバキア**	ボフミル・バーニャ ラディスラフ・スティペク **チェコスロバキア**	ディック・マイルズ ダグラス・カートランド **アメリカ合衆国**	ターゲ・フリスベリ **スウェーデン** リチャード・バーグマン **イングランド**
1950	ブダペスト	フェレンツ・シド フェレンツ・スース **ハンガリー**	フランティセク・トカール イヴァン・アンドレアディス **チェコスロバキア**	ボフミル・バーニャ ラディスラフ・スティペク **チェコスロバキア**	ヨゼフ・トゥルノフスキー ヴァーツラフ・テレバ **チェコスロバキア**
1951	ウィーン	イヴァン・アンドレアディス ボフミル・バーニャ **チェコスロバキア**	フェレンツ・シド ヨーゼフ・コチアン **ハンガリー**	ジャック・キャリントン ジョニー・リーチ **イングランド**	フランティセク・トカール ラディスラフ・スティペク **チェコスロバキア**
1952	ボンベイ	藤井則和 林忠明 **日本**	リチャード・バーグマン ジョニー・リーチ **イングランド**	マルティン・ライズマン ダグラス・カートランド **アメリカ合衆国**	ビクター・バルナ エイドリアン・ヘイドン **イングランド**
1953	ブカレスト	フェレンツ・シド ヨーゼフ・コチアン **ハンガリー**	リチャード・バーグマン ジョニー・リーチ **イングランド**	イヴァン・アンドレアディス ボフミル・バーニャ **チェコスロバキア**	ビクター・バルナ エイドリアン・ヘイドン **イングランド**
1954	ウェンブレー	ビリム・ハランゴゾ ザルコ・ドリナー **ユーゴスラビア社会主義連邦共和国**	ビクター・バルナ **イングランド** ミシェル・ハグエナー **フランス**	荻村伊智朗 富田芳雄 **日本**	ヴァーツラフ・テレパ アドルフ・スラー **チェコスロバキア**
1955	ユトレヒト	イヴァン・アンドレアディス ラディスラフ・スティペク **チェコスロバキア**	ザルコ・ドリナー ビリム・ハランゴゾ **ユーゴスラビア社会主義連邦共和国**	荻村伊智朗 富田芳雄 **日本**	フェレンツ・シド ヨーゼフ・コチアン **ハンガリー**
1956	東京	荻村伊智朗 富田芳雄 **日本**	イヴァン・アンドレアディス ラディスラフ・スティペク **チェコスロバキア**	田中利明 角田啓輔 **日本**	ヴァーツラフ・テレバ ルドヴィク・ビナノフスキー **チェコスロバキア**
1957	ストックホルム	イヴァン・アンドレアディス ラディスラフ・スティペク **チェコスロバキア**	荻村伊智朗 田中利明 **日本**	角田啓輔 宮田俊彦 **日本**	フェレンツ・シド エルマー・ジェドヴァイ **ハンガリー**
1959	ドルトムント	荻村伊智朗 村上輝夫 **日本**	ラディスラフ・スティペク ルドヴィク・ビナノフスキー **チェコスロバキア**	ラズロ・ホルジー ゾルタン・ベルチック **ハンガリー**	ハンス・アルセア オーケ・ラケル **スウェーデン**
1961	北京	星野展弥 木村興治 **日本**	フェレンツ・シド ゾルタン・ベルチック **ハンガリー**	荘則棟 李富栄 **中国**	王家声 周蘭孫 **中国**
1963	プラハ	張燮林 王志良 **中国**	荘則棟 徐寅生 **中国**	三木圭一 小中健 **日本**	李富栄 王家声 **中国**
1965	リュブリアナ	荘則棟 徐寅生 **中国**	張燮林 王志良 **中国**	李富栄 王家声 **中国**	周蘭孫 余長春 **中国**
1967	ストックホルム	ハンス・アルセア シェル・ヨハンソン **スウェーデン**	アナトリ・アメリン スタニスラフ・ゴモスコフ **ソビエト連邦**	長谷川信彦 河野満 **日本**	ヴラディミール・ミコ ヤロスラフ・スタネク **チェコスロバキア**
1969	ミュンヘン	ハンス・アルセア シェル・ヨハンソン **スウェーデン**	長谷川信彦 田阪登紀夫 **日本**	河野満 伊藤繁雄 **日本**	アナトリ・アメリン スタニスラフ・ゴモスコフ **ソビエト連邦**
1971	名古屋 (愛知県体育館)	イストヴァン・ヨニエル ティボー・クランパ **ハンガリー**	荘則棟 梁丈亮 **中国**	長谷川信彦 田阪登紀夫 **日本**	今野裕二郎 阿部勝幸 **日本**
1973	サラエボ	シェル・ヨハンソン ステラン・ベンクソン **スウェーデン**	イストヴァン・ヨニエル ティボー・クランパ **ハンガリー**	ジャック・セクレタン ジャン=デニス・コンスタン **フランス**	ドラグティン・シュルベク アントン・ステパンチッチ **ユーゴスラビア社会主義連邦共和国**
1975	カルカッタ	イストヴァン・ヨニエル ガボー・ゲルゲリー **ハンガリー**	ドラグティン・シュルベク アントン・ステパンチッチ **ユーゴスラビア社会主義連邦共和国**	伊藤繁雄 阿部勝幸 **日本**	ジャック・セクレタン ジャン=デニス・コンスタン **フランス**
1977	バーミンガム	梁戈亮 李振恃 **中国**	黄亮 陸元盛 **中国**	シェル・ヨハンソン ステラン・ベンクソン **スウェーデン**	ドラグティン・シュルベク アントン・ステパンチッチ **ユーゴスラビア社会主義連邦共和国**
1979	平壌	ドラグティン・シュルベク アントン・ステパンチッチ **ユーゴスラビア社会主義連邦共和国**	イストヴァン・ヨニエル ティボー・クランパ **ハンガリー**	李振恃 王会元 **中国**	郭躍華 梁丈亮 **中国**
1981	ノビサド	蔡振華 李振恃 **中国**	郭躍華 謝賽克 **中国**	ドラグティン・シュルベク アントン・ステパンチッチ **ユーゴスラビア社会主義連邦共和国**	ジャック・セクレタン パトリック・ビロショー **フランス**
1983	東京	ゾラン・カリニッチ ドラグティン・シュルベク **ユーゴスラビア社会主義連邦共和国**	江加良 謝賽克 **中国**	小野誠治 阿部博幸 **日本**	王会元 楊玉華 **中国**
1985	イエテボリ	ミカエル・アペルグレン ウルフ・カールソン **スウェーデン**	インジフ・パンスキー ミラン・オーロスキー **チェコスロバキア**	江嘉良 蔡振華 **中国**	范長茂 何志文 **中国**

男子ダブルス

年	開催地	金	銀	銅	
1987	ニューデリー	陳龍燦 韋晴光 **中国**	ゾラン・プリモラッツ イリヤ・ルプレスク **クロアチア**	安宰亨 劉南奎 **韓国**	アンジェイ・グルッバ レズゼック・クハルスキー **ポーランド**
1989	ドルトムント	ヨルグ・ロスコフ ステファン・フェッツナー **西ドイツ**	ゾラン・カリニッチ **クロアチア** レズゼック・クハルスキー **ポーランド**	江嘉良 謝賽克 **中国**	陳龍燦 韋晴光 **中国**
1991	千葉 （幕張メッセ）	ピーター・カールソン トーマス・フォン・シェーレ **スウェーデン**	王涛 呂林 **中国**	ドミトリ・マズノフ アンドレイ・マズノフ **ソビエト連邦**	ヨルゲン・パーソン エリック・リンド **スウェーデン**
1993	イエテボリ	王涛 呂林 **中国**	馬文革 張雷 **中国**	劉南奎 金擇洙 **韓国**	劉国梁 林志剛 **中国**
1995	天津	王涛 呂林 **中国**	ゾラン・プリモラッツ **クロアチア** ブラディミル・サムソノフ **ベラルーシ**	劉国梁 林志剛 **中国**	ジャン=フィリップ・ガシアン ダミアン・エロワ **フランス**
1997	マンチェスター	孔令輝 劉国梁 **中国**	ヤン=オベ・ワルドナー ヨルゲン・パーソン **スウェーデン**	ジャン=フィリップ・ガシアン ダミアン・エロワ **フランス**	松下浩二 渋谷浩 **日本**
1999	アイントホーフェン	孔令輝 劉国梁 **中国**	王励勤 閻森 **中国**	ゾラン・プリモラッツ **クロアチア** ブラディミル・サムソノフ **ベラルーシ**	金擇洙 朴相俊 **韓国**
2001	大阪 （大阪市中央体育館）	王励勤 閻森 **中国**	孔令輝 劉国梁 **中国**	蔣澎龍 張雁書 **チャイニーズタイペイ**	金擇洙 呉尚垠 **韓国**
2003	パリ	王励勤 閻森 **中国**	孔令輝 王皓 **中国**	金擇洙 呉尚垠 **韓国**	馬琳 秦志戩 **中国**
2005	上海	孔令輝 王皓 **中国**	ティモ・ボル クリスティアン・ズース **西ドイツ**	王励勤 閻森 **中国**	馬琳 陳玘 **中国**
2007	ザグレブ	馬琳 陳玘 **中国**	王励勤 王皓 **中国**	蔣澎龍 張雁書 **チャイニーズタイペイ**	李静 高礼澤 **香港**
2009	横浜	王皓 陳玘 **中国**	馬龍 許昕 **中国**	岸川聖也 水谷隼 **日本**	郝帥 張継科 **中国**
2011	ロッテルダム	馬龍 許昕 **中国**	馬琳 陳玘 **中国**	鄭栄植 金珉錫 **韓国**	王皓 張継科 **中国**
2013	パリ	荘智淵 陳建安 **チャイニーズタイペイ**	馬琳 郝帥 **中国**	王励勤 周雨 **中国**	岸川聖也 水谷隼 **日本**
2015	蘇州	許昕 張継科 **中国**	樊振東 周雨 **中国**	李尚洙 徐賢徳 **韓国**	松平健太 丹羽孝希 **日本**
2017	デュッセルドルフ	樊振東 許昕 **中国**	森薗政崇 大島祐哉 **日本**	丹羽孝希 吉村真晴 **日本**	鄭栄植 李尚洙 **韓国**
2019	ブダペスト	馬龍 王楚欽 **中国**	オビディウ・イオネスク **ルーマニア** アルバロ・ロブレス **スペイン**	ティアゴ・アポローニャ ジョアン・モンテイロ **ポルトガル**	梁靖崑 林高遠 **中国**

女子ダブルス

年	開催地	金	銀	銅	
1926	ロンドン	–			
1928	ストックホルム	マリア・メドニアンスキー **ハンガリー** ファンシェット・フラム **オーストリア**	ドリス・エヴァンス・ガビンズ **ウェールズ** ブレンダ・サマーヴィル **イングランド**	ジョーン・イングラム ウィニフレッド・ランド **イングランド**	リーサ・レーヴダール マルジル・ブラント **スウェーデン**
1929	ブダペスト	エリカ・メッツガー モナ・リースター **ドイツ**	ファンシェット・フラム ゲルトルード・ヴィルダム **オーストリア**	マリア・メドニアンスキー アンナ・シポス **ハンガリー**	イオーナ・ツァドル マグダ・ガル **ハンガリー**
1930	ベルリン	アンナ・シポス マリア・メドニアンスキー **ハンガリー**	マグダ・ガル マルタ・コマーロミ **ハンガリー**	ヨゼフィーネ・コルベ エタ・ノイマン **オーストリア**	ヘリー・ライツァー ゲルトルード・ヴィルダム **オーストリア**

女子ダブルス

年	開催地	金	銀	銅	
1931	ブダペスト	アンナ・シポス マリア・メドニアンスキー **ハンガリー**	マグダ・ガル リリ・ティサイ・テネル **ハンガリー**	リリー・フォーバス ヘリー・ライツァー **オーストリア**	モナ・リースター **ドイツ** マリエ・シュミードヴァー **チェコスロバキア**
1932	プラハ	アンナ・シポス マリア・メドニアンスキー **ハンガリー**	アンナ・ブラウノヴァ マリエ・シュミードヴァー **チェコスロバキア**	アニタ・フェルグス・デンカー **ドイツ** マグダ・ガル **ハンガリー**	ベルタ・ズドブニカ ヴェラ・パブラスコヴァ **チェコスロバキア**
1933	バーデン	アンナ・シポス マリア・メドニアンスキー **ハンガリー**	マグダ・ガル エミリーネ・ラーツ **ハンガリー**	アニタ・フェルグス・デンカー アンネマリー・シュルツ **ドイツ**	ヨツカ・ヴェセルスカー マリエ・ワルテロヴァー **チェコスロバキア**
1934	パリ	アンナ・シポス マリア・メドニアンスキー **ハンガリー**	アニタ・フェルグス・デンカー アストリッド・クレープスバッハ **ナチスドイツ**	ヒルデ・ブスマン **ナチスドイツ** マグダ・ガル **ハンガリー**	マリー・ケトネロヴァ マリエ・シュミードヴァー **チェコスロバキア**
1935	ウェンブレー	マリア・メドニアンスキー アンナ・シポス **ハンガリー**	マリー・ケトネロヴァ マリエ・シュミードヴァー **チェコスロバキア**	L. ブッカー **イングランド** ヒルデ・ブスマン **ナチスドイツ**	アニタ・フェルグス・デンカー アストリッド・クレープスバッハ **ナチスドイツ**
1936	プラハ	マリー・ケトネロヴァ マリエ・シュミードヴァー **チェコスロバキア**	ヴラスタ・デペトリソヴァー ヴェラ・ヴォトルブコヴァ **チェコスロバキア**	ルース・アーロンズ ジェシー・パーヴス **アメリカ合衆国**	マグダ・ガル マリア・メドニアンスキー **ハンガリー**
1937	バーデン	ヴラスタ・デペトリソヴァ ヴェラ・ヴォトルブコヴァ **チェコスロバキア**	マーガレット・オズボーン ウェンディ・ウッドヘッド **イングランド**	リリアン・ハッチングス **イングランド** ステファニー・ワール **オーストリア**	マリー・ケトネロヴァ **チェコスロバキア** アンネマリー・シュルツ **ナチスドイツ**
1938	ウェンブレー	ヴェラ・ヴォトルブコヴァ ヴラスタ・デペトリソヴァー **チェコスロバキア**	ドーラ・ベレギ アイーダ・フェレンツィ **ハンガリー**	ドーラ・エムディン フィリス・ホジキンソン **イングランド**	ドリス・ジョーダン マーガレット・オズボーン **イングランド**
1939	カイロ	ヒルデ・ブスマン ガートルード・プリッツィ **ナチスドイツ**	アンジェリカ・アデルステイン サリ・サース・コロスヴァリー **ルーマニア**	ヴェラ・ヴォトルブコヴァ ヴラスタ・デペトリソヴァー **チェコスロバキア**	サミハ・ナイリ **エジプト** マリー・ケトネロヴァ チェコ
1947	パリ	ギゼラ・ファルカス **ハンガリー** ガートルード・プリッツィ **オーストリア**	メイ・クラウザー リーバ・モネス **アメリカ合衆国**	メアリー・デターネイ・スティーブンス ジョゼ・ウッターズ **ベルギー**	ダヴィダ・ホーソーン レア・タール **アメリカ合衆国**
1948	ウェンブレー	マーガレット・フランクス ヴェラ・デイス **イングランド**	ドーラ・ベレギ **イングランド** ヘレン・エリオット **スコットランド**	オードリー・ファウラー アイリーン・レントル **イングランド**	レア・タール テルマ・タール **アメリカ合衆国**
1949	ストックホルム	ギゼラ・ファルカス **ハンガリー** ヘレン・エリオット **スコットランド**	リリアン・バーンズ ジョアン・クロスビー **イングランド**	ロシ・カールパーティ エルジェーベト・メツェイ **ハンガリー**	アイーダ・コトコヴァ エリスカ・フルストヴァ **チェコスロバキア**
1950	ブダペスト	ドーラ・ベレギ **イングランド** ヘレン・エリオット **スコットランド**	ギゼラ・ファルカス **ハンガリー** アンジェリカ・ロゼアヌ **ルーマニア**	マーガレット・フランクス ヴェラ・デイス **イングランド**	クヴィエタ・フルスコヴァ エリスカ・フルストヴァ **チェコスロバキア**
1951	ウィーン	ダイアン・ロー ロザリンド・ロー **イングランド**	アンジェリカ・ロゼアヌ サリ・サース・コロスヴァリー **ルーマニア**	ポーリン・イチコフ レア・ニューバーガー **アメリカ合衆国**	ロシ・カールパーティ ギゼラ・ファルカス **ハンガリー**
1952	ボンベイ	西村登美江 楢原静 **日本**	ダイアン・ロー ロザリンド・ロー **イングランド**	ヘレン・エリオット **スコットランド** エルメリンド・ヴェルトル **オーストリア**	ギゼラ・ファルカス エディット・シャギ **ハンガリー**
1953	ブカレスト	アンジェリカ・ロゼアヌ **ルーマニア** ギゼラ・ファルカス **ハンガリー**	ダイアン・ロー ロザリンド・ロー **イングランド**	スーサ・ファントゥズ エディット・シャギ **ハンガリー**	エルメリンド・ヴェルトル **オーストリア** キャスリーン・ベスト **イングランド**
1954	ウェンブレー	ダイアン・ロー ロザリンド・ロー **イングランド**	アン・ヘイドン キャスリーン・ベスト **イングランド**	渡辺妃生子 江口冨士枝 **日本**	アンジェリカ・ロゼアヌ **ルーマニア** ギゼラ・ファルカス **ハンガリー**
1955	ユトレヒト	アンジェリカ・ロゼアヌ エラ・ツェラー **ルーマニア**	ダイアン・ロー ロザリンド・ロー **イングランド**	田中良子 楢原静 **日本**	渡辺妃生子 江口冨士枝 **日本**
1956	東京	アンジェリカ・ロゼアヌ エラ・ツェラー **ハンガリー**	渡辺妃生子 江口冨士枝 **日本**	大川とみ 田中良子 **日本**	ダイアン・ロー アン・ヘイドン=ジョーンズ **イングランド**
1957	ストックホルム	リヴィア・モショチー アグネス・シモン **ハンガリー**	ダイアン・ロー アン・ヘイドン **イングランド**	マリア・ゴロペンタ **ルーマニア** ヘレン・エリオット **スコットランド**	アンジェリカ・ロゼアヌ エラ・ツェラー **ルーマニア**

女子ダブルス

年	開催地	金	銀	銅	
1959	ドルトムント	難波多慧子 山泉和子 **日本**	江口冨士枝 松崎キミ代 **日本**	ダイアン・ロー アン・ヘイドン **イングランド**	孫梅英 邱鐘恵 **中国**
1961	北京	マリア・アレキサンドル ジョルゲタ・ピチカ **ルーマニア**	孫梅英 邱鐘恵 **中国**	胡克明 王健 **中国**	韓玉珍 梁麗珍 **中国**
1963	プラハ	松崎キミ代 関正子 **日本**	ダイアン・ロー メアリ・シャノン **イングランド**	邱鐘恵 王健 **中国**	山中教子 伊藤和子 **日本**
1965	リュブリアナ	林慧卿 鄭敏之 **中国**	山中教子 関正子 **日本**	李莉 馮夢雅 **中国**	梁麗珍 李赫男 **中国**
1967	ストックホルム	森沢幸子 広田佐枝子 **日本**	山中教子 深津尚子 **日本**	スベトラーナ・フェドロワ=グリンベルグ ソーヤ・ルドノワ **ソビエト連邦**	エヴァ・コチアン エルジェーベト・ユリク **ハンガリー**
1969	ミュンヘン	ソーヤ・ルドノワ スベトラーナ・フェドロワ=グリンベルグ **ソビエト連邦**	マリア・アレキサンドル エレオノーラ・ミハルカ **ルーマニア**	崔正淑 崔丸煥 **韓国**	イローナ・ボストワ イトカ・カルリコワ **チェコスロバキア**
1971	名古屋 (愛知県体育館)	林慧卿 鄭敏之 **中国**	平野美恵子 阪本礼子 **日本**	大関行江 濱田美穂 **日本**	小堀世津子 川守田幸子 **日本**
1973	サラエボ	濱田美穂 **日本** マリア・アレキサンドル **ルーマニア**	仇宝琴 林美群 **中国**	枝野とみえ 阿部多津子 **日本**	ベアトリクス・キシャチ **ハンガリー** ジル・ハマースレイ **イングランド**
1975	カルカッタ	高橋省子 **日本** マリア・アレキサンドル **ルーマニア**	朱香雲 林美群 **中国**	大関行江 横田幸子 **日本**	エルミラ・アントニアン タチアナ・フェルドマン **ソビエト連邦**
1977	バーミンガム	楊瑩 **中国** パク・ヨンオク **北朝鮮**	朱香雲 魏力魂 **中国**	張立 葛新愛 **中国**	金順玉 李基元 **韓国**
1979	平壌	張立 張徳英 **中国**	葛新愛 閻桂麗 **中国**	ゴルダナ・ペルクチン エスセベット・パラチヌス **ユーゴスラビア社会主義連邦共和国**	ロ・ヨンスク リ・ソンスク **北朝鮮**
1981	ノビサド	曹燕華 張徳英 **中国**	童玲 卜啓娟 **中国**	黄男淑 安海淑 **韓国**	黄俊群 閻桂麗 **中国**
1983	東京	沈剣萍 載麗麗 **中国**	耿麗娟 黄俊群 **中国**	曹燕華 倪夏蓮 **中国**	童玲 卜啓娟 **中国**
1985	イエテボリ	載麗麗 耿麗娟 **中国**	曹燕華 倪夏蓮 **中国**	焦志敏 斉宝香 **中国**	童玲 管建華 **中国**
1987	ニューデリー	梁英子 玄静和 **韓国**	戴麗麗 李恵芬 **中国**	何智麗 焦志敏 **中国**	リ・ブンヒ チョ・ジョンヒ **北朝鮮**
1989	ドルトムント	鄧亜萍 喬紅 **中国**	陳静 胡小新 **中国**	陳子荷 高軍 **中国**	李雋 丁亜萍 **中国**
1991	千葉 (幕張メッセ)	陳子荷 高軍 **中国**	鄧亜萍 喬紅 **中国**	胡小新 劉偉 **中国**	李雋 丁亜萍 **中国**
1993	イエテボリ	劉偉 喬雲萍 **中国**	鄧亜萍 喬紅 **中国**	陳子荷 高軍 **中国**	陳丹蕾 斉宝華 **香港**
1995	天津	鄧亜萍 喬紅 **中国**	劉偉 喬雲萍 **中国**	鄔娜 王晨 **中国**	チラ・バトルフィ クリスティナ・トート **ハンガリー**
1997	マンチェスター	鄧亜萍 楊影 **中国**	**王楠** **李菊** **中国**	喬雲萍 **中国** 斉宝華 **香港**	王輝 成紅霞 **中国**
1999	アイントホーフェン	王楠 李菊 **中国**	楊影 孫晋 **中国**	張怡寧 張瑩瑩 **中国**	朴海晶 金武校 **韓国**
2001	大阪 (大阪市中央体育館)	王楠 李菊 **中国**	楊影 孫晋 **中国**	張怡寧 張瑩瑩 **中国**	武田明子 川越真由 **日本**
2003	パリ	王楠 張怡寧 **中国**	牛剣峰 郭躍 **中国**	李恩実 石恩美 **韓国**	李菊 李佳 **中国**

年	開催地	金	銀	銅	
2005	上海	王楠 張怡寧 **中国**	郭躍 牛剣鋒 **中国**	白楊 郭焱 **中国**	帖雅娜 張瑞 **香港**
2007	ザグレブ	王楠 張怡寧 **中国**	郭躍 李暁霞 **中国**	リ・ジャウェイ ワン・ユエグ **シンガポール**	金璟娥 朴美英 **韓国**
2009	横浜	李暁霞 郭躍 **中国**	丁寧 郭焱 **中国**	姜華君 帖雅娜 **香港**	金璟娥 朴美英 **韓国**
2011	ロッテルダム	郭躍 李暁霞 **中国**	丁寧 郭焱 **中国**	姜華君 帖雅娜 **香港**	金璟娥 朴美英 **韓国**
2013	パリ	郭躍 李暁霞 **中国**	丁寧 劉詩雯 **中国**	ファン・ディアンウェイ ユー・モンユ **シンガポール**	陳夢 朱雨玲 **中国**
2015	蘇州	劉詩雯 朱雨玲 **中国**	李暁霞 丁寧 **中国**	ファン・ディアンウェイ ユー・モンユ **中国**	李潔 **オランダ** 李倩 **ポーランド**
2017	デュッセルドルフ	丁寧 劉詩雯 **中国**	陳夢 朱雨玲 **中国**	伊藤美誠 早田ひな **日本**	ファン・ディアンウェイ ユー・モンユ **シンガポール**
2019	ブダペスト	孫穎莎 王曼昱 **中国**	早田ひな 伊藤美誠 **日本**	橋本帆乃香 佐藤瞳 **日本**	陳夢 朱雨玲 **中国**

混合ダブルス

年	開催地	金	銀	銅	
1928	ストックホルム	ゾルタン・メクロビッツ マリア・メドニアンスキー **ハンガリー**	ダニエル・ペシ **ハンガリー** エリカ・メッツガー **ドイツ**	チャールズ・ブル ジョーン・イングラム **イングランド**	フレッド・ペリー ウィニフレッド・ランド **イングランド**
1929	ブダペスト	イスティバン・ケレン アンナ・シポス **ハンガリー**	ラズロ・ベラク マグダ・ガル **ハンガリー**	ゾルタン・メクロビッツ マリア・メドニアンスキー **ハンガリー**	アルフレッド・リープスター ゲルトルード・ヴィルダム **オーストリア**
1930	ベルリン	ミクロシュ・サバドス マリア・メドニアンスキー **ハンガリー**	イスティバン・ケレン アンナ・シポス **ハンガリー**	サンドル・クランツ マグダ・ガル **ハンガリー**	ビクター・バルナ **ハンガリー** インゲボルク・カルナッツ **ドイツ**
1931	ブダペスト	ミクロシュ・サバドス マリア・メドニアンスキー **ハンガリー**	ビクター・バルナ アンナ・シポス **ハンガリー**	サンドル・クランツ マグダ・ガル **ハンガリー**	ラズロ・ベラク マルタ・コマーロミ **ハンガリー**
1932	プラハ	ビクター・バルナ アンナ・シポス **ハンガリー**	ミクロシュ・サバドス マリア・メドニアンスキー **ハンガリー**	ヤロスラフ・イーレク マリエ・シュミードヴァー **チェコスロバキア**	サンドル・クランツ マグダ・ガル **ハンガリー**
1933	バーデン	イスティバン・ケレン マリア・メドニアンスキー **ハンガリー**	サンドル・クランツ マグダ・ガル **ハンガリー**	ビクター・バルナ アンナ・シポス **ハンガリー**	ニキータ・マジャログロウ アンネマリー・シュルツ **ドイツ**
1934	パリ	ミクロシュ・サバドス マリア・メドニアンスキー **ハンガリー**	ビクター・バルナ アンナ・シポス **ハンガリー**	ラズロ・ベラク **ハンガリー** キャスリーン・ペリー **イングランド**	スタニスラフ・コラー マリエ・シュミードヴァー **チェコスロバキア**
1935	ウェンブレー	ビクター・バルナ アンナ・シポス **ハンガリー**	スタニスラフ・コラー マリー・ケトネロヴァ **チェコスロバキア**	ミクロシュ・サバドス マリア・メドニアンスキー **ハンガリー**	エイドリアン・ヘイドン マーガレット・オズボーン **イングランド**
1936	プラハ	ミロスラフ・ハムル ゲルトルード・クライノヴァ **チェコスロバキア**	イスティバン・ケレン マリア・メドニアンスキー **ハンガリー**	スタニスラフ・コラーシュ マリエ・シュミードヴァー **チェコスロバキア**	ヘルムート・ウルリッヒ アンマリー・シュルッツ **ナチスドイツ**
1937	バーデン	ボフミル・バーニャ ヴェラ・ヴォトルブコヴァ **チェコスロバキア**	スタニスラフ・コラーシュ マリー・ケトネロヴァ **チェコスロバキア**	エイブ・ベレンバウム エミリー・フラー **アメリカ合衆国**	ゲザ・エロス アンジェリカ・アデルステイン **ルーマニア**
1938	ウェンブレー	ラズロ・ベラク **ハンガリー** ウェンディ・ウッドヘッド **イングランド**	ボフミル・バーニャ ヴェラ・ヴォトルブコヴァ **チェコスロバキア**	ヴァーツラフ・テレバ マリー・ケトネロヴァ **チェコスロバキア**	アルフレッド・リープスター ガートルード・プリッツィ **オーストリア**
1939	カイロ	ボフミル・バーニャ ヴェラ・ヴォトルブコヴァ **チェコスロバキア**	ヴァーツラフ・テレバ マリー・ケトネロヴァ **チェコスロバキア**	マルセル・ギアグーラ **エジプト** ヒルデ・ブスマン **ナチス・ドイツ**	マンスール・ヘルミー **エジプト** ガートルード・プリッツィ **ナチスドイツ**

混合ダブルス

年	開催地	金	銀	銅	
1947	パリ	フェレンツ・スース ギゼラ・ファルカス **ハンガリー**	アドルフ・シュラー ヴラスタ・デペトリソヴァー **チェコスロバキア**	ビクター・バルナ マーガレット・フランクス **イングランド**	ウィリアム・ホルツリヒター ダヴィダ・ホーソーン **アメリカ合衆国**
1948	ウェンブレー	ディック・マイルズ テルマ・タール **アメリカ合衆国**	ボフミル・バーニャ ヴラスタ・デペトリソヴァー **チェコスロバキア**	フェレンツ・シド **ハンガリー** アンジェリカ・ロゼアヌ **ルーマニア**	リチャード・バーグマン ドーラ・ベレギ **イングランド**
1949	ストックホルム	フェレンツ・シド ギゼラ・ファルカス **ハンガリー**	ボフミル・バーニャ クヴィエタ・フルスコヴァ **チェコスロバキア**	マーティン・リースマン パトリシア・マクレーン **アメリカ合衆国**	ジョニー・リーチ マーガレット・フランクス **イングランド**
1950	ブダペスト	フェレンツ・シド ギゼラ・ファルカス **ハンガリー**	ボフミル・バーニャ クヴィエタ・フルスコヴァ **チェコスロバキア**	ラディスラフ・シュチーペク **チェコスロバキア** アンジェリカ・ロゼアヌ **ルーマニア**	イヴァン・アンドレアディス エリスカ・フルストヴァ **チェコスロバキア**
1951	ウィーン	ボフミル・バーニャ **チェコスロバキア** アンジェリカ・ロゼアヌ **ルーマニア**	ビリム・ハランゴゾ **ユーゴスラビア社会主義連邦共和国** エルメリンド・ヴェルトル **オーストリア**	ジョニー・リーチ ダイアン・ロー **イングランド**	ヨーゼフ・コチアン ロシ・カールパーティ **ハンガリー**
1952	ボンベイ	フェレンツ・シド **ハンガリー** アンジェリカ・ロゼアヌ **ルーマニア**	ジョニー・リーチ ダイアン・ロー **イングランド**	ビクター・バルナ ロザリンド・ロー **イングランド**	ヨーゼフ・コチアン ギゼラ・ゲルバイ=ファルカス **ハンガリー**
1953	ブカレスト	フェレンツ・シド **ハンガリー** アンジェリカ・ロゼアヌ **ルーマニア**	ザルコ・ドリナー **ユーゴスラビア社会主義連邦共和国** エルメリンド・ヴェルトル **オーストリア**	ラズロ・フォルディ エヴァ・コチアン **ハンガリー**	ヨーゼフ・コチアン ギゼラ・ゲルバイ=ファルカス **ハンガリー**
1954	ウェンブレー	イヴァン・アンドレアディス **チェコスロバキア** ギゼラ・ゲルバイ=ファルカス **ハンガリー**	富田芳雄 江口冨士枝 **日本**	ビクター・バルナ ロザリンド・ロー **イングランド**	ザルコ・ドリナー **ユーゴスラビア社会主義連邦共和国** エルメリンド・ヴェルトル **オーストリア**
1955	ユトレヒト	カルマン・セパシ エヴァ・コチアン **ハンガリー**	オーブリー・サイモンズ **イングランド** ヘレン・エリオット **スコットランド**	田中利明 楢原静 **日本**	ラディスラフ・シュチーペク エリスカ・フルストヴァ **チェコスロバキア**
1956	東京	エルウィン・クライン リー・ニューバーガー **アメリカ合衆国**	イヴァン・アンドレアディス **チェコスロバキア** アン・ヘイドン **イングランド**	藤井基男 田中良子 **日本**	トーマ・ライター エラ・ツェラー **ルーマニア**
1957	ストックホルム	荻村伊智朗 江口冨士枝 **日本**	イヴァン・アンドレアディス **チェコスロバキア** アン・ヘイドン **イングランド**	角田啓輔 難波多慧子 **日本**	ルードビク・ビナノフスキー **チェコスロバキア** ヘレン・エリオット **スコットランド**
1959	ドルトムント	荻村伊智朗 江口冨士枝 **日本**	村上輝夫 松崎キミ代 **日本**	ゾルタン・ベルチック ギゼラ・ラントス **ハンガリー**	王伝耀 孫梅英 **中国**
1961	北京	荻村伊智朗 松崎キミ代 **日本**	李富栄 韓玉珍 **中国**	星野展弥 関正子 **日本**	王伝耀 孫梅英 **中国**
1963	プラハ	木村興治 伊藤和子 **日本**	三木圭一 関正子 **日本**	ヤノシュ・ファルハ エバ・フォルジ=コチアン **ハンガリー**	荘則棟 邱鐘恵 **中国**
1965	リュブリアナ	木村興治 関正子 **日本**	張燮林 林慧卿 **中国**	小中健 深津尚子 **日本**	荘則棟 梁麗珍 **中国**
1967	ストックホルム	長谷川信彦 山中教子 **日本**	木村興治 深津尚子 **日本**	アナトリ・アメリン ソーヤ・ルドノワ **ソビエト連邦**	ドリン・ジュルジュカ マリア・アレキサンドル **ルーマニア**
1969	ミュンヘン	長谷川信彦 今野安子 **日本**	河野満 広田佐枝子 **日本**	伊藤繁雄 小和田敏子 **日本**	デニス・ニール メアリー・ライト **イングランド**
1971	名古屋 (愛知県体育館)	張燮林 林慧卿 **中国**	アントン・ステパンチッチ **ユーゴスラビア社会主義連邦共和国** マリア・アレキサンドル **ルーマニア**	西飯徳康 福野美恵子 **日本**	エバハルト・シェラー ダイアン・シェラー **西ドイツ**
1973	サラエボ	梁戈亮 李莉 **中国**	アナトリ・ストロパトフ アスタ・ゲドライテ **ソビエト連邦**	ヨセフ・ドボラチェク アリツェ・グロフォア **チェコスロバキア**	余長春 鄭懐穎 **中国**
1975	カルカッタ	スタニスラフ・ゴモスコフ タチアナ・フェルドマン **ソビエト連邦**	サルキス・サルホヤン エルミラ・アントニアン **ソビエト連邦**	伊藤繁雄 大関行江 **日本**	梁戈亮 張立 **中国**

混合ダブルス

年	開催地	金	銀	銅	
1977	バーミンガム	ジャック・セクレタン クロード・ベルジェレ **フランス**	田阪登紀夫 横田幸子 **日本**	李相国 李基元 **韓国**	李振恃 閻桂麗 **中国**
1979	平壌	梁戈亮 葛新愛 **中国**	李振恃 閻桂麗 **中国**	ジャック・セクレタン クロード・ベルジェレ **フランス**	王会元 張徳英 **中国**
1981	ノビサド	謝賽克 黄俊群 **中国**	陳新華 童玲 **中国**	黄亮 卜啓娟 **中国**	ドラグティン・シュルベク ブランカ・バチニッチ **ユーゴスラビア社会主義連邦共和国**
1983	東京	郭躍華 倪夏蓮 **中国**	陳新華 童玲 **中国**	謝賽克 黄俊群 **中国**	蔡振華 曹燕華 **中国**
1985	イエテボリ	蔡振華 曹燕華 **中国**	インジフ・パンスキー マリー・ハラコワ **チェコスロバキア**	范長茂 焦志敏 **中国**	陳新華 童玲 **中国**
1987	ニューデリー	恵鈞 耿麗娟 **中国**	江嘉良 焦志敏 **中国**	王浩 管建華 **中国**	安宰亨 梁英子 **韓国**
1989	ドルトムント	劉南奎 玄静和 **韓国**	ゾラン・カリニッチ ゴルダナ・ペルクチン **ユーゴスラビア社会主義連邦共和国**	陳志斌 胡小新 **中国**	陳龍燦 陳子荷 **中国**
1991	千葉 (幕張メッセ)	王涛 劉偉 **中国**	謝超杰 陳子荷 **中国**	キム・ソンヒ リ・ブンヒ **統一コリア**	カリニコス・クレアンガ ギリシア オティリア・バデスク **ルーマニア**
1993	イエテボリ	王涛 劉偉 **中国**	劉南奎 玄静和 **韓国**	馬文革 喬雲萍 **中国**	リ・スンイル ユ・スンボク **北朝鮮**
1995	天津	王涛 劉偉 **中国**	孔令輝 鄧亜萍 **中国**	エリック・リンド マリー・スベンソン **スウェーデン**	李哲承 柳智恵 **韓国**
1997	マンチェスター	劉国梁 鄔娜 **中国**	孔令輝 鄧亜萍 **中国**	王励勤 王楠 **中国**	蒋澎龍 陳静 **チャイニーズタイペイ**
1999	アイントホーフェン	馬琳 張瑩瑩 **中国**	馮哲 孫晋 **中国**	王励勤 王楠 **中国**	秦志戩 楊影 **中国**
2001	大阪 (大阪市中央体育館)	秦志戩 楊影 **中国**	呉尚垠 金武校 **韓国**	詹健 白楊 **中国**	劉国梁 孫晋 **中国**
2003	パリ	馬琳 王楠 **中国**	劉国正 白楊 **中国**	王皓 李楠 **中国**	秦志戩 牛剣峰 **中国**
2005	上海	王励勤 郭躍 **中国**	劉国正 白楊 **中国**	閻森 郭焱 **中国**	邱貽可 曹臻 **中国**
2007	ザグレブ	王励勤 郭躍 **中国**	馬琳 王楠 **中国**	邱貽可 曹臻 **中国**	高礼澤 帖雅娜 **香港**
2009	横浜	李平 曹臻 **中国**	張継科 木子 **中国**	郝帥 常晨晨 **中国**	張超 姚彦 **中国**
2011	ロッテルダム	張超 曹臻 **中国**	郝帥 木子 **中国**	岸川聖也 福原愛 **日本**	張鈺 姜華君 **香港**
2013	パリ	キム・ヒョクボン キム・ジョン **北朝鮮**	李尚洙 朴英淑 **韓国**	王励勤 饒静文 **中国**	張鈺 姜華君 **香港**
2015	蘇州	許昕 **中国** 梁夏銀 **韓国**	吉村真晴 石川佳純 **日本**	黄鎮廷 杜凱琹 **香港**	キム・ヒョクボン キム・ジョン **北朝鮮**
2017	デュッセルドルフ	吉村真晴 石川佳純 **中国**	陳建安 鄭怡静 **チャイニーズタイペイ**	方博 **中国** ペトリッサ・ゾルヤ **ドイツ**	黄鎮廷 杜凱琹 **香港**
2019	ブダペスト	許昕 劉詩雯 **中国**	吉村真晴 石川佳純 **日本**	樊振東 丁寧 **中国**	パトリック・フランチスカ ペトリッサ・ゾルヤ **ドイツ**

団体戦　男子

年	開催地	金	銀	銅
1926	ロンドン	ハンガリー	オーストリア	イングランド 英領インド
1928	ストックホルム	ハンガリー	オーストリア	イングランド
1929	ブダペスト	ハンガリー	オーストリア	イングランド
1930	ベルリン	ハンガリー	スウェーデン	チェコスロバキア
1931	ブダペスト	ハンガリー	チェコスロバキア イングランド	—
1932	プラハ	チェコスロバキア	ハンガリー	オーストリア
1933	バーデン	ハンガリー	チェコスロバキア	オーストリア イングランド
1934	パリ	ハンガリー	オーストリア チェコスロバキア	—
1935	ウェンブレー	ハンガリー	チェコスロバキア	オーストリア ポーランド
1936	プラハ	オーストリア	ルーマニア	チェコスロバキア フランス ハンガリー ポーランド
1937	バーデン	アメリカ合衆国	ハンガリー	チェコスロバキア
1938	ウェンブレー	ハンガリー	オーストリア	チェコスロバキア アメリカ合衆国
1939	カイロ	チェコスロバキア	ユーゴスラビア	イングランド
1947	パリ	チェコスロバキア	アメリカ合衆国	オーストリア フランス
1948	ウェンブレー	チェコスロバキア	フランス	オーストリア アメリカ合衆国
1949	ストックホルム	ハンガリー	チェコスロバキア	イングランド アメリカ合衆国
1950	ブダペスト	チェコスロバキア	ハンガリー	イングランド フランス
1951	ウィーン	チェコスロバキア	ハンガリー	ユーゴスラビア社会主義連邦共和国
1952	ボンベイ	ハンガリー	イングランド	香港 日本
1953	ブカレスト	イングランド	ハンガリー	チェコスロバキア フランス
1954	ウェンブレー	日本	チェコスロバキア	イングランド
1955	ユトレヒト	日本	チェコスロバキア	イングランド ハンガリー
1956	東京	日本	チェコスロバキア	中国 ルーマニア
1957	ストックホルム	日本	ハンガリー	中国 チェコスロバキア
1959	ドルトムント	日本	ハンガリー	中国 南ベトナム
1961	北京	中国	日本	ハンガリー
1963	プラハ	中国	日本	スウェーデン 西ドイツ
1965	リュブリアナ	中国	日本	北朝鮮
1967	ストックホルム	日本	北朝鮮	スウェーデン
1969	ミュンヘン	日本	西ドイツ	ユーゴスラビア社会主義連邦共和国
1971	名古屋	中国	日本	ユーゴスラビア社会主義連邦共和国
1973	サラエボ	スウェーデン	中国	日本
1975	カルカッタ	中国	ユーゴスラビア社会主義連邦共和国	スウェーデン
1977	バーミンガム	中国	日本	スウェーデン
1979	平壌	ハンガリー	中国	日本
1981	ノビサド	中国	ハンガリー	日本

団体戦　男子

年	開催地	金	銀	銅
1983	東京	中国	スウェーデン	ハンガリー
1985	イエテボリ	中国	スウェーデン	ポーランド
1987	ニューデリー	中国	スウェーデン	北朝鮮
1989	ドルトムント	スウェーデン	中国	北朝鮮
1991	千葉	スウェーデン	ユーゴスラビア社会主義連邦共和国	チェコスロバキア
1993	グーテンベルク	スウェーデン	中国	ドイツ
1995	天津	中国	スウェーデン	韓国
1997	マンチェスター	中国	フランス	韓国
2000	クアラルンプール	スウェーデン	中国	イタリア 日本
2001	大阪	中国	ベルギー	韓国 スウェーデン
2004	ドーハ	中国	ドイツ	韓国
2006	ブレーメン	中国	韓国	ドイツ 香港
2008	広州	中国	韓国	香港 日本
2010	モスクワ	中国	ドイツ	日本 韓国
2012	ドルトムント	中国	ドイツ	日本 韓国
2014	東京	中国	ドイツ	チャイニーズタイペイ 日本
2016	クアラルンプール	中国	日本	イングランド 韓国
2018	ハルムスタッド	中国	ドイツ	韓国 スウェーデン

団体戦　女子

年	開催地	金	銀	銅
1934	パリ	ナチス・ドイツ	ハンガリー	チェコスロバキア
1935	ウェンブレー	チェコスロバキア	ハンガリー	ナチス・ドイツ
1936	プラハ	チェコスロバキア	ナチス・ドイツ アメリカ合衆国	—
1937	バーデン	アメリカ合衆国	ナチス・ドイツ	チェコスロバキア
1938	ウェンブレー	チェコスロバキア	イングランド	オーストラリア
1939	カイロ	ナチス・ドイツ	チェコスロバキア	ルーマニア
1947	パリ	イングランド	ハンガリー	チェコスロバキア アメリカ合衆国
1948	ウェンブレー	イングランド	ハンガリー	チェコスロバキア ルーマニア
1949	ストックホルム	アメリカ合衆国	イングランド	フランス ハンガリー
1950	ブダペスト	ルーマニア	ハンガリー	イングランド チェコスロバキア
1951	ウィーン	ルーマニア	オーストリア	イングランド ウェールズ
1952	ボンベイ	日本	ルーマニア	イングランド
1953	ブカレスト	ルーマニア	イングランド	オーストリア ハンガリー
1954	ウェンブレー	日本	ハンガリー	イングランド
1955	ユトレヒト	ルーマニア	日本	イングランド
1956	東京	ルーマニア	イングランド	日本
1957	ストックホルム	日本	ルーマニア	中国
1959	ドルトムント	日本	韓国	中国
1961	北京	日本	中国	ルーマニア

団体戦　女子

年	開催地	金	銀	銅
1963	プラハ	日本	ルーマニア	中国
				ハンガリー
1965	リュブリアナ	中国	日本	イングランド
1967	ストックホルム	日本	ソビエト連邦	ハンガリー
1969	ミュンヘン	ソビエト連邦	ルーマニア	日本
1971	名古屋	日本	中国	韓国
1973	サラエボ	韓国	中国	日本
1975	カルカッタ	中国	韓国	日本
1977	バーミンガム	中国	韓国	北朝鮮
1979	平壌	中国	北朝鮮	日本
1981	ノビサド	中国	韓国	北朝鮮
1983	東京	中国	日本	北朝鮮
1985	イエテボリ	中国	北朝鮮	韓国
1987	ニューデリー	中国	韓国	ハンガリー
1989	ドルトムント	中国	韓国	香港
1991	千葉	統一コリア	中国	フランス
1993	イエテボリ	中国	北朝鮮	韓国
1995	天津	中国	韓国	香港
1997	マンチェスター	中国	北朝鮮	ドイツ
2000	クアラルンプール	中国	チャイニーズタイペイ	ルーマニア
				韓国
2001	大阪	中国	北朝鮮	日本
				韓国
2004	ドーハ	中国	香港	日本
2006	ブレーメン	中国	香港	ベラルーシ
				日本
2008	広州	中国	シンガポール	香港
				日本
2010	モスクワ	シンガポール	中国	ドイツ
				日本
2012	ドルトムント	中国	シンガポール	香港
				韓国
2014	東京	中国	日本	香港
				シンガポール
2016	クアラルンプール	中国	日本	チャイニーズタイペイ
				北朝鮮
2018	ハルムスタッド	中国	日本	香港
				統一コリア

オリンピック

オリンピックの卓球競技は1988年ソウル大会から始まった。2004年アテネ大会までは男女シングルスに加え男女ダブルスも実施されていたが、2008年北京大会からは男女ダブルスの代わりに男女の各団体が採用されている。各国・地域ごとの代表選手は3名まで。そのうちシングルス出場枠は2名までとなっている（2012年ロンドン・オリンピックから）。2020年東京大会からは新たに混合ダブルスが実施されることも決まった。

男子シングルス			大会名	女子シングルス		
金	銀	銅		金	銀	銅
劉南奎 **韓国**	金琦澤 **韓国**	エリック・リンド **スウェーデン**	1988 ソウル	陳静 **中国**	李恵芬 **中国**	焦志敏 **中国**
ヤン=オベ・ワルドナー **スウェーデン**	ジャン=フィリップ・ガシアン **フランス**	金擇洙 **韓国** 馬文革 **中国**	1992 バルセロナ	鄧亜萍 **中国**	喬紅 **中国**	リ・ブンヒ **北朝鮮** 玄静和 **韓国**
劉国梁 **中国**	王涛 **中国**	ヨルグ・ロスコフ **ドイツ**	1996 アトランタ	鄧亜萍 **中国**	陳静 **チャイニーズタイペイ**	喬紅 **中国**
孔令輝 **中国**	ヤン=オベ・ワルドナー **スウェーデン**	劉国梁 **中国**	2000 シドニー	王楠 **中国**	李菊 **中国**	陳静 **チャイニーズタイペイ**
柳承敏 **韓国**	王皓 **中国**	王励勤 **中国**	2004 アテネ	張怡寧 **中国**	キム・ヒャンミ **北朝鮮**	金璟娥 **韓国**
馬琳 **中国**	王皓 **中国**	王励勤 **中国**	2008 北京	張怡寧 **中国**	王楠 **中国**	郭躍 **中国**
張継科 **中国**	王皓 **中国**	ドミトリー・オフチャロフ **ドイツ**	2012 ロンドン	李暁霞 **中国**	丁寧 **中国**	フェン・ティアンウェイ **シンガポール**
馬龍 **中国**	張継科 **中国**	水谷隼 **日本**	2016 リオデジャネイロ	丁寧 **中国**	李暁霞 **中国**	キム・ソンイ **北朝鮮**

男子ダブルス			大会名	女子ダブルス		
金	銀	銅		金	銀	銅
陳龍燦 韋晴光 **中国**	イリヤ・ルプレスク ゾラン・プリモラッツ **ユーゴスラビア**	安宰亨 劉南奎 **韓国**	1988 ソウル	玄静和 梁英子 **韓国**	陳静 焦志敏 **中国**	ヤスナ・ファズリッチ ゴルダナ・ペルクチン **ユーゴスラビア**
呂林 王涛 **中国**	シュテファン・フェッツナー ヨルグ・ロスコフ **ドイツ**	姜熙燦 李哲承 **韓国** 金擇洙 劉南奎 **韓国**	1992 バルセロナ	鄧亜萍 喬紅 **中国**	陳子荷 高軍 **中国**	リ・ブンヒ ユ・スンボク **北朝鮮** 玄静和 洪次玉 **韓国**
劉国梁 孔令輝 **中国**	呂林 王涛 **中国**	李哲承 劉南奎 **韓国**	1996 アトランタ	鄧亜萍 喬紅 **中国**	劉偉 喬雲 **中国**	朴海晶 柳智恵 **韓国**
王励勤 閻森 **中国**	劉国梁 孔令輝 **中国**	ジャン=フィリップ・ガシアン パトリック・シーラ **フランス**	2000 シドニー	李菊 王楠 **中国**	孫晋 楊影 **中国**	金戊校 柳智恵 **韓国**
陳玘 馬琳 **中国**	高礼澤 李静 **香港**	マイケル・メイス フィン・ツグウェル デンマーク	2004 アテネ	王楠 張怡寧 **中国**	李恩実 石恩美 **韓国**	郭躍 牛剣鋒 **中国**

男子団体			大会名	女子団体		
金	銀	銅		金	銀	銅
中国 馬琳 王皓 王励勤	**ドイツ** ティモ・ボル ドミトリー・オフチャロフ クリスティアン・ズース	**韓国** 呉尚垠 柳承敏 尹在栄	2008 北京	**中国** 郭躍 王楠 張怡寧	**シンガポール** フェン・ティアンウェイ リ・ジャウェイ ワン・ユエグ	**韓国** 唐汭序 金璟娥 朴美英
中国 馬龍 王皓 張継科	**韓国** 朱世爀 呉尚垠 柳承敏	**ドイツ** ティモ・ボル ドミトリー・オフチャロフ バスティアン・シュテガー	2012 ロンドン	**中国** 丁寧 郭躍 李暁霞	**日本** 石川佳純 福原愛 平野早矢香	**シンガポール** フェン・ティアンウェイ ワン・ユエグ リ・ジャウェイ
中国 馬龍 許昕 張継科	**日本** 水谷隼 吉村真晴 丹羽孝希	**ドイツ** ドミトリ・オフチャロフ ティモ・ボル バスティアン・シュテガー	2016 リオデジャネイロ	**中国** 劉詩雯 丁寧 李暁霞	**ドイツ** ハン・イン ペトリサ・ソルヤ シャン・シャオナ	**日本** 石川佳純 福原愛 伊藤美誠

全日本卓球選手権大会

日本卓球協会の主催による国内大会。年度ごとに各種目の頂点が決定される。1935年にプレ開催され、翌1936年に正式開催とされた。2002年度までは東京武道館における年末開催が多かったが、2003年度からは毎年1月に東京体育館での開催（東京体育館が改修工事で使用不可の年度は、代々木第一体育館、大阪市中央体育館などで開催されたこともある）。1941～1945年度は第二次世界大戦のため中断した。

年度 開催地	男子シングルス		女子シングルス		男子ダブルス		女子ダブルス		混合ダブルス	
	優勝	準優勝	優勝	準優勝	優勝	準優勝	優勝	準優勝	優勝	準優勝
1935	中川武夫	石橋舜之助	境美智子	高橋美千子	山田孝次郎 田村金造	中川武夫 武川新七	朝倉芳子 吉井一枝	高橋美千子 増田静子		
1936 東京	中川武夫	澤田正幸	保原キヨ	増田静子	山田孝次郎 田村金造	澤田正孝 加賀谷勝美	保原キヨ 高橋美千子	小沢満さえ 増田静子		
1937 東京	渡辺重五	今孝	保原キヨ	吉田きく江	渡辺重五 黒田利一	川村澄 堀川稔	横田静江 吉田きく江	戸口富子 高木敏子		
1938 東京	今孝	須山末吉	保原キヨ	幸岡一江	今孝 須山末吉	平原文雄 前田昇	吉田きく江 松浦弥寿子	戸口富子 高木敏子		
1939 東京	今孝	頼天頤	保原キヨ	塩谷昌子	今孝 須山末吉	前田昇 広松泰三	吉田きく江 松浦弥寿子	田中時恵 高市恵美香		
1940 東京	頼天頤	崔根恒	松浦弥寿子	長田邦子	崔根恒 西山恵之助	今孝 須山末吉	田中時恵 高市恵美香	松浦弥寿子 浅堀操子		
1946 宝塚	藤井則和	田舛彦介	加藤君枝	川村富子	西山恵之助 西村博義	田舛吉郎 光田利之	加藤君枝 浅堀みさ子	高市恵美香 郷田美子	藤井則和 松本貴代子	中田鐵士 丸山貞子
1947 名古屋	藤井則和	佐藤博治	松本貴代子	浅堀みさ子	門尾豊徳 伊藤守之助	西山恵之助 西村博義	松本貴代子 伊藤芳子	園井貴美尾 西村昭子	余江捨二 加藤君枝	古田冨士雄 松本貴代子
1948 横浜	藤井則和	斎地繁敏	松本貴代子	渡辺睦子	林忠明 南波好宏	中田鉄士 斎地繁敏	佐藤恵子 井上正子	平田キヨ 風間路子	守屋泰二 渡辺睦子	藤井則和 添田興志子
1949 高松	藤井則和	斎地繁敏	田中良子	佐藤恵子	藤井則和 上西康彦	伊藤博英 伊藤芳夫	佐藤恵子 井上正子	田坂清子 楢原静	田舛彦介 田中良子	本庄俊彦 西村登美江
1950 諏訪	林忠明	浅野英雄	楢原静	田中良子	松山博夫 山田清治	南波好宏 椎名俊之	西村登美江 石原れい子	大越喜美子 土井民枝	溝畑司呂 西山貴代子	本庄俊彦 西村登美江
1951 京都	藤井則和	中恒造	西村登美江	大久保里子	溝畑司呂 井原照雄	藤井則和 山田清治	西村登美江 石原れい子	渡辺睦子 川口沙智子	峰石忠雄 田中良子	溝畑司呂 石原れい子
1952 徳島	富田芳雄	溝畑司呂	田中良子	西村登美江	古沢吉之介 中恒造	溝畑司呂 井原照雄	佐藤富士子 山本千代子	西村登美江 石原れい子	本庄俊彦 西村登美江	川井一男 後藤英子
1953 天理	荻村伊智朗	田中利明	渡辺妃生子	江口冨士枝	荻村伊智朗 山田政功	溝畑司呂 井原照雄	田中良子 田坂清子	石原れい子 一井玲子	川井一男 後藤英子	荻村伊智朗 関澄子
1954 横須賀	田中利明	角田啓輔	江口冨士枝	田中良子	長浜好人 広瀬浩一	池田武 川上十郎	佐藤富士子 山本千代子	難波多慧子 塩野美笑子	川井一男 後藤英子	金井倍郎 中村智恵子
1955 東京	田中利明	角田啓輔	渡辺妃生子	田中良子	野平明雄 津野達雄	荻村伊智朗 田中利明	佐藤富士子 山本千代子	楢原静世 山川紀久子	田中利明 生野千恵子	荻村伊智朗 大川とみ
1956 東京	田中利明	角田啓輔	江口冨士枝	渡辺妃生子	荻村伊智朗 田中利明	津野達雄 野平明雄	渡辺妃生子 設楽義子	楢原静世 土谷康子	荻村伊智朗 大川とみ	田中利明 生野千恵子
1957 東京	成田静司	坂井昭一	山泉和子	大川とみ	坂井昭一 佐原睦男	村上輝夫 渋谷五郎	江口冨士枝 山泉和子	大川とみ 生野千恵子	坂本昇 難波多慧子	木田吉明 亀井敬子
1958 大宮	成田静司	星野展弥	松崎キミ代	江口冨士枝	石橋征 山本義徳	成田静司 小倉喜八郎	松崎キミ代 村上淑子	江口冨士枝 山泉和子	荻村伊智朗 大川とみ	野平明雄 松崎キミ代
1959 東京	渋谷五郎	荻村伊智朗	松崎キミ代	村上淑子	村上輝夫 渋谷五郎	星野展弥 木村光男	松崎キミ代 村上淑子	設楽義子 山泉和子	村上輝夫 山泉和子	瀬川栄次 山中教子
1960 東京	星野展弥	荻村伊智朗	山泉和子	松崎キミ代	山本義徳 石橋征	江頭新生 福島万治	設楽義子 山泉和子	松崎キミ代 村上淑子	村上輝夫 山泉和子	江頭新生 松崎キミ代
1961 東京	木村興治	三木圭一	関正子	松崎キミ代	三木圭一 瀬川栄治	木村興治 上田浩	松崎キミ代 村上淑子	伊藤和子 山中教子	星野展弥 伊藤和子	福島万治 栗田和代

年度 開催地	男子シングルス		女子シングルス		男子ダブルス		女子ダブルス		混合ダブルス	
	優勝	準優勝	優勝	準優勝	優勝	準優勝	優勝	準優勝	優勝	準優勝
1962 東京	三木圭一	小中健	松崎キミ代	関正子	福島万治 吉本忠義	三木圭一 瀬川栄治	設楽義子 中山千鶴子	伊藤和子 山中教子	木村興治 竹島貴子	三木圭一 関正子
1963 東京	小中健	三木圭一	関正子	伊藤和子	新開卓 小林健一	福島万治 吉本忠義	伊藤和子 山中教子	中山千鶴子 岸純子	伊東隆弘 石坂美智子	江頭新生 山中教子
1964 東京	木村興治	小中健	山中教子	磯村淳	正木光久 有本登	福島万治 吉本忠義	関正子 竹下ナツミ	磯村淳 大城昌子	三木圭一 関正子	日比野多賀治 磯村淳
1965 東京	長谷川信彦	木村興治	森沢幸子	下山智子	鍵本肇 斉藤敏男	長谷川信彦 馬場園憲	森沢幸子 下山智子	境田美智子 尾形正子	長谷川信彦 田中友子	木村興治 竹島貴子
1966 名古屋	長谷川信彦	高橋浩	山中教子	森沢幸子	田中英也 加藤優	木村興治 新開卓	浅枝敏子 直井敏子	磯村淳 橋本トシ子	三木圭一 山中教子	吉見康二 佐竹順子
1967 名古屋	伊藤繁雄	木村興治	大関行江	清水照美	伊藤繁雄 河野満	田中英也 加藤優	濱田美穂 小野美恵子	清水照美 藤原ヨシ子	河原智 大関行江	馬淵常美 福野美恵子
1968 名古屋	伊藤繁雄	長谷川信彦	小和田敏子	森沢幸子	伊藤繁雄 河野満	長谷川信彦 近藤有慶	小和田敏子 今野安子	広田佐枝子 福野美恵子	長谷川信彦 今野安子	河原智 大関行江
1969 東京	長谷川信彦	伊藤繁雄	小和田敏子	今野安子	長谷川信彦 伊藤繁雄	田阪登紀夫 今野裕二郎	福野美恵子 平野美恵子	小和田敏子 今野安子	近藤有慶 今野安子	長谷川信彦 大関行江
1970 伊勢	長谷川信彦	今野裕二郎	大関行江	平野美恵子	井上哲夫 仲村渠功	河野満 西飯徳康	平野美恵子 阪本礼子	福野美恵子 山口朝子	長谷川信彦 大関行江	伊藤繁雄 阪本礼子
1971 東京	長谷川信彦	井上哲夫	大関行江	濱田美穂	井上哲夫 仲村渠功	河野満 西飯徳康	濱田美穂 大関行江	井上キヨ子 草野良子	阿部勝幸 阪本礼子	今野裕二郎 山口朝子
1972 名古屋	高島則夫 (後に規郎と改名)	長谷川信彦	横田幸子	高瀬良子	伊藤繁雄 阿部勝幸	田阪登紀夫 今野裕二郎	今野安子 平野美恵子	福野美恵子 山口朝子	阿部勝幸 阪本礼子	西飯徳康 西飯幸子
1973 東京	長谷川信彦	井上哲夫	大関行江	阿部多津子	田阪登紀夫 今野裕二郎	永石幸久 原武進	枝野とみえ 長洞久美子	阪本礼子 森田るみ子	田村隆 小野文子	荒蒔基邦 高瀬良子
1974 東京	阿部勝幸	高島規郎	横田幸子	小野智恵子	田阪登紀夫 今野裕二郎	阿部勝幸 阿部博幸	葛巻まゆみ 小野千恵子	小野文子 鎌倉由美子	伊藤繁雄 大関行江	田村隆 小野文子
1975 東京	河野満	前原正浩	大関行江	横田幸子	藤本誠三 久世雅之	山吉啓二 永瀬治一郎	高山徳子 菅谷佳代	小野文子 鎌倉由美子	伊藤繁雄 大関行江	前原正浩 高山徳子
1976 東京	河野満	高島規郎	小野智恵子	枝野とみえ	阿部勝幸 阿部博幸	仲村渠功 井上哲夫	小野文子 鎌倉由美子	横田幸子 千葉良子	前原正浩 葛巻まゆみ	西飯徳康 稲森愛弓
1977 東京	河野満	前原正浩	長洞久美子	小野文子	阿部勝幸 阿部博幸	仲村渠功 井上哲夫	小野文子 鎌倉由美子	高橋省子 中井万里子	阿部博幸 福田京子	小山欣司 下田とわ子
1978 東京	高島規郎	小野誠治	嶋内よし子	菅谷佳代	小野誠治 福江滋留	高島規郎 大嶋雅美	小野文子 鎌倉由美子	小室恵子 上野由貴子	坂本憲一 塚本英子	粂田芳孝 手塚明美
1979 東京	高島規郎	小野誠治	和田理枝	高橋とわ子	小野誠治 福江滋留	村上茂 今福護	高橋省子 川東加代子	菅谷佳代 塚本英子	阿部博幸 福田京子	前原正浩 漆尾珠枝
1980 東京	阿部博幸	小野誠治	和田理枝	嶋内よし子	海鉾仁 塩田晋宏	織部幸治 井上武弘	神田絵美子 山下恵子	岩田浩子 秋和百合子	村上力 村上美枝子	阿部博幸 福田京子
1981 東京	前原正浩	坂本憲一	嶋内よし子	岩田浩子	前原正浩 阿部博幸	渡辺武弘 斎藤清	神田絵美子 山下恵子	林愉美 稲森愛弓	小森孝則 浦喜久	福江滋留 福田陽登美
1982 東京	斎藤清	糠塚重造	神田絵美子	和田理枝	渡辺武弘 斎藤清	織部幸治 井上武弘	神田絵美子 山下恵子	山崎温子 大川百合子	斎藤清 嶋内よし子	小森孝則 浦喜久
1983 東京	斎藤清	糠塚重造	星野美香	神田絵美子	渡辺武弘 斎藤清	清水拡嗣 海鉾仁	神田絵美子 山下恵子	川東加代子 大岩裕美子	斎藤清 嶋内よし子	阿部博幸 山下恵子
1984 東京	斎藤清	糠塚重造	星野美香	山下さとみ	渡辺武弘 斎藤清	清水拡嗣 海鉾仁	橘川美紀 斉藤美香子	名和史 高橋頼子	大竹克利 石田清美	宮崎義仁 秋和百合子
1985 東京	斎藤清	小野誠治	星野美香	石田清美	渡辺武弘 斎藤清	前原正浩 阿部博幸	山下さとみ 幸野信子	橘川美紀 斉藤美香子	桜井正喜 山下さとみ	斎藤清 細川幸智子
1986 東京	小野誠治	渡辺武弘	星野美香	石田清美	金島博之 山内篤	村上武 糠塚重造	橘川美紀 斉藤美香子	渋谷美保 星野美香	斎藤清 細川幸智子	桜井正喜 山下さとみ
1987 東京	糠塚重造	桜井正喜	星野美香	村松由希子	渋谷浩 松下浩二	宮崎義仁 村上恭和	謝春英 陳莉莉	星野美香 名和史	斎藤清 細川幸智子	木村正幸 橘川美紀
1988 東京	斎藤清	小野誠治	佐藤利香	星野美香	小野誠治 三上雅也	井坂俊正 末次正美	山田道代 星野美香	小野ひとみ 村松由希子	斎藤清 細川幸智子	木村正幸 橘川美紀
1989 東京	斎藤清	岡部茂樹	星野美香	室重明世	渋谷浩 松下浩二	丹藤貴 山本恒安	鄭慧萍 詹莉	星野美香 高橋頼子	黄若東 鄭慧萍	袁建剛 呉瓊
1990 東京	斎藤清	渡辺武弘	星野美香	佐藤利香	渋谷浩 松下浩二	末次正美 小泉純彦	秋山真樹子 山谷弘子	日高利恵子 細山田智美	渡辺武弘 大野知子	山内篤 細山田智美
1991 東京	渡辺武弘	渋谷浩	佐藤利香	石田清美	小野誠治 三上雅也	田原直昌 川嶋崇弘	橘川美紀 佐藤利香	岡村篤子 丸木貴美子	渡辺武弘 大野知子	木村正幸 橘川美紀

年度 開催地	男子シングルス		女子シングルス		男子ダブルス		女子ダブルス		混合ダブルス	
	優勝	準優勝	優勝	準優勝	優勝	準優勝	優勝	準優勝	優勝	準優勝
1992 東京	斎藤清	岩崎清信	小山ちれ	石田清美	渋谷浩 松下浩二	佐藤真二 大平信悟	河野文江 大柿柴保	益田誌保 米倉知子	渡辺武弘 大野知子	川嶋崇弘 小貫菜穂子
1993 東京	松下浩二	糀谷博和	小山ちれ	佐藤利香	渡辺武弘 松下雄二	橋本正浩 矢島淑雄	益田誌保 米倉知子	河野文江 大柿柴保	高志亮 室重明世	岩崎清信 松本雪乃
1994 東京	今枝一郎	松下雄二	小山ちれ	佐藤利香	中田幸信 田崎俊雄	渋谷浩 松下浩二	佐藤利香 金上英代	海津富美代 櫛引理恵	小泉慶秀己 小貫菜穂子	岩崎清信 松本雪乃
1995 東京	松下浩二	渋谷浩	小山ちれ	東童多英子	渋谷浩 松下浩二	岩崎清信 森本洋治	河野文江 大柿柴保	東童多英子 財津恵	鬼頭明 西飯由香	野平直孝 大柿柴保
1996 東京	岩崎清信	渋谷浩	小山ちれ	松岡りか	中田幸信 田崎俊雄	佐藤計 木村正幸	高草由紀 坂田愛	道広友子 松岡りか	鬼頭明 西飯由香	森本洋治 河野文江
1997 東京	偉関晴光	高志亮	小山ちれ	塩見亜矢子	中田幸信 田崎俊雄	渋谷浩 松下浩二	河野文江 大柿柴保	辻本理恵 藤沼亜衣	橋本正浩 金氏雅美	村上裕和 浜田華奈子
1998 東京	偉関晴光	徳村智彦	坂田愛	小山ちれ	佐藤利明 井之上善紀	糀谷博和 平亮太	西飯美幸 西飯由香	松岡りか 金氏雅美	川嶋崇弘 偉関絹子	河原祐二 松富心
1999 東京	渋谷浩	偉関晴光	小山ちれ	坂田愛	渋谷浩 松下浩二	高志亮 森本洋治	西飯美幸 西飯由香	東童多英子 森川千絵	安藤正勝 西飯由香	倉嶋洋介 河村朋枝
2000 名古屋	偉関晴光	松下浩二	小山ちれ	羽佳純子	鬼頭明 野平直孝	渋谷浩 松下浩二	西飯美幸 西飯由香	四元直美 高橋美貴江 [注 2]	小林仁 西飯美幸	森本洋治 河野文江
2001 東京	松下浩二	偉関晴光	梅村礼	小西杏	渋谷浩 松下浩二	川田貴之 渡辺将人	梅村礼 岡崎恵子	西飯美幸 西飯由香	倉嶋洋介 河村朋枝	新井周 小西杏
2002 東京	松下浩二	木方慎之介	梅村礼	藤沼亜衣	倉嶋洋介 木方慎之介	矢島淑雄 野平直孝	小西杏 福原愛	塩見亜矢子 今坂亮子	渡辺将人 東郷媛	真田浩二 西飯由香
2003 東京	偉関晴光	新井周	平野早矢香	藤井寛子	鬼頭明 田崎俊雄	加山兵伍 新井周	小西杏 福原愛	松富心 高橋美貴江	新井周 小西杏	下山隆敬 武田明子
2004 東京	吉田海偉	偉関晴光	平野早矢香	末益亜紗美	倉嶋洋介 田勢邦史	徳村智彦 田崎俊雄	小西杏 福原愛	金沢咲希 末益亜紗美	坂本竜介 福原愛	渡辺将人 東郷媛
2005 東京	吉田海偉	松下浩二	金沢咲希	小西杏	倉嶋洋介 田勢邦史	鬼頭明 大森隆弘	高橋美貴江 潮崎由香	藤沼亜衣 樋浦令子	足立卓也 福岡春菜	坂本竜介 福原愛
2006 東京	水谷隼	吉田海偉	平野早矢香	藤井寛子	水谷隼 岸川聖也	木方慎之介 真田浩二	金沢咲希 藤井寛子	田勢美貴江 潮崎由香	坂本竜介 福原愛	谷口祐二 大橋香織
2007 東京	水谷隼	吉田海偉	平野早矢香	樋浦令子	水谷隼 岸川聖也	倉嶋洋介 田勢邦史	福原愛 照井萌美	藤沼亜衣 樋浦令子	田勢邦史 田勢美貴江	渡辺将人 四元奈生美
2008 東京	水谷隼	松平健太	平野早矢香	王輝	水谷隼 岸川聖也	時吉佑一 横山友一	平野早矢香 石川佳純	福原愛 照井萌美	田勢邦史 田勢美貴江	水野裕哉 梶本麻莉菜
2009 東京	水谷隼	吉田海偉	王輝	藤沼亜衣	水谷隼 岸川聖也	軽部隆介 池田和正	藤井寛子 若宮三紗子	平野早矢香 樋浦令子	松平健太 石川佳純	小西朋輝 田口知佳
2010 東京	水谷隼	張一博	石川佳純	藤井寛子	松平健太 丹羽孝希	水谷隼 岸川聖也	藤井寛子 若宮三紗子	阿部恵 小野思保	瀬山辰男 坂本夕佳	松平健太 石川佳純
2011 東京	吉村真晴	水谷隼	福原愛	石川佳純	水谷隼 岸川聖也	共田準吾 加藤由行	藤井寛子 若宮三紗子	阿部恵 小野思保	松平賢二 若宮三紗子	大矢英俊 森薗美咲
2012 東京	丹羽孝希	水谷隼	福原愛	石川佳純	松平健太 丹羽孝希	坂本竜介 笠原弘光	藤井寛子 若宮三紗子	小野思保 森薗美咲	田添健汰 前田美優	吉村真晴 石川佳純
2013 東京	水谷隼	町飛鳥	石川佳純	森さくら	森薗政崇 三部航平	水谷隼 岸川聖也	平野早矢香 石川佳純	中川博子 土田美佳	張一博 森薗美咲	吉村真晴 石川佳純
2014 東京	水谷隼	神巧也	石川佳純	森薗美咲	森薗政崇 三部航平	水谷隼 岸川聖也	平野早矢香 石川佳純	阿部愛莉 森薗美月	吉村真晴 石川佳純	松平賢二 若宮三紗子
2015 東京	水谷隼	張一博	石川佳純	平野美宇	水谷隼 吉田雅己	松生直明 鹿屋良平	天野優 中島未早希	土井みなみ 土田美紀	田添健汰 前田美優	宮本幸典 高橋真梨子
2016 東京	水谷隼	吉村和弘	平野美宇	石川佳純	丹羽孝希 酒井明日翔	藤村友也 吉村和弘	平田有貴 永尾尭子	土田美佳 宋恵佳	田添健汰 前田美優	吉村真晴 石川佳純
2017 東京	張本智和	水谷隼	伊藤美誠	平野美宇	水谷隼 大島祐哉	上田仁 吉田雅己	伊藤美誠 早田ひな	塩見真希 梅村優香	森薗政崇 伊藤美誠	軽部隆介 松本優希
2018 大阪	水谷隼	大島祐哉	伊藤美誠	木原美悠	張本智和 木造勇人	松山祐季 高見真己	伊藤美誠 早田ひな	芝田沙希 大藤沙月	森薗政崇 伊藤美誠	張本智和 長﨑美柚
2019 大阪	宇田幸矢	張本智和	早田ひな	石川佳純	三部航平 及川瑞基	戸上隼輔 宮川昌大	伊藤美誠 早田ひな	芝田沙希 大藤沙月	森薗政崇 伊藤美誠	張本智和 長﨑美柚
2020 大阪	及川瑞基	森薗政崇	石川佳純	伊藤美誠						

全日本卓球選手権大会

おわりに

『卓球語辞典』、いかがだったでしょうか。ここまで読んでくださってありがとうございます。伊藤条太さんの豊富な知識と軽妙な筆致で、卓球の歴史から用具・技術まで幅広く紹介してきた本書ですが、最後はイラスト担当・掛丸からのコメントで締めさせていただきます。

私が卓球と出会ったきっかけは「メガネ」でした。というのも、小学生の頃から近視でメガネをかけていた私は、中学で部活を選ぶ際、「ボールが顔に当たっても安全な球技」という消去法的な理由で卓球部に入ったのです。卓球の面白さを知ってからは、いつか卓球漫画を描こうと考え、その後、中高の卓球部経験を活かして『少年ラケット』を執筆しました。そこから縁あって今回、本書のイラストを担当させていただいています。

本書は、卓球が好きな方だけでなく、卓球をやったことがない方も楽しめる本になっていると思います。たまたま手に取って読んだだけで、卓球には大して興味なかったという方もいらっしゃるかもしれません。あるいは、テレビなどで卓球選手の試合を見て、やったことはないけれど興味があるという方もいるでしょう。そんな方たちが本書をきっかけに、卓球への関心をより深めていた

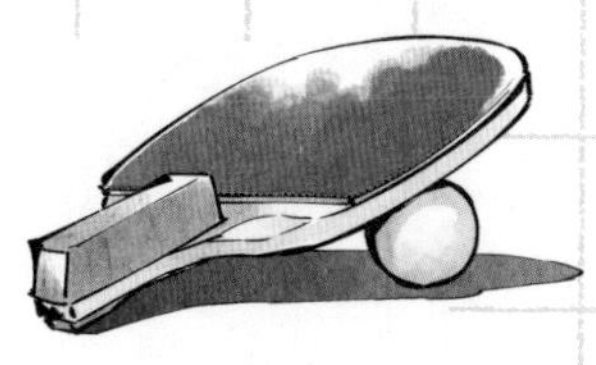

だければ、イラスト担当としては何よりも嬉しいことです。

また、卓球というスポーツは、数ある競技の中でも特に用具の重要度が高いスポーツです。自分のプレースタイルに合った用具を選ぶためには知識が必要ですが、本書はそのヒントになると同時に、過去にルールを変えさせたほどの用具・技術を紹介していることで、未来の卓球へのヒントにもなっているのではないかと思います。本書を読んでくださった方の中から、卓球についての新たな一項目を作る方が現れるかもしれません……！

最後に、お忙しい中でイラストのチェックまでしていただいた伊藤条太さん、丁寧でお心遣いあふれるご対応をしてくださった神田賢人さん、デザイン担当の熊谷昭典さん、宇江喜桜さん、吉野博之さん、佐藤ひろみさん、カメラマンの中野和志さんほか、本書に関わったみなさまに感謝申し上げます。今回、漫画とは違うタッチで描くということで難しい点もありましたが、最後まで楽しく取り組めて本当に良かったです。ありがとうございました！

掛丸翔

卓がつく名前を見れば
親が卓球好きと決めつけ
「宅急便」「ピンポイント」に反応し
「前人未踏」「量販店」に腰を浮かし
年中ユニフォームとジャージで過ごし
チームを作れば団体メンバーから外され
零歳からラケットを握らせた息子は
テニス部に入り
娘はバドミントン部に入り

職場でグルーを塗って騒ぎを起し
忌引きで休んで試合に出て
アキレス腱を切って会社に知られ
負けた中学生からアドバイスを請われ
勝った高校生はコーチに正座させられ
ラバーを替えてもサーブは切れず
特注ラケットでも空振り治らず
もうやめようと思っても
勝った日の快感を忘れられず

五輪の夏はおろおろ歩き
全日本の冬は涙を流し
みんなに物好きと呼ばれ
褒められもせず
苦にもされず
そういう卓球ドランカーが
わたしは愛しい

「卓球・雨にも負けず」
卓球ドランカーの詩

雨にも負けず
風にも負けず
雪にも夏の暑さにも負けぬ
丈夫なからだをもち
決め球はなく
決して打ち抜けず
いつも一回戦で負けている

週に五日の練習で
フォア打ちと三球め攻撃と
少しのフットワークをし
あらゆる動画を研究し
自分の実力を勘定に入れずに
よく見聞きし分かり
そして実行できず

駅から遠くの通りの裏の
小さな暇な会社にいて
東に大会があれば
行って全種目に出場し
西に卓球しすぎの仲間がいれば
行って誘って家族から迷惑がられ
南に卓球用品店が開店すれば
行って忙しい店員と長々話し
北に初心者がいれば
行って頼まれてもいないのに教え

伊藤条太　いとう じょうた

1964年岩手県生まれ。東北大学工学部卒。中学１年から卓球を始め、高校時代に県ベスト８という微妙な戦績を残す。大学時代に卓球根暗ブームの直撃を受ける。ソニー株式会社在籍中に卓球本の収集を始め、それがきっかけで2004年より専門誌『卓球王国』で執筆を開始。2018年からフリーとなり、執筆、講演活動に勤しむ。NHK等メディア出演多数。著書『ようこそ卓球地獄へ』『マンガで読む卓球ものがたり』(ともに卓球王国) など。

掛丸翔　かけまる かける

漫画家。中学1年から卓球を始める。戦績は特に残せなかったが、中高の部活経験をもとに卓球漫画を描こうと志す。2015年、卓球をテーマにした『少年ラケット』(少年チャンピオンコミックス) で長期連載デビュー。『ピンポンさん』(角川文庫) や卓球カードゲーム『TToTT』(イルマソフト) 等でもイラストを担当。九州大学理学部卒。

カバー・本文デザイン　SPAIS (熊谷昭典　宇江喜桜　吉野博之)　佐藤ひろみ
執筆協力・編集　神田賢人 (オフィス・モザイク)
撮影　中野和志 (有限会社アレグロ)
取材協力　卓球王国

卓球にまつわる言葉をイラストと豆知識でピンポンと読み解く

卓球語辞典

2021年８月24日　発　行　　NDC783

著　者　伊藤条太 (著)
　　　　掛丸翔 (絵)
発行者　小川雄一
発行所　株式会社 誠文堂新光社
　　　　〒113-0033 東京都文京区本郷3-3-11
　　　　[編集] 電話03-5800-3614
　　　　[販売] 電話03-5800-5780
　　　　https://www.seibundo-shinkosha.net/
印刷・製本　図書印刷 株式会社

ISBN978-4-416-52164-9